dtv
premium

Claudia Seifert

Wenn du lächelst, bist du schöner!

Kindheit in den 50er
und 60er Jahren

Deutscher Taschenbuch Verlag

Für Christian und Moritz

Originalausgabe
Mai 2004
6. Auflage Februar 2005
© 2004 Deutscher Taschenbuch Verlag GmbH & Co. KG,
München
www.dtv.de
Dieses Werk wurde vermittelt durch die Literarische Agentur
Thomas Schlück GmbH, D-30827 Garbsen
Das Werk ist urheberrechtlich geschützt. Sämtliche,
auch auszugsweise Verwertungen bleiben vorbehalten.
Umschlagkonzept: Balk & Brumshagen
Umschlagbild: © Corbis/Bettmann/Philip Gendreau
Satz: Greiner & Reichel, Köln
Gesetzt aus der Candida und der Futura (allgemeiner Teil),
der Monotype Typewriter und der Signal (Frauentexte)
Druck und Bindung: Kösel, Krugzell
Gedruckt auf säurefreiem, chlorfrei gebleichtem Papier
Printed in Germany · ISBN 3-423-24411-9

Inhalt

Claudia Seifert
Wenn du lächelst, bist du schöner! 9

Claudia Seifert
Viele Hände, bald ein Ende 13

Eva Ziebertz
Freiheit riecht nach Kochwäsche 39
Karin Fruth
Barackentown-Blues 47
Ursula Wonneberger
Das beste Pflaumenmus hatte Oma Müller 58
Marianne Troll
Wir waren immer viele Kinder 64
Claudia Dahlke
Arme Ritter und Buttermilchsuppe 75
Ulrike Speckmann
Asche im Knie 80
Camilla Will
Als Großfamilie im bürgerlichen Wohnviertel 91

Claudia Seifert
Seid nett zueinander! 101

Marianne Troll
Das brauchen wir nicht. Wir haben geistige Werte 118
Eva Ziebertz
Mädchen, die pfeifen, und Hühnern, die krähn,
denen soll man beizeiten die Hälse umdrehn 125
Ulrike Speckmann
Kinder, die was wollen, die kriegen was auf die Bollen 129
Claudia Dahlke
Ein Klaps auf den Hintern hat noch keinem geschadet 131
Ursula Wonneberger
Ich war Mutterersatz 135

Marianne Troll
Himmel und Erde 137
Camilla Will
Der Erste ist Kaiser 142
Ulrike Speckmann
Das geheimnisvolle Zimmer 145
Camilla Will
Apfelsinen und Plätzchen 146

Claudia Seifert
**Aus Jungen werden Leute,
aus Mädchen werden Bräute** 149

Ulrike Speckmann
Eine Frau muss den Kopf unter den Arm nehmen 170
Marianne Troll
Einen Mann kriegst du mit der Haltung aber nicht! 176
Eva Ziebertz
Ich muss hier raus! 181
Ursula Wonneberger
So zeitig fängst du mir nicht mit dem Poussieren an! 182
Claudia Dahlke
Ich lass dich doch nicht als Flittchen rumlaufen! 184
Karin Fruth
Mit 13 hat man noch Träume... 187
Camilla Will
Besser spät als gar nicht 197
Marianne Troll
She's leaving home 203

Claudia Seifert
Krieg und keine Fragen 213

Ulrike Speckmann
Abschied von Oma 222
Marianne Troll
Wat war, is vorbei! 223

Eva Ziebertz
Schlechte Laune bei Ostwind 230
Ulrike Speckmann
Eine Kuh war tot 236
Karin Fruth
Saß ein Soldat am Wolgastrand 238
Ursula Wonneberger
Die alte Heimat 240
Claudia Dahlke
Deutsch-Sowjetische Freundschaft 243
Camilla Will
Meines Vaters Last 245

Die Autorinnen 250
Danksagung 252
Literaturhinweise 253
Zitate 254
Bildnachweis 255

CLAUDIA SEIFERT
Wenn du lächelst, bist du schöner!

Meine Freundin, nennen wir sie Monika, war etliche Jahre schon allein erziehende Mutter von zwei Kindern. Sie hatte Geburtstag und eine ältliche Tante war zu Besuch. Das Telefon klingelte, der Vater wollte gratulieren. Und es kam, wie es kommen musste, Monika stritt mit ihrem Vater. Zum hundertsten Mal über ihre Unabhängigkeit, ihre Lebensführung und »nein, sie werde ganz bestimmt nicht ›nach Hause kommen‹, anlässlich ihres Geburtstages die Mutter besuchen, ... nein!« Monika wurde ungeduldig, heftiger und legte schließlich auf. Als ihre Tante, der dieser familieninterne Streit nicht unbekannt war, aus ihrem Sessel heraus sagte: »Wenn du lächelst, bist du schöner!«

Viele Frauen unserer Generation ärgert diese Rolle des »Frauchens«, die uns zugeschrieben wird. Wir haben uns eine andere gegeben, eine manchmal verdammt anstrengende Rolle: Viele sind berufstätig und das gerne und nicht selten auch erfolgreich. Manche von uns sind Hausfrau und Mutter, manche Mutter und berufstätig zugleich. Sie wollen beides leisten, jede Aufgabe möglichst perfekt und erfolgreich erledigen. Und beinahe alle stoßen immer wieder an Grenzen. Auch an solche, die in uns selbst liegen. Ab einem bestimmten Alter ist es eher lächerlich, den Eltern oder Erlebnissen in der Kindheit am eigenen Unvermögen die Schuld zu geben. Und doch stellten sich in Gesprächen, die ich für dieses Buch mit vielen Frauen führte, eigentümliche Wiederholungen heraus, die nicht nur individuell angelegt waren, sondern auf gemeinsame Wurzeln schließen ließen. Natürlich ist der Satz bekannt: »Du wirst nicht als Mädchen geboren, sondern zum Mädchen gemacht.« Aber was war es in unserem Fall speziell, was uns so machte, wie wir wurden? Und wieso können wir in manchen Situationen noch immer nicht entspannt reagieren?

Wir, die heute 45- bis 50-jährigen Frauen, wurden fünf bis zehn Jahre nach dem Zweiten Weltkrieg geboren. Wir stehen voll im Leben, die anfängliche Suche nach Sinn und Karriere ist abge-

Notwohnung in Berlin 1952

schlossen, wir bestimmen den politischen und moralischen Diskurs im Land mit, wir stellen etliche der Entscheidungsträger und sind mehr oder weniger etabliert. Und viele von uns haben Kinder, manche bereits Enkelkinder. 1950, 1955 waren die Wunden des Zweiten Weltkrieges keineswegs verheilt. Unsere Generation war zwar nicht mehr direkt vom Krieg betroffen, hat aber die Ängste und Verstörungen, die traumatischen Erfahrungen wie auch den Aufbauwillen, den Wunsch nach Besitz und Wohlstand, die Gier nach Normalität der Eltern voll miterlebt.

Es war die Zeit von Konrad Adenauer, Wiederaufbau und Ludwig Erhard, Wiederbewaffnung und Wirtschaftswunder. Die Städte blühten auf, es gab erste Luxusgeschäfte und mehr und mehr Neonreklamen. Aber daneben gähnten Trümmergrundstücke, zahllose Häuser zeigten lange noch Spuren von Einschlägen. Die Menschen auf den Straßen trugen ganz selbstverständlich gewendete, gebrauchte, mehrmals umgearbeitete Kleidungsstücke. Deren überwiegende Farben waren grau, braun und grün. Kriegsversehrte, Männer ohne Arme, ohne Beine gehörten zum alltäglichen Bild in den Straßen genauso wie beim Baden am See im Sommer. Heute werden die 50er Jahre gern pastellfarben im milden Licht der Tütenlampen gezeigt. Oder gleich ziemlich bunt: Wirtschaftswunder, Fresswelle, Reisewelle und die ersten Revoluzzer – Bill Haley und die Halbstarken.

Die 50er Jahre waren für viele Menschen in beiden Teilen Deutschlands, in Westdeutschland wie in der DDR, vor allem noch Jahre großen Mangels. Doch im Osten, der noch lange die Zone

1945 In den von Deutschland angezettelten Krieg waren am Ende weltweit 61 Staaten verwickelt. +++ 110 Millionen Soldaten haben sich feindlich gegenübergestanden. +++ 25 Millionen Soldaten wurden getötet. +++ Mehr als 55 Millionen Menschen starben als Opfer der nationalsozialistischen Rassenverfolgung, durch Bomben, auf den Schlachtfeldern und in umkämpften Städten, vor Hunger und unter grausamen Umständen in den Konzentrationslagern. +++ Allein 30 Millionen Zivilisten wurden getötet. +++ 10 Millionen Menschen blieben vermisst. +++ 45 Millionen Kriegsversehrte benötigten zum Teil lebenslänglich ärztliche Betreuung. +++ 60 Millionen Menschen hatten keine Wohnung, keine Häuser mehr.

hieß, wie im Westen stürzten sie sich in den Wiederaufbau. In erster Linie wurde geschuftet, Zeit zum Nachdenken über den verlorenen Krieg und die begangenen Verbrechen blieb wenig. Aber da war noch etwas anderes. Es herrschte eine ganz charakteristische Stimmung von Engstirnigkeit und Verklemmtheit. Die Leitwörter des Jahrzehnts hießen: Pflicht und Leistung, Ordnung, Sauberkeit und Gehorsam. Die Deutschen waren angetrieben von dem übermächtigen Wunsch, endlich wieder zur Normalität zurückzukehren. Möglichst zurück in die dreißiger Jahre, bevor alles angefangen hatte – die Uhr zurückzudrehen auf null. Viele Erwachsenen verdrängten die Aufarbeitung ihrer Vergangenheit und ihrer Traumata und suchten eine Art Erlösung in Arbeit und Familie. Die Vergangenheit versank im Schweigen einer ganzen Generation und die 50er kamen in beiden deutschen Staaten auf unterschiedliche Weise mit Restauration, konservativen Werten und alten Rollenbildern.

Im Jahr 1950 war der größte Krieg der Menschheitsgeschichte gerade mal fünf Jahre vorbei. Bilder vom Krieg kennen wir heute nur aus dem Fernsehen – zerstörte Häuser, zerbombte Straßenzüge und Stadtviertel in Grosny, Sarajewo, Basra und Bagdad. Zur Abendbrotzeit setzen wir uns dem Anblick gequälter, getöteter Menschen aus. Erbarmungswürdige Gestalten in endlosen Flüchtlingstrecks und Auffanglagern erwecken für kurze Zeit unsere Aufmerksamkeit und erst in zweiter Linie unser Mitleid. Fernsehbilder eben. Solche Bilder kannten unsere Eltern als Kinder, als Jugendliche nicht – das Fernsehen steckte noch in den allerersten Anfängen. Für sie waren die Bomben, die Verstümmelten, die Vertriebenen, die Toten Wirklichkeit.

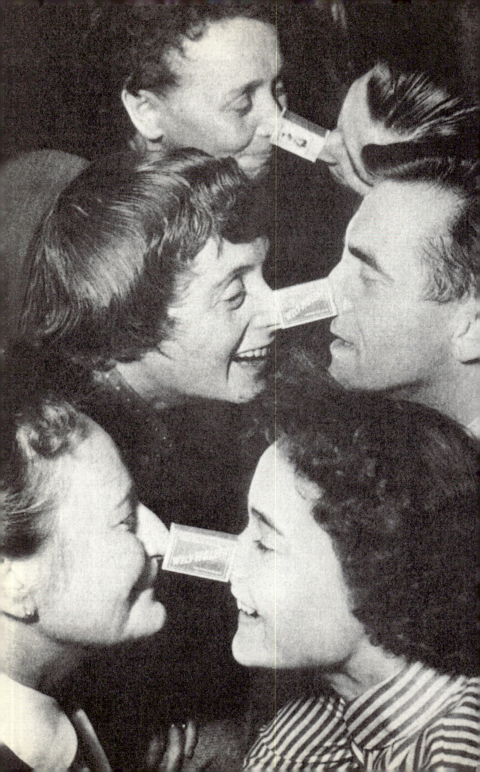

CLAUDIA SEIFERT
Viele Hände, bald ein Ende

Zu Kriegsende war in Deutschland jede fünfte Wohnung zerstört. 40 Prozent aller Straßen und Eisenbahnlinien waren unbrauchbar, der Nachschub an Kohle, die Strom-, Wasser- und Gasversorgung zusammengebrochen. Vor allem die großen Städte waren Trümmerwüsten. Viele ihrer Bewohner waren tot oder geflohen. 1939 hatten in Köln beispielsweise 750 000 Einwohner gelebt, beim Einmarsch der amerikanischen Truppen waren es gerade noch 40 000. Aber auch kleinere Städte waren zerbombt und ganze Viertel unbewohnbar. Dazu kamen die Millionen von Menschen, die aus den ehemaligen Ostgebieten geflohen waren und nun Wohnungen brauchten. Zehn Millionen waren allein in die drei westlichen Besatzungszonen auf der Suche nach Zuflucht gekommen. Zwanzig Millionen Menschen hatten ihr Zuhause und beinahe allen Hausrat verloren.

Die noch vorhandenen Wohnungen wurden vor allem in den Städten doppelt und dreifach belegt. Tausende Menschen lebten für Jahre in Notunterkünften. Mehrere Familien teilten sich Bad und Küche und gingen sich gegenseitig auf die Nerven. Nach einer damaligen Zählung verfügte nur jeder zweite Jugendliche über ein eigenes Bett. Man schlief schichtweise nacheinander oder mit Geschwistern zusammen in einem Bett. Die Enge belastete alle: die Frauen, die keine Ordnung in die vollgestopften Räume bringen konnten, die Männer, die sich nicht in der Lage sahen, an der Situation grundlegend etwas zu ändern, und die Kinder, die ewig im Weg standen. Platz zum Spielen war nur draußen.

Obwohl in beiden deutschen Staaten umfassende Wohnungsbauprogramme aufgelegt wurden, herrschte Wohnungsnot noch während der gesamten 50er Jahre. Und den Menschen fehlte darüber hinaus beinahe alles: Kleidung, Möbel, Geschirr. Das erste Jahrzehnt nach der Währungsreform im Jahr 1948 sah für viele Familien weit ärmlicher, eingeschränkter und grauer aus, als das Ammenmärchen von den flotten Fiftys mit »Wirtschaftswunder« und Nierentischen uns heute weismachen will.

Ende der 40er organisierten einige Kommunen »Spielkreise« für Erwachsene.

Die 50er waren nicht so sehr bunt als vielmehr grau und braun. Die Häuser standen seit Jahren unrenoviert, allenfalls nach den Bombardierungen notdürftig instand gesetzt. An den Fassaden fanden sich noch zahlreiche Einschusslöcher, Ruß- und Brandspuren, vielen Häusern fehlte gar eine ganze Seite – über mehrere Stockwerke starrten halbe Zimmer nach außen, Innenwände waren zu Außenwänden geworden, die Tapeten zerfleddert. Für Jahre noch wiesen Zeichen und Pfeile an den Fassaden auf die ehemaligen Luftschutzkeller hin. Zwischen intakten Häusern gähnten Ruinengrundstücke oder große Lücken. Im durchrenovierten Westdeutschland heute wären solche Häuser, Straßenzüge und Städte Schandflecke. Umso stärker strahlten dazwischen die neuen Gebäude: die Kaufhäuser von Kaufhof, Merkur & Co. mit ihren weißen durchbrochenen Fassaden. Bald nahmen auch die Werbetafeln und Leuchtreklamen zu, tauchten zumindest am Abend die Tristesse in magisches Bunt. Auch zu Hause fehlte Farbe und Abwechslung: Es war eine kleine Welt ohne Telefon, ohne Stereoanlage, ohne Fernsehapparat.

Viele Straßen waren noch vom Krieg beschädigt, Lastwagen, Traktoren, Motorräder und wenige Privatautos holperten über schiefe Straßenbeläge und Kopfsteinpflaster. In vielen Dörfern rann der Mist im Straßengraben dahin – eine Kanalisation kam erst nach und nach. Sofern die Bäume den Krieg überlebt hatten, säumten noch zahlreiche Alleen die Straßen zwischen den Dörfern. Im Westen wurden sie später dem Ausbau der Straßen geopfert. In Ostdeutschland ging es den Alleen ja erst nach der Wende an den Kragen. Damals waren die Straßen noch nicht begradigt, sie schlängelten sich wie eh und je durch die Landschaft. Die Felder, die Landwirtschaft waren kleinteilig, noch hatte die Flurbereinigung nicht alles eingeebnet.

Die ungeheure Leistung der Nachkriegsdeutschen nötigt noch immer Respekt ab. Die Ärmel aufkrempeln und zupacken hieß das Rezept. Zu Beginn der 50er Jahre sah es düster aus. Es herrschte Massenarbeitslosigkeit, zu viele Menschen, die Einheimischen wie die Millionen von Vertriebenen – nach einer Volkszählung des alliierten Kontrolrates 1946 waren 9,6 Millionen Menschen Flüchtlinge – und die Tausende von Auswanderern aus der sowjetischen Besatzungszone suchten Arbeit und Lohn auf dem noch immer desolaten Arbeitsmarkt. 1950 lebte etwa eine Million Haushalte unter der Armutsgrenze von rund 130 Mark im Monat. Noch bis zur Mitte des Jahrzehnts musste jeder fünfte Deutsche staatliche Hilfe in Anspruch nehmen. Nahezu die Hälfte des staatlichen Haushalts war allein dadurch gebunden. Die Deutschen schafften sich aus diesem Tal nach oben und bewältigten einen ungeheuren Wiederaufbau. Wesentlich beeinträchtigt wurde er im Osten durch die gleich 1945 eingeleitete Bodenreform, umfassende Kollektivierungskampagnen und Verstaatlichungen, vor allem in der Schwer- und Schlüsselindustrie und die bis in die 50er Jahre anhaltenden Demontagen und Reparationsleistungen an die Sowjetunion. Im Westen wurde der Wiederaufbau maßgeblich erleichtert durch die baldige Beendigung der Demontagen seitens der Siegermächte und eine eindeutige Westorientierung. Bundeskanzler Konrad Adenauer, der »Alte«,

1950 Mehr als 2 Mio. Arbeitslose in Westdeutschland. +++ Lebensmittelrationierung in Bundesrepublik und Westberlin aufgehoben. +++ Bundeswirtschaftsminister Ludwig Erhard konzipiert Modell der »Freien Marktwirtschaft«. +++ »Stasi-Gesetz« zur Bildung des Ministeriums für Staatssicherheit (MfS) erlassen. +++ Walter Ulbricht Generalsekretär des Zentralkomitees der SED und Parteiführer. +++ Bundesinnenminister Heinemann tritt zurück: Protest gegen von Bundeskanzler Adenauer geplante Wiederbewaffnung der Bundesrepublik. +++ Beginn des Kriegs in Korea. Angst vor neuem Krieg in Deutschland. +++ Hohenzollernschloss in Berlin gesprengt. +++ Sechs Rundfunkanstalten bilden neu gegründete ARD. Anfangs strahlt nur NWDR Versuchsprogramm aus, drei Tage in der Woche. +++ ›Schwarzwaldmädel‹ mit Sonja Ziemann, Regie Hans Deppe. +++ Akira Kurosawa dreht in Japan ›Rashomon‹. +++ Conny Froboess wird beliebtester deutscher Kinderstar mit ›Pack die Badehose ein‹. +++ »Wer den Tod nicht scheut fährt Lloyd«: »Leukoplastbomber« Lloyd LP 300 wird von Borgward in Serie gebaut. Kosten: 3300 Mark, durchschnittlicher Wochenlohn eines Industriearbeiters 53,60 Mark. +++ Firma Kunert stellt »Feinstrümpfe« aus Perlon und Rayon her. +++ Glanzvolle Hochzeit am Pfauenthron in Persien: Schah Reza Pahlevi heiratet schöne Soraya Esfandiary – Glamour-Thema in Deutschland. +++ In Österreich wird Untersuchung »Aussehen und Beliebtheitsgrad in der Volksschule« durchgeführt. Ergibt, dass hübsche Schüler beliebter sind als weniger gut aussehende.

integrierte die Bundesrepublik zum Preis einer baldigen Wiedervereinigung in das Sicherheit versprechende westliche Staatenbündnis. Wilhelm Pieck und Otto Grotewohl, Präsident und Ministerpräsident, gliederten die DDR in das östliche Bündnis unter der Führung der UdSSR ein. 1949 waren die Westalliierten und die UdSSR übereingekommen, sich bei der Bildung der beiden deutschen Staaten nicht zu behindern. Die Teilung Deutschlands war längst Alltag, die Grenze zwar noch »grün«, aber für die Bevölkerung »drüben« war der Westen bereits tabu, bis die DDR-Regierung dann mit Walter Ulbricht an der Spitze durch den Mauerbau und die Errichtung der Grenzanlagen ab 1961 die Abwanderung von Fachkräften und Einwohnern endgültig zu unterbinden versuchte. Damit war die Grenze für Jahrzehnte unwiderruflich dicht und die Teilung manifest.

Die Basis für den ersten wirklichen Aufschwung verdankte die junge Bundesrepublik schließlich dem Ausbruch des Korea-Krieges im Jahr 1950. Die USA und ihre Verbündeten konzentrierten ihre Wirtschaft auf die Produktion von Rüstungsgütern. Deutschland aber hatte genügend Kapazitäten, um in den internationalen Markt einzusteigen. Korea sollte nur der erste kriegerische Konflikt sein in den so »friedfertigen« Fünfzigern und eine Frage beschäftigte alle Deutschen: Wie bedrohlich wird er für uns? Aber im Schrecken begann der Aufschwung und die Wirkung zeigte sich schon bald. Zwischen 1950 und 1953 stieg das Bruttosozialprodukt in der BRD von 97,9 auf 152,8 Milliarden Deutsche Mark, das Jahreseinkommen pro Kopf der Bevölkerung erhöhte sich von 1602 auf 2328 Mark. Auch in der DDR ging es in dieser Zeit aufwärts, langsamer als im Westen wegen der Umstrukturierung der gesamten Wirtschaft und Landwirtschaft im Sinne des sozialistischen Umbaus und der Abwanderung von Fachkräften in den bundesrepublikanischen Westen. Aber wer es zu etwas bringen wollte in Ost wie West, der musste schuften. Das Codewort der Zeit hieß Leistung. Das Leben spielte sich ab zwischen Überstunden und Qualifikation. Je üppiger der Lohnzettel oder die Gehaltstüte ausfielen, desto mehr konnte ausgegeben werden und desto größer war wieder der Anreiz für Anstrengungen um noch besseren Lohn und besseres Gehalt.

Unsere Eltern hatten Glück gehabt, sie hatten überlebt. Sie waren zwischen 1920 und 1930 auf die Welt gekommen und zu Kriegsende 1945 zwischen 15 und 25 Jahre alt gewesen. Sie hatten ihre Kindheit und Jugend in den letzten Jahren der Weimarer Republik und zum größten Teil während der Nazizeit verlebt. Die wirtschaftliche Unsicherheit am Ende der 20er Jahre hatte sich ihnen ebenso mitgeteilt wie die Hoffnung und bald der unbedingte Glaube an eine bessere Zukunft in den Dreißigern. Sie hatten die faschistische Erziehungsdiktatur mitgemacht und man hatte ihnen die Überlegenheit der arischen Rasse und einen großartigen germanischen Endsieg eingeredet. Nebenbei, sofern es die Kraft hatte, wirkte das Elternhaus mit seinen möglicherweise konträren Werten auf sie ein. Und dann hat der Krieg ihre Schul- und Ausbildungsbiografien ziemlich durcheinander gewirbelt. Nach Kriegsende blieb ihnen oft nur ein Ausbildungs- oder Arbeitsplatz zweiter Wahl, viele Möglichkeiten hatten sie nicht. Es ging vor allem darum, die Mutter, die Geschwister oder schlicht sich selbst durchzubringen, irgendwie wieder anzufangen und jeden Tag bestmöglich weiterzumachen.

Und dazwischen kam die Liebe. Unsere Eltern brauchten eine Wohnung, zumindest ein erstes gemeinsames Zimmer und ab 1950 wieder einen Hochzeitstermin. Ohne Trauschein zusammenzuleben war unmöglich geworden, die Nachkriegsjahre mit eigenständigen Frauen, elementarem Männermangel und ganz anderen Sorgen als der Moral gehörten wieder der Vergangenheit an. Also heirateten sie – auf den Hochzeitsbildern dieser Zeit sehen sie alle so schmal und ernsthaft aus. Dann machten sie sich daran, das Vordringlichste anzuschaffen. Häufig arbeiteten beide Ehepartner, ein Gehalt hätte nicht ausgereicht. An erster Stelle einer Wunsch- und Dringlichkeitsliste standen Kleider und Möbel. Es war nichts da, man benötigte alles, ein Bett, Tisch, Stühle, einen Schrank, ein Sofa. Noch nie zuvor hatten so viele junge Haushalte mit nichts anfangen müssen. 1962 noch fehlte jeder zehnten vollständigen Familie, also einer Familie mit beiden El-

> *Darum lebe ich, weil mich mein Nachbar freundlich grüßt.*
> *Und sich sein Herz vor mir verschließt, weil immer wieder Blumen blühen und graue Wolken weiterziehen, weil die Musik mir Freude macht und mich der Himmel blau anlacht, darum lebe ich...*
>
> Fred Bertelmann, ›Darum lebe ich‹

ternteilen, eine Wohnzimmereinrichtung. Auch als später Kinder kamen, war noch längst nicht alles erreicht. Also wurden die Kinder in die fragile, noch im Aufbau befindliche Familienfirma integriert und mussten mitlaufen.

Geld war knapp, daher machte man möglichst alles selbst und von Hand. Viel Zeit verschlang allein der Haushalt. Hier war das vordringliche Thema die Konservierung von Lebensmitteln. Ein Kühlschrank war Luxus, 1954 konnten sich im westlichen Teil Deutschlands gerade 15 Prozent der Haushalte einen Kühlschrank leisten, im Osten kamen noch 1960 auf 100 Haushalte ganze sechs Kühlschränke. Für eine Waschmaschine oder einen elektrischen Mixer musste man noch länger sparen. Was nicht vor der Zeit verderben sollte, musste eingelegt oder eingekocht werden. Die Fähigkeit der Hausfrau, vorauszuplanen und zu organisieren, war sozusagen bares Kapital.

Der Traum von Reinlichkeit: der Staubsauger

Meine Großmutter Ost in Dresden hatte in den 60er Jahren noch einen Kühlschrank, der mit Eis versorgt werden musste. Das brachte der Eismann mit seinem Kleinlaster voller Eisstangen. Man kaufte eine oder zwei oder auch eine halbe Stange, je nach Größe des Kühlschranks. Für uns Kinder war es ziemlich aufregend, den Eismann mit diesem eiskalten tropfenden Monstrum die Treppe hinauf in die Küche zu begleiten.

Wäsche zu waschen ohne Waschmaschine war mühsam und Zeit raubend. In Waschküchen im Keller standen die Waschkessel, Ungetüme, die mit Holz beheizt wurden. Die Wäsche mussten die Frauen per Hand oder mit einem Holz im heißen Wasser bewegen, es gab keine Schleuder und keinen Trockner. Und nicht selten wurde die nasse Wäsche mühsam mehrere Stockwerke hoch auf den Speicher gehievt und mit hölzernen Wäscheklammern zum Trocknen aufgehängt. Es war eine schwere und schweißtreibende Arbeit, die einen ganzen Tag in Anspruch nehmen konnte. Aber sie war häufig auch kommunikativer als Waschereignisse heute. Wenn es ging, taten sich mehrere Frauen der Familie zusammen und kämpften sich gemeinsam durch die Wäscheberge. Dabei tauschten sie den neuesten Tratsch aus, konnten gemeinsam singen oder Probleme bequatschen. Dieses Gemeinschaftsereignis nicht mehr zu erleben, war später der Preis für den Fortschritt in Form der eigenen Waschmaschine im eigenen Bad. Allerdings würde wohl keine Frau freiwillig wieder zu solchen Waschtagen zurückkehren wollen.

Im Winter heizte man die Öfen mit Kohlen, später auch mit Öl. Nur die wenigsten und neuesten Häuser verfügten über Heizungen. Draußen roch es nach Braunkohle. Die Kohlen schleppten die Männer hoch in die Wohnungen, die Asche die Frauen wieder runter in die Aschentonnen. Die Asche legte sich in einer feinen Decke überall hin. Die Fußböden in den Wohnungen waren vielfach noch mit Linoleum ausgelegt. Die Hausfrau musste kehren, wischen und dann »blockern«, das heißt erst wachsen und anschließend das Linoleum mit dem schweren Blocker zum Glänzen bringen. Wer das einmal gemacht hat, behält das Geräusch, dieses »klack-klack, klack-klack« sein Leben lang im Ohr. Und wenn das alles erledigt war, wurden die Betten zum Fenster hinausgehängt, die Treppe reihum geputzt – die Kehrwoche gibt es in manchen Gegenden ja bis heute –, das gerettete Familiensilber poliert oder die Kissen auf dem Sofa mit einem spitzen Hieb in Paradeform geklopft. Worüber man sich heute lustig macht, zeigt jedoch, wie aufwändig die Arbeiten im Haushalt waren und welchen Stellenwert sie einnahmen. Auch die Kleidungsstoffe waren zu Beginn der 50er keineswegs pflegeleicht, ganz und gar nicht schnell trocknend und nur schwer zu bügeln. Anfeuchten und Einrollen der Wäsche gehörte genauso zum Bügeln wie »Hoffmann's Stärke« für korrekt sitzende Blusen und Hemden. Die Windeln waren noch aus Stoff und nicht zum Wegwerfen. Die gebrauchten Windeln wurden in einem Eimer gesammelt. Das hieß mit Kleinkindern, noch mehr Wäsche auf der Leine, bei Kälte nicht selten gefrorene Windeln auf dem Speicher und vom Rubbeln wunde Stellen an den Fingern. Die Kinder möglichst früh »sauber« zu bekommen, bedeutete echte Arbeitsersparnis.

Was nach außen sichtbar war, wurde zum Aushängeschild des gesamten Haushalts. Die peinlich exakt gefältelte Gardine war nicht selten das beste Stück des noch armseligen Hausstands und sollte genauso wie das reinliche Bettzeug, das aus dem blitzenden Fenster hing, die blanken Treppenstufen oder auch die akkuraten Zöpfe und das niedliche Röckchen der Tochter nach außen erzählen, bei mir, bei uns ist alles gold. Und niemand konnte und sollte hinter die Fassade sehen.

In den Gärten wuchsen statt Rasen und Rosen nahrhafter Kohl und Kartoffeln. Viele Deutsche hielten in den Höfen Kaninchen und oft auch noch ein Schwein als lebende Fleischbank. Neben dem Außenklo pickten die Hühner. Obst und alle Sorten Gemüse wurden eingemacht, sauer oder süß eingelegt, zu Marmelade oder Gelee verkocht. Was wir heute selbstverständlich fertig in Dosen oder tiefgefroren aus dem Supermarkt nach Hause tragen,

1951 Besatzungsstatut der Westalliierten erlaubt BRD Schaffung eines eigenen Außenministeriums; Adenauer übernimmt Amt. Volle Souveränität wird in Aussicht gestellt, unter Voraussetzung, dass Bundesrepublik zur Verteidigung des Westens beiträgt. +++ Erster Fünfjahresplan in DDR. +++ Bevölkerung der BRD gegenüber Vorjahr um 4 Mio. Flüchtlinge gewachsen. Arbeitslosenzahl sinkt dennoch auf 1,3 Mio. +++ Interzonen Handelsabkommen zwischen BRD und DDR. +++ Bundestag beschließt Mitbestimmung in Montanindustrie. +++ Westalliierte erklären formell Krieg mit Deutschland für beendet. +++ Landsberg/Lech: Zum Tode verurteilter NS-Kriegsverbrecher Oswald Pohl, verantwortlich für Organisation aller Konzentrationslager, wird hingerichtet. +++ In DDR erscheint Indianerbuch ›Die Söhne der Großen Bärin‹ von Liselotte Welskopf-Henrich. +++ Karl Ganzer komponiert Kufsteinlied, Peter Alexander nimmt ersten Hit ›Das machen nur die Beine von Dolores‹ auf. +++ ›Die Sünderin‹, Film von Willi Forst, Kassenschlager wegen sekundenlanger Nacktszene von Hildegard Knef. +++ Heimatfilm (West) ›Grün ist die Heide‹ mit Sonja Ziemann und Rudolf Prack, Film (Ost) ›Der Untertan‹ von Wolfgang Staudte nach Roman von Heinrich Mann und ›Das verurteilte Dorf‹ von Martin Helberg. +++ Erstes Studio für elektronische Musik richtet Karlheinz Stockhausen für Nordwestdeutschen Rundfunk in Köln ein. +++ J. D. Salinger schreibt ›Der Fänger im Roggen‹.

wurde damals von den Frauen mühsam und oft mithilfe der – mehr oder weniger mauligen – Kinder hergestellt. Im Westen wurde mit der Abschaffung der Zuckermarken 1950 die Lebensmittelrationierung aufgehoben. Obwohl sie in der DDR 1953 ebenfalls aufgehoben werden sollte, hielt sie sich, für einiges zumindest, noch hartnäckig bis zum Frühjahr 1958. Man wolle »oben« auf dieses praktische Regulierungsinstrument für den privaten Konsum wohl nicht verzichten, wurde gemunkelt.

Einkaufen ging die Hausfrau damals in Einzelhandelsgeschäfte – zum Bäcker oder in die Drogerie mit dem strengen Geruch nach alten kranken Leuten. Der »Tante-Emma-Laden« bei uns im pfälzischen Dorf hieß »beis Rupperts«, ein voll gestelltes Lädchen mit messingverzierten Regalen im Erdgeschoss eines Hauses. Die Besitzer wohnten oben drüber. Da wurden Haferflocken und Mehl noch abgewogen und verpackt und schon mal »angeschrieben«, wenn man zu wenig Geld »einstecken« hatte. Am Wochenende durften wir wegen der Zigaretten für Muttern auch mal oben klingeln. Für jeden Einkauf gab's Rabattmarken, die säuberlich in ein Heft eingeklebt wurden – im Tausch dann bares Geld, oft als dringend benötigter Notgroschen am Monatsende. Milch, Käse und Quark verkaufte offen der Milchladen, wo es immer so säuerlich roch und kühl war. Wer erinnert sich nicht an die Milchkannen, anfangs aus Aluminium, später die praktischeren aus Plastik mit dem fester schließenden Deckel, und an das Spiel, die volle Milchkanne über den Kopf zu schleudern, möglichst ohne einen Tropfen zu verlieren. Mit den Milchkannen gingen wir auch zum Bauern gegenüber, wenn geschlachtet worden war, und holten »Worschtsupp«, wie die Pfälzer sagen, die noch leicht warme, stark riechende Brühe, in der die Würste gekocht worden waren. Mutter machte sie wieder heiß und wir aßen sie mit in der Pfanne gerösteten Brotwürfeln.

Das Ende der nachbarschaftlichen Kommunikation im kleinen Laden an der Ecke war bald absehbar. In den Jahren zwischen 1950 und 1960 veränderte sich die Struktur der Geschäfte grundlegend: Existierten 1955 in Deutschland West 203 Selbstbedienungsläden, waren es im Jahr 1965 bereits über 53 000!

Bis zum Ende des Jahrzehnts war es völlig normal, kein Kinderzimmer zu haben. Wenn doch vorhanden, war es meist zu klein, um darin zu spielen. Spielzeug war anfangs ohnehin Mangel-

Tante-Emma-Laden in den 50ern

ware. Alles wurde von einem Kind aufs nächste weitervererbt, der Wintermantel genauso wie der Roller, ein Fahrrad oder die Rollschuhe mit den krachenden Eisenrädern. Noch am besten hatten es die Kleinkinder. Sie fanden ausreichend Platz zum Krabbeln und Spielen im Arbeitsradius der Mutter. Störten sie doch, kamen sie in den Laufstall. Und draußen liefen sie in ihrem Ledergeschirr schön brav mit den Eltern mit. Allzu laut sollten sie jedoch nicht sein, waren doch die neuen Häuser in den gerade entstandenen Siedlungen aus Hohlbausteinen, nicht selten recycelt aus Trümmermaterial, sehr hellhörig. Also spielten die Kinder möglichst das ganze Jahr über draußen, auf der Straße, beinahe überall noch ungestört von Verkehr. Fangen, später stundenlang Gummi-

Twist, abenteuerliche Streifzüge über Trümmergrundstücke oder Räuber und Gendarm durch Neubauten. Spielplätze mit Rutschen oder anderen attraktiven Spielgeräten planten die Wohnungsgesellschaften oft nicht ein, um nicht all zu viele Kinder anzulocken. Zwischen den neu gebauten Wohnblocks stand am Rand einer Grünfläche schon mal ein Sandkasten. Aber in den Höfen oder zwischen den Häusern war so ziemlich alles verboten: Lärm machen, Rad fahren und erst recht rumtoben. »Bitte halten Sie Ihre Kinder an, sich ruhig zu verhalten! Das Betreten des Rasens ist verboten. Ballspielen, Rollschuhfahren sind im Bereich des Hofes untersagt!«

*La le lu
nur der Mann im Mond schaut zu,
wenn die kleinen Babys schlafen,
drum schlaf auch du!*

*La le lu
vor dem Bettchen steh'n zwei Schuh
Und die sind genauso müde,
geh'n jetzt zur Ruh.*

*Dann kommt auch der Sandmann,
leis tritt er ins Haus,
sucht aus seinen Träumen
dir den schönsten aus.*

*La le lu
nur der Mann im Mond schaut zu,
wenn die kleinen Babys schlafen,
drum schlaf auch du!*

Heino Gaze, ›La le lu‹

Ich erinnere mich an meinen Bruder zu Weihnachten, ordentlich in zugeknöpftem kariertem Hemd und Pullunder, mit roten Wangen über das neue Brett mit der Eisenbahn gebeugt. Der Tunnel und der Berg waren Eigenarbeit. Mein Vater hatte sie gebaut und zusammen mit uns angemalt, mit Grünzeug bestreut und kleinen Bäumen beklebt. Oder mein Puppenhaus: An Heiligabend stand es plötzlich da, zweistöckig und schick mit Treppe und drehbaren Fenstern. Gebaut hatten es meine Eltern abends, heimlich im Keller, wenn wir im Bett waren. Der Stolz unseres Hofes aber war ein Tretauto, das unser Nachbar aus Eisenstangen und Altmetall zusammengebaut hatte. Wenn und wo es ging, wurde Kinderspielzeug selbst gemacht. Wenn Schnee lag, ging man rodeln oder schlitterte über zugefrorene Pfützen. Die Nachbarskinder bildeten die Clique, man spielte zusammen draußen und die anderen waren immer da. In den Schulferien in Urlaub zu fahren, wie es heute üblich ist, konnten sich anfangs die wenigsten Familien leisten. Erst später, Ende der 50er, reisten immer mehr Familien nach Italien in die Ferien, »pack die Badehose ein«, an die Adria.

Die Kinder wurden in den Alltag der Eltern ganz pragmatisch integriert. »Schlüsselkinder« waren zu einem Symbol der end-

40er Jahre geworden und sie gab es noch und wieder anders in den 50ern – Kinder mit einer Schnur um den Hals, an der ein Wohnungsschlüssel hing und die den Tag über allein verbringen

---

Eine Umfrage unter 640 Jungen und Mädchen in einer Frankfurter Volksschule vom Februar 1955

2 Kinder tragen vor dem Schulgang Brötchen und Zeitungen aus, bei
29 Kindern ist die Mutter berufstätig und der Vater sorgt für das Frühstück,
47 Kinder gehen ohne Essen zur Schule,
30 Kinder bekommen kein Schul-Butterbrot mit,
62 Kinder erhalten Geld für Verpflegung während der Schulzeit, der Betrag schwankt zwischen 70 Pfennigen und 1,50 Mark pro Woche,
125 Kinder besitzen eigene Wohnungsschlüssel,
57 Kinder wärmen sich ihr Essen selbst (die älteren bereiten es auch selbstständig vor),
15 Väter sind arbeitslos,
68 Eltern bekommen Sozial- und Kriegsversehrtenrente.
In 195 Familien arbeiten beide Eltern,
121 Kinder haben keinen Vater mehr,
215 Kinder sind ohne Geschwister,
229 Kinder haben nur einen Bruder oder eine Schwester,
103 Kinder haben zwei Geschwister
93 Kinder haben drei oder mehr Geschwister.
In 98 Familien hat nicht jeder ein eigenes Bett.

---

mussten, bis ihre Eltern abends von der Arbeit nach Hause kamen. Aber auch für die Kinder, deren Mutter zu Hause war, hieß es häufig draußen zu spielen, bis Muttern fertig war mit Aufräumen, Abwaschen, Wischen, Bohnern. Ebenso selbstverständlich hatten die Kinder selbst Aufgaben zu übernehmen. Eine feste Verteilung der Arbeiten war völlig normal, gespielt werden durfte erst nach Erledigung der Pflichten. Das Leben und jeder Moment darin mussten ein Ziel haben. Mit den Kindern zu spielen, das gehörte in die Kategorie »Zeitverschwendung«. Zärtlichkeit erschöpfte sich im liebevollen aus der Stirn Streichen der Haare. Auch noch die zärtlichste Geste musste ordnen, glatt streichen, reinigen. Kinderwagenschiebende Väter oder Eltern, die selbstverständlich etwas mit ihren Kindern unternehmen – das gab es damals so gut wie nicht. Zum Ausgehen fehlte das Geld und die Väter schoben keinen Kinderwagen. Zehn Jahre nach Kriegsende und Nazi-Mannentum galt das noch als unmännlich.

Der Gier nach Normalität wurde schier alles untergeordnet. Vor lauter Arbeiten kamen die meisten nicht zum Nachdenken, sie wollten es wohl auch gar nicht. In dieser Zeit hat keiner gern über die Vergangenheit gesprochen. Die Deutschen haben nach vorn geblickt, voller Sehnsucht und Zuversicht und mit eingezogenem Kopf. Die 50er waren geprägt von Enge und Ängsten. Die Faszination des wirtschaftlichen Aufschwungs, der Glaube an eine bessere Zukunft half den Menschen, die unbequeme Erinnerung an das nationalsozialistische Deutschland und die begangenen Verbrechen während des Zweiten Weltkrieges zu verdrängen, und machte den Wiederaufbau zum zentralen Ziel dieser Zeit. Es dauerte noch fast ein Jahrzehnt, bis Kinder, junge Lehrer und Studenten die Elterngeneration mit unbequemen Fragen ernsthaft beunruhigten. Bis dahin richtete man sich ein in Ost und West und Biederkeit, in der Geborgenheit bei Sahnetörtchen. Die 50er Jahre waren eine Zeit des Rückzugs ins Private. In der DDR zeigten viele zusätzlich einen manischen politischen Aktionismus, mit dem sie sich abzusetzen versuchten von der faschistischen Vergangenheit und sich in den Aufbau dieses mächtigen Zukunftsprojekts eines sozialistischen Staates stürzten.

Dennoch war das Ziel vieler junger Eltern, zurückgezogen in einer kleinen Familie zusammenzuleben, Vater, Mutter, mit ein bis drei Kindern. Man liebte hüben und drüben die kleinen anheimelnden Lebensbereiche. Nach all dem, was geschehen war, erschien die Idee von dem harmonischen Privatleben unwiderstehlich. Man lebte und arbeitete mit der tiefen Sehnsucht nach Ordnung, Ruhe und heiler Welt. Die kleinste Keimzelle zur Bewahrung des privaten Glücks bot Schutz und Sicherheit. Sie galt es zu erhalten. Die Familien richteten sich ein in der Gemütlichkeit des Provinziellen, mit Rummelplatzvergnügen am Wochenende und der großen Hoffnung, dass alles wieder wird, wie es war. Die neueste Frisur für große und kleine Männer hieß »Messer-« oder »Fassonschnitt« und wurde akkurat mit dem Messer geschnitten. In der Wohnung, im Haus und am eigenen Körper sollte alles sauber sein, ordentlich und abwaschbar. Mit pflegeleichten Resopalplatten, blütenweißen, endlich bügelfreien Nyltesthemden, mit Waschmitteln, die weißer wuschen, und »Desodorants«, die so scharf waren wie die Bügelfalten in den Hosen, mit glatt rasierter Haut, gerötet von Rasierwasser, wurde gegen alles Verstaubte angetreten. Alles, was Staub fing, war alt und musste raus. Mit dem Wort »Staubfänger« wurde alles abgetan, was überholt war und nicht in die neue Zeit passte. Was reinkam, war nur noch zu wischen, zu bohnern, zu moppen. Schnell und sauber. Die Menschen verpassten sich ein frisches Gewand in der stillen Hoffnung, dass sich dann auch der Dreck unterm Teppich mit erledigen würde.

Aus heutiger Sicht wirken die 50er Jahre wie ein Jahrzehnt des großen Wandels. Dabei wird leicht übersehen, wie lange und nachhaltig Altes neben Neuem existierte, nicht selten dominierte. Man war nicht nur blind dafür, dass die gleichen Gesichter nun in anderen Anzügen steckten, sondern vieles kam wieder, als wäre nichts geschehen: die Schrebergartensatzung, der Gesangs-

1952 Gromyko, stellvertretender Außenminister der UdSSR, stellt Wiedervereinigung Deutschlands in Aussicht; Bedingung: Neutralität Gesamtdeutschlands. Westmächte und Adenauer lehnen ab. +++ BRD unterzeichnet EVG-Vertrag über Europäische Verteidigungs-Gemeinschaft. Er garantiert u. a. den Erhalt Westdeutschlands und Westberlins und: BRD soll 12 von 43 geplanten Truppeneinheiten zu je 13000 Mann stellen. +++ Reaktion der DDR: Trennung der Telefonverbindung und Errichtung einer Sperrzone entlang der innerdeutschen Grenze. +++ SED propagiert »Verschärfung des Klassenkampfes« und Normenerhöhungen bei Arbeitsleistung. Ernste Versorgungskrise mit Grundnahrungsmitteln. Zahl der DDR-Flüchtlinge steigt. +++ BRD stellt Telefondienst für Ferngespräche von Hand- auf Selbstwählvermittlung um. +++ Wohnungsbau-Prämiengesetz tritt in Kraft – Beginn des Bausparens. +++ USA zünden erste Wasserstoffbombe auf Eniwetok-Atoll. +++ Zehn Millionen Radiohörer in Westdeutschland angemeldet. +++ Rundfunk der DDR beginnt mit regelmäßigen Fernsehversuchssendungen. +++ Start des regelmäßigen öffentlichen Fernsehprogramms vom NWDR in Hamburg täglich live von 20 Uhr für zwei Stunden; Aufzeichnungen sind noch nicht möglich. Erste Sendung der ›Tagesschau‹. +++ ›Pippi Langstrumpf‹ der Schwedin Astrid Lindgren erscheint auf Deutsch. +++ Wieder Lurchi-Hefte von Schuhhersteller Salamander. Zeichner Heinz Schubel. +++ Harvey Kurtzman gründet den Satire-Comic ›MAD‹. +++ Sony in Japan entwickelt Transistorradio.

und der Tierschutzverein, der Mief und die sozialen Vorurteile. Gab es mit den Flüchtlingsströmen die Zwei-Klassen-Gesellschaft der Einheimischen und der Vertriebenen, so folgte mit dem wirtschaftlichen Aufschwung die soziale Trennung in Arm und Reich – und Gastarbeiter. Als die ersten Italiener 1956 auf Einladung der Bundesregierung ins Land kamen, begegnete die Mehrheit ihnen mit Ablehnung: »Die sind doch dreckig.« Die Deutschen hatten sich in sich selbst zurückgezogen und schauten mit misstrauischen Augen nach draußen.

Wahlplakat zur Bundestagswahl 1953

Anstand und gutes Benehmen waren wichtig. Man genoss die neue Freiheit und sperrte sich gleichzeitig in ein neues Korsett. Nur nicht auffallen, so lautete die Devise der Zeit. Was werden die Nachbarn sagen, fragte man sich und beobachtete doch selbst ganz genau, was diese taten. Die Frauen hielten ihren Haushalt ordentlich und sauber, putzten die Fenster und die Kinder, damit sie nur ja nicht auffielen in der Menge der Nachbarinnen. Die Männer standen untereinander im Wettbewerb, vor wessen Tür das erste Auto parkte – oder war es bereits wieder ein neues? Das andere Grundmotiv dieser Jahre lautete »Ohne mich!«, nicht nur in Bezug auf die Wiederbewaffnung. Man wollte mit Politik nichts zu tun haben.

Die Westdeutschen schickten Pakete in die »Ostzone«, bestückt mit dem guten Bohnenkaffee und teurer Markenseife für die Erwachsenen, Kleidung und Spielzeug für die Kleinen. Und immer aufs Neue ärgerte sich meine Mutter, wenn der Dankesbrief, der erst viel später eintraf, ergab, dass das Päckchen wieder einmal bei einer Kontrolle geöffnet worden und etwas nicht angekommen war. Wenn in der Schule gesammelt wurde für Päckchen in die Zone, hieß es bei uns, »wir schicken sowieso selber, da nimmste nur mal ein Stück Seife mit«. Zu Ostern und zu Weihnachten stellten wir eine Kerze ins Fenster für die armen Verwandten »drüben«. Die Kerzen mitsamt Messingleuchter gab es in der Schule zu kaufen. Die Bildzeitung schrieb noch lange die DDR mit Anführungsstrichen und in der SBZ zerfiel einstweilen die Gesellschaft in die Privilegierten mit »Westkontakten« und die ohne...

1955 fuhr Bundeskanzler Adenauer nach Moskau und »holte die letzten deutschen Kriegsgefangenen heim«. Spät kehrten die Männer nach Deutschland zurück, wie Gespenster aus längst vergangenen Zeiten, dem daheim gründlich verdrängten Krieg. Sie waren ersehnt worden von ihren Familien, ihren Müttern, ihren Ehefrauen. Ihre Kinder haben sie zum Teil gar nicht gekannt. Es war auch eine Sache der Ehre, sie heimzuholen aus der Hoffnungslosigkeit der sibirischen Lager, ein Zeichen für eine neue Zeit. Und doch hatte die Republik längst an ihnen vorbeigelebt.

In der zweiten Hälfte der 50er Jahre machte sich das »Wirtschaftswunder« endlich in den Gehaltsabrechnungen und Lohntüten eines Großteils der Arbeitnehmer bemerkbar. Die Löhne zogen merklich an, gleichzeitig sank die Wochenarbeitszeit in

1953 Stalin stirbt. +++ DDR: Nach Säuberungswelle nimmt Flucht nach Westen drastisch zu. Preiserhöhungen für Grundnahrungsmittel und Erhöhung von Arbeitsnormen um 10% führen zu Protesten und Streiks in Berlin, Aufstand in der DDR (17. Juni), wird blutig beendet, Tausende verhaftet. +++ Reparationslieferungen an Sowjetunion enden. +++ Beinahe absolute Mehrheit bei Bundestagswahl für CDU/CSU unter Kanzler Konrad Adenauer. +++ Franz-Josef Wuermeling wird Familienminister. Einen Namen macht er sich mit »Wuermeling-Ausweis«, der Kinderreichen Benutzung der Bahn zu ermäßigten Preisen ermöglicht. +++ »Erste sozialistische Stadt Deutschlands« ist Stalinstadt südlich von Frankfurt/Oder, Eisenhüttenwerk samt Wohnstadt. +++ Rationierung von Schuhen in der DDR wird aufgehoben. +++ Stalinallee: erste 70 Wohnungen bezugsfertig. +++ UdSSR zünden zu Versuchszwecken erste Wasserstoffbombe. +++ Koreakrieg wird beendet. +++ Kabarett Distel nimmt Spielbetrieb auf, Leitung Erich Brehms. +++ Premiere DEFA-Kinderfilm ›Der kleine Muck‹ von Wolfgang Staudte. +++ ›Internationaler Frühschoppen‹ mit Werner Höfer kommt ins Fernsehen. +++ Oswalt Kolle und Frau müssen Hochzeitsnacht in Offenburg in getrennten Zimmern verbringen, Name der Frau noch nicht in seinen Pass eingetragen.

Ost und West bis 1961 von beinahe 50 auf 45 Stunden. Im Westen wuchsen die Kohlehalden und im Osten die Planziele. Im Westen stiegen die Produktions- und Exportdaten und die Arbeitslosenzahlen fielen bis auf 1 Prozent. Die Lebensverhältnisse verbesserten sich für breite Schichten der Bevölkerung spürbar und der Alltag wurde leichter. Das Konsumverhalten von vielen begann sich zu verändern.

Was 50 Jahre später die Banane war, hieß damals die »gute Butter«. Butter musste es nun sein, wenn man es sich leisten konnte, nicht mehr Margarine! Und sie schien tiefste Wünsche zu befriedigen. Essen war ein immens wichtiges Thema in den 50ern. War doch darüber einerseits am leichtesten mitzuteilen, dass man sich wieder etwas leisten konnte. Die dampfenden vollen Schüsseln, der duftende Braten am Sonntag und bei Familienfesten waren obligatorisch. Andererseits diente Essen auch als Erziehungsinstrument gegenüber den Kindern. Eltern konnten darüber täglich dreimal vermitteln, wie schlecht es ihnen im Krieg und den schweren Jahren danach gegangen war, was sie hatten essen müssen und wie gut es den Sprösslingen dagegen ging.

Die Käufer in Ost und West, die es sich leisten konnten, bevorzugten jetzt frisches Obst und Gemüse. Der haltbare und unverwüstliche Kohl wurde zwar weiterhin angebaut, verlor aber wie Erbsen, Bohnen und Kartoffeln allmählich an Beliebtheit. Die Leute hatten die Kriegs- und Nachkriegskost wohl endgültig über. Innerhalb weniger Jahre mauserte sich Deutschland zum bedeutendsten Importeur von frischem Obst, Gemüse und Salat in Europa. Endlich Südfrüchte und Luxusartikel – das waren die Verkaufsschlager.

Nicht überall kamen solche Dinge auf den Tisch. Vor allem die allein erziehenden Kriegswitwen mit ihren Kindern und diejenigen, die nicht wieder hatten Tritt fassen können, waren weiterhin die Verwerter von dem, was andere wegwarfen oder liegen ließen. Sie gingen auch künftig noch nach der Ernte Kartoffeln und Zwiebeln sammeln, klaubten unter den Bäumen am Straßenrand Äpfel und Pflaumen auf und sahen zu, dass sie gegen Gefälligkeitsarbeiten nach Feierabend Lebensmittel bekamen. Ansonsten hieß es, das Geld zusammenzuhalten, aus beinahe nichts das Nötige zu machen und sparen, sparen, sparen. Das war in Ost und West gleich. Im Osten hatte sich neben dem staatlich kontrollierten Handel und außerhalb der privilegierten Führungsschicht, die, wie es hieß, sowieso »wie die Maden im Speck lebte«, eine Art Tauschhandel etabliert, der sich bis zum Ende der DDR halten

Die ersten Messerschmitt-Kabinenroller waren 1953 für 2100 Mark zu haben

sollte: Arbeit gegen Naturalien oder schwer zu beschaffende Dinge, die man benötigte.

Die Menschen auf beiden Seiten wurden langsam mobiler. Im Osten wie im Westen fuhr Mann in den 50ern vor allem Motorrad oder Moped. Aber sobald die ersten notwendigen Haushaltsgeräte angeschafft waren, sparte man auf den eigenen Wagen. Die Familie sparte und der Vater lenkte, denn einen Führerschein besaß fast ausschließlich der Mann im Haus. Kleinstautos wie der »Messerschmitt-Kabinenroller« und das »Goggomobil« verhalfen zu Mobilität auch bei kleinen Geldbörsen. Zu den populärsten Kleinstwagen gehörte die dreirädrige »BMW-Isetta«. Erst 1957 jedoch überstieg in der Bundesrepublik die Anzahl der Autos die der motorisierten Zweiräder. Im Osten hatten sich einzelne Wirtschaftsbereiche von den Demontagefolgen nicht wieder erholt. So auch die einstmals führende Automobilindustrie Mitteldeutschlands: die Produktion von PKWs lag Mitte der 50er Jahre nur etwa bei einem Drittel des Produktionsstandes von 1936. Wirtschaftspolitische Fehlentscheidungen der SED-Führung ruinierten diesen Industriezweig dann endgültig. Die Versorgung mit Autos, meist dem Trabant, blieb bis 1989 schwierig und bot traurigen Anlass für endlose Witze.

Die Kinder dieser Jahre bekamen zweierlei mit: einerseits die regelmäßigen Standpauken über Anstand und Gehorsam, Ordnung und Sauberkeit, andererseits den von den Erwachsenen ringsum vermittelten Glauben an Fortschritt, mit der sicheren Hoffnung auf bessere Zeiten. Sie erlebten mit, wie sich die Situation spürbar besserte. Endlich raus aus den beengten Verhältnissen in mehrfach belegten Häusern oder sanierungsbedürftigen »Schlichtwohnungen«, raus aus den primitiven Vorkriegsquartieren, wo Waschgelegenheit und Toilette außerhalb der Wohnung lagen, das »Klo auf der halben Treppe« oder das Plumpsklo im Hof. Noch 1960 gingen im Bundesdurchschnitt 40 von 100 Bauernfamilien aufs Plumpsklo im Hof, geschweige denn, dass die Häuser über ein Bad mit Badewanne oder Dusche verfügten. Man wusch sich an einem Waschbecken im Hausgang oder in der Küche.

Sowohl im Westen als auch im Osten wurden mittels umfangreicher Wohnungsbauprogramme ganze Siedlungen von drei- bis fünfgeschossigen Wohnblocks aus dem Boden gestampft. Diese neuen Siedlungsblocks auf der grünen Wiese repräsentierten die ersehnte Ordnung vorbildlich. Sie standen mustergültig in Reihe, hübsch getrennt durch Grünanlagen. Die meisten sahen sich ziemlich ähnlich, sowohl innen als auch außen. Sie lagen am Stadtrand, nur unzulänglich mit öffentlichen Verkehrsmitteln zu erreichen. Noch heute sind ihre normierten Grundrisse seltsam vertraut. Aber wer aus Ruinen, Teilwohnungen oder gar Baracken in eine solche jungfräuliche Wohnung einziehen durfte, war endlich, nicht selten seit vielen Jahren das erste Mal für sich, kam in den lang ersehnten Genuss von Privatsphäre. So verwundert es nicht, dass die erste Anschaffung häufig ausgerechnet Gardinen waren.

Der größere Wohlstand und Komfort brachte aber zugleich Nachteile für die Frauen. Die Hausarbeit wurde zu einer einsamen

Beschäftigung. Die Männer verließen morgens zwecks Broterwerb die Wohnung, die Frauen, zumindest die Hausfrauen, blieben zurück. Ihr Leben spielte sich vermehrt innerhalb der eigenen vier Wände ab. Früher hatte es an Waschtagen Gespräche mit anderen Frauen gegeben, der Hausputz wurde zu bestimmten Zeiten vor den Feiertagen oft gleichzeitig mit anderen Frauen erledigt. Oder man traf sich beim Teppichklopfen auf dem Hof. Jetzt schob jede schnell noch im eigenen Bad eine Wäscheladung in die Maschine, bevor sie mit dem Staubsauger in wenigen Minuten den Teppich in ihrem Wohnzimmer reinigte. Alles ließ sich nun ruckzuck erledigen und dauerte doch Stunden. Die Kinder wurden mit eingespannt oder rausgeschickt, damit sie nicht störten.

In manchen modernen Siedlungen wurden zwar noch zentrale Waschküchen mit gemeinsam zu nutzenden Waschmaschinen eingerichtet. Aber statt Kommunikation gab's nun Konflikte, wenn wieder einmal eine Hausfrau die Waschküche nicht ordentlich hinterlassen hatte. Nach den schlechten Erfahrungen mit der oft missbrauchten Kontrolle durch die Vertreter der sozialen Organisationen während der Nazizeit hatte die deutsche Bevölkerung in den 50er Jahren wohl eine gewisse Scheu vor Gemeinschaftseinrichtungen.

Was fortschrittliche Architekten bereits in den 20er Jahren kritisiert hatten, »an dieser Stelle hat er zu schlafen, an dieser zu essen, an jener zu arbeiten...«, galt ganz besonders für die noch beengteren Grundrisse der 50er Jahre. Eine Wohnung im sozialen

1954 Kindergeld-Gesetz wird verabschiedet: 25 DM für drittes und jedes weitere Kind. +++ UdSSR erklärt Gewährung der Souveränität für die DDR. +++ Letzte Sowjetische Aktiengesellschaften (SAG) mit Ausnahme von Wismut AG werden an die DDR übergeben und in VEB (Volkseigene Betriebe) umgewandelt. +++ Die BRD führt Wehrpflicht wieder ein. Deutschland soll zukünftig Verteidigungsbeitrag im Rahmen der NATO leisten. +++ Moskau verkündet Wiederbewaffnung der DDR. +++ »Tor Tor Tor« – Wunder von Bern: Deutschland-West wird Fußball-Weltmeister mit 3:2-Sieg über Ungarn. +++ ›Familie Schöllermann‹: erste deutsche TV-Serie geht auf Sendung (West). +++ Uraufführung des Films ›Ernst Thälmann – Sohn seiner Klasse‹ von Kurt Maetzig (Ost). +++ Erstes ›Pixi-Buch‹ erscheint im Carlsen-Verlag.

Wohnungsbau aus dem Jahr 1953 sah für einen Drei-Personen-Haushalt zwei Zimmer auf 35 Quadratmetern vor. Vater, Mutter und Kind teilten sich das Elternschlafzimmer, eine Wohnküche und ein Bad mit Wanne und Toilette. Solche Grundrisse ließen kaum Variationsmöglichkeiten in der Möblierung zu. Für das Elternschlafzimmer zum Beispiel waren ein Doppelbett, zwei Nachtschränkchen, ein Kinderbett und ein Kleiderschrank vorgesehen. Es blieb gerade genügend Platz, um bei geöffneten Schranktüren durchgehen zu können. Die neueste Errungenschaft nach dem Vorbild der alten »Frankfurter Küche« war in den modernen Wohnblöcken der Neubau-Siedlungen die praktische kleine Arbeitsküche. Sie machte der selten benutzten, aber »guten Stube« endgültig den Garaus.

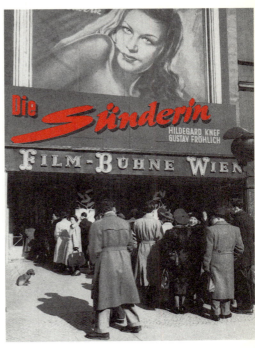

Kinowerbung für den umstrittenen Film mit Hildegard Knef

Die Familie brauchte einen Raum zur Einnahme der gemeinsamen Mahlzeiten. Das Resultat war das Wohnzimmer mit Essplatz, wie wir es heute kennen. Es gab mehrfunktionale, durchrationalisierte Möbel für den modernen Haushalt in der schnell zu kleinen, aber nagelneuen Mietwohnung. Der ausklappbare Schreibschrank löste den Schreibtisch ab, unter der Schlafcouch hatte auch noch ein Bettkasten Platz, die Kinder wurden in Stockbetten gestapelt oder sollten abends ihr Bett ausklappen. Die praktischen Einbauschränke mit leicht abwischbaren Fronten hatten Konjunktur. Als Ausgleich für so viel Nüchternheit wurde die Wohnzimmereinrichtung im »Gelsenkirchner Barock« der Renner.

Noch bis in die 60er Jahre war es für viele Familien selbstverständlich, die Räume ihrer Wohnung mehrfach zu nutzen: Die Kinder schliefen im Zimmer der Eltern, das Wohnzimmer war Wohn- und Schlafzimmer zugleich. Oft hatte die Küche die Funktion von Küche, Wohnraum und nicht selten Schlafraum. Man hielt sich an alte Vorbilder. Merith Niehuss machte den wunderbaren Fund einer Befragung Mitte der 50er Jahre, in der die Autoren offenes Befremden bekundeten angesichts eines Ehepaares, das mit seiner 18-jährigen Tochter in einer Drei-Zimmer-Wohnung lebte, in der jedes Zimmer als Wohn-Schlafzimmer eingerichtet war. Ein ausgesprochenes Schlafzimmer mit der üblichen Möblierung fehlte jedoch: »Der Grund für die Absonderung der Ehepartner ist nicht zu erkennen. Ernsthafte Störungen des Familienlebens, wie Streitfälle, Krankheiten, Nervosität und Reizbarkeit, gibt es nach Aussagen des Mannes in der Familie nicht.«

Siedlungsbau in Eigenarbeit

Wer es sich leisten konnte, der baute. Womöglich ein kleines Häuschen, nicht selten sehr mühsam, über Jahre Zimmer um Zimmer und fast immer in Eigenarbeit aller zur Verfügung stehenden Familienmitglieder. Langsam aber sicher erarbeiteten sich die Deutschen den immensen Nachholbedarf an Wohlstand. Das Einkommen konnte immer mehr für bis dahin unbezahlbare Luxusgüter ausgegeben werden. Die Bäuche der Bundesbürger wurden allmählich dicker, und eventuelle Sorgen sollten sie wieder leichter nehmen.

Die beliebteste Freizeitbeschäftigung der fünfziger Jahre in Ost und West war ein Abend im Kino. Zwischen Komödie und Heimatpathos, mit Bergen, Hirschen und Ärzten war die Welt wirklich in Ordnung. Zukunft wurde im Osten via sozialistischer Aufbau-Ergriffenheit vermittelt. Die Kirche und die Hüter der Moral ereiferten sich über ein paar Sekunden Nacktheit von Hildegard Knef in dem Streifen ›Die Sünderin‹. Aber wer häuslicher war, denn zu Hause war es am gemütlichsten, hörte Radio. Die beliebten leichten Operettenmelodien vielleicht oder Gratulationskonzerte für Geburtstagskinder und Jubilare. Später hießen sie Erbschleichersendungen, damals gab es noch eher wenig zu erben. Der Apparat mit dem magischen gelben oder grünen Auge erzählte mit Namen wie Hilversum und Beromünster auf der Skala von weit entfernten Orten und einer unbekannten großen Welt, lief aber nur auf Zimmerlautstärke, wegen der Nachbarn. Erst allmählich stiegen die Deutschen ins Fernsehzeitalter ein und für etliche Jahre blieb die Fernsehwelt noch schwarzweiß. Einen eigenen Apparat besaßen die meisten erst in den 60er Jahren. Die Eltern einer Freundin, eine Bauernfamilie in unserem Dorf, hatten früh schon einen Fernseher. Er stand wohl behütet in der normalerweise abgeschlossenen »guten Stube«, der »gut Stubb«. Ab und zu ließ uns die Oma nachmittags zur Kinderstunde hinein, für eines der gruseligen Märchen, die ich kaum ansehen, aber nicht versäumen konnte, in denen Kinder wie Hänsel und Gretel grässliche Abenteuer zu bestehen hatten, bis sie endlich wieder in die Arme ihrer Eltern zurückkehren durften. Später klebte der Vater eine gelbe Folie vor die Mattscheibe, damit man »bunt gucken« konnte, wie die Werbung versprach. Bunt war da selbstverständlich nichts, aber schick war es.

»Sah eben Fernsehprogramm. Bedaure, dass Technik uns kein Mittel gibt, darauf zu schießen«, soll Bundestagspräsident Hermann Ehlers 1953 an Adolf Grimme telegrafiert haben. Auch wenn das neue Medium nicht überall auf Gegenliebe stieß, der Siegeszug des Fernsehers war nicht mehr aufzuhalten. ›Familie Schöllermann‹, die erste TV-Serie, erwies sich schon als echter Straßenfeger. 1955 fragte Robert Lembke zum ersten Mal ›Was bin ich?‹ und ein Jahr später folgte bereits Bernhard Grzimeks ›Ein Platz für Tiere‹. Wer keinen eigenen Apparat besaß, schlupfte zu gemeinsamen Fernsehabenden bei Freunden oder Verwandten unter. Und das Fernsehen Ost und Fernsehen West beobachteten sich beharrlich und traten in Konkurrenz zueinander.

Die Jahre des Mangels schienen nun endgültig vorbei zu sein, auch wenn für einige Zeit noch mehr als die Hälfte des monatlichen Familienbudgets für dringend notwendige Anschaffungen

Neues Verkehrsschild am Ortseingang von Wuppertal 1958

aufgebracht werden musste. Aber das ständige Pfennig-Umdrehen war vorüber. »Hast du was, so bist du was.« Die Bundesbürger starteten – und wenn es eben nicht anders ging, mit der als fortschrittlich beworbenen Ratenzahlung – endgültig in bessere Zeiten. Conny Froboess sang »Komm ein bisschen mit nach Italien …«, die Menschen leisteten sich wieder Träume und gaben sich mit plötzlich viel zu bunten Hawaiihemden und frechen Caprihosen der Sehnsucht hin nach dem Land, wo die Zitronen blühen.

Nun waren sie wieder wer. Man leistete sich am Abend den »Asbach uralt« oder einen »Puschkin« mit der eleganten Kirsche am Stiel. Dior wollte die Frauen mit der schmucken Tulpen-Linie erobern und in der DDR erschien 1956 erstmals das Modemagazin ›Sybille‹. Mode- und Klatschmagazine für die Erwachsenen hatten Konjunktur und die »Illustrierten« eroberten den Couchtisch. Die Traumpaare dieser Jahre waren Soraya und der Schah und Grace Kelly und ihr Märchenprinz aus Monaco. 1955 entschied der Bundesgerichtshof, dass »moderne Bildstreifenhefte« wie ›Micky Maus‹, ›Nick Knatterton‹ und ›Prinz Eisenherz‹ nicht zur »geistigen Verarmung« führen und somit nicht verboten werden. Zur Freude der Kinder im Westen begann der Siegeszug des Osterhasen – Schokoladenhohlfiguren wurden industriell hergestellt und automatisch mit buntem Stanniolpapier umwickelt.

1955 Bei Staatsbesuch Konrad Adenauers in Moskau wird Aufnahme diplomatischer Beziehungen beschlossen. Die letzten circa 10 000 deutschen Kriegsgefangenen dürfen heimkehren. +++ BRD wird Mitglied der NATO; östliches Bündnis gründet Warschauer Pakt. +++ Protestveranstaltungen und Kundgebung in Frankfurter Paulskirche gegen Wiederbewaffnung der BRD. +++ Moskau erklärt Kriegszustand mit Deutschland formell für beendet. Pariser Verträge treten in Kraft: nach zehn Jahren Besatzung Souveränität für BRD; aus Hohen Kommissaren der Siegermächte werden Botschafter. +++ BRD hält am Alleinvertretungsanspruch für ganz Deutschland fest. Mit Hallstein-Doktrin droht die BRD allen Staaten, die die DDR anerkennen, mit Abbruch der diplomatischen Beziehungen. +++ Deutschland und Italien schließen Anwerbeabkommen für Arbeitskräfte. +++ »Honnefer Modell« unterstützt besonders begabte Studenten. Kein Darlehen, was zählt, ist Leistung. Wird später in Abwandlung zum BAFÖG. +++ ›Tagebuch der Anne Frank‹ erscheint in Taschenbuchausgabe. +++ Erste Jugendweihe in Ost-Berlin. +++ In Zeitschrift ›Das Magazin‹ erscheint in DDR erstmals ein Aktfoto des Fotografen Günther Rössler. +++ Heinz Rühmann feiert mit ›Wenn der Vater mit dem Sohne‹ Kinoerfolge in BRD. +++ Arnold Bode aus Kassel gründet die »documenta«. +++ »Goggomobil« und »Isetta« kommen auf den Markt; Millionster »VW-Käfer« läuft in Wolfsburg vom Band. In BRD sind 1,3 Millionen Autos angemeldet. +++ Dänische Firma »Lego« stellt auf Spielwarenmesse in Nürnberg ihr Plastikspielzeug vor – nach anfänglichem Zögern erobern bunte Steine die Kinderzimmer. +++ Robert Lembke fragt zum ersten Mal ›Was bin ich?‹ +++ In Westdeutschland 84 000 Fernsehteilnehmer. +++ Coca-Cola wirbt mit Slogan »Mach mal Pause – trink Coca-Cola«. +++ Klettverschluss, in Schweiz erfunden, wird patentiert.

Das Jahrzehnt veränderte sich. Die Industrialisierung schritt voran und mit der Kunststoffrevolution – Nyltest, Dralon, Resopal – nahm die Umweltverschmutzung zu. Ich wuchs bei Ludwigshafen am Rhein auf und noch Anfang der 70er Jahre, als ich dort ins Gymnasium ging, schien die Sonne über der Stadt mit ihren Chemiewerken Giulini, BASF und Co. nur fahl durch einen Schleier aus Dunst. Erst später wurde mir klar, dass wir damals mehr schlechte Luft eingeatmet haben müssen als zu der Zeit, als wir schließlich lautstark gegen Umweltverschmutzung auf die Straße gingen. Der Zukunfts- und Fortschrittsglaube des Jahrzehnts wurde zum ersten Mal richtig erschüttert, als nach 1957, nach der Einnahme des angeblich nebenwirkungsarmen Schlafmittels »Contergan« (vom Pharma-Unternehmen »Grünenthal«) durch ahnungslose schwangere Frauen, behinderte Kinder zur Welt kamen.

Schütt' die Sorgen in ein Gläschen Wein,
deinen Kummer tu auch mit hinein.
Und mit Köpfchen hoch und Mut genug
Leer das volle Glas in einem Zug!
Das ist klug!
Schließ die Augen einen Augenblick,
Denk an gar nichts mehr als nur an Glück.
Und auf eins-zwei-drei wirst du gleich seh'n,
wird das Leben wieder wunderschön!

Willi Schneider,
›Schütt' die Sorgen in ein Gläschen Wein‹

EVA ZIEBERTZ

Freiheit riecht nach Kochwäsche

Da war die Sonne, schien auf die weißen Laken im schmalen Hofteil zwischen Omas Küche und den hohen Mauern der nachbarlichen LKW-Garagen. Wir durften wegen der Gefahr für die Wäsche nicht in den Hof, sahen vom Fenster auf das Weiß und die Sonne. Im Haus roch es nach gekochter Seifenlauge, obwohl doch die Waschküche noch hinter Omas Küche lag. Unser Hof war gestampfte Erde, die Fliesen und Steinplatten kamen erst sehr viel später, da war ich schon aus dem Haus. Nur vorne gab es einen kleinen Flecken Gras, auf den die Frauen die Wäsche zum Bleichen legten.

Die Frauen trugen Kittelschürzen und nichts darunter, nicht die Korsett-Ungetüme aus Gummi mit Haken und Ösen, die auf der Leine hingen und unter denen nichts wackelte, keine Brust, kein Bauch, nichts. So gefielen mir die Frauen besser. Sie waren weicher, schwitzten mit roten Köpfen und Armen, rührten mit großen Holzkellen im Kessel, fischten Teile aus der Lauge, wuschen sie am Steingutbecken klar, zogen sie zu zweit durch die Wringmaschine, ein merkwürdiges Gebilde aus Holz, mit zwei dicken Walzen, die angetrieben von Fußkraft gegeneinander liefen und die Wäschestücke plätteten, indem sie schwallförmig Wasser hinaus drückten. Distanz zu diesem Ungeheuer musste mir keiner verordnen.

Bevor die Angst sich verlor, kam die erste elektrische Waschmaschine der Straße ins Haus. Damit endeten die wundersamen Waschtage, mit ihrer Betriebsamkeit, ihrer Anstrengung, aber auch dem Gemeinsinn, dem Lachen und Singen der Frauen und unserer großen Kinderfreiheit. Freiheit roch nach Kochwäsche, denn es waren Tage, an denen niemand auf die Kinder achtete, solange wir nicht zwischen die zum Trocknen und Bleichen ausgelegte Wäsche liefen. Nicht einmal essen mussten wir, wenn wir nicht wollten. Und meistens wollte ich nicht, denn der am Vortag gekochte Eintopf gehörte nicht zu meinen Lieblingsspeisen. Wir liefen durch die Haustüre hinaus, die zu jener Zeit eine von beiden Seiten zu bedienende Türklinke hatte. Sie war Tag und Nacht unverschlossen.

Unsere Straße lag und liegt im Herzen der Stadt Xanten. Heute kommt man durch ein Tor in der wieder erbauten Stadtmauer auf den Hof. Wir liefen auf die Strasse und in der Regel als Erstes zu unserer Pumpe, dem Mittelpunkt unserer Nachbarschaft. Die Nachbarschaften orientierten sich an der Zugehörigkeit zu einer Wasserpumpe. Alle Familien, die an dieser Pumpe Wasser holten, bildeten die Pumpennachbarschaft. Diese wählte sich jedes Jahr neu einen Pumpenmeister, der die Belange der Nachbarschaft regelte. Hochzeiten, Beerdigungen, runde Geburtstage, Geburten, Krankenhausaufenthalte von Müttern, alles wurde in der Nachbarschaft organisiert, gefeiert, beraten. Das soziale Netz der Pumpennachbarschaften war tragfähig. Ich erinnere mich an ein Beispiel dafür, als nebenan im Haus die Großmutter starb, weil ich an diesem Tag die erste Ohrfeige von zweien in meinem Kinderleben bekam. Die vier Kinder von nebenan aßen mit uns zu Abend und der knapp zwei Jahre jüngere Nachbarssohn nahm sich gerade die siebte Scheibe Brot. Vollkommen fasziniert, welche Mengen jemand verputzen kann, sagte ich verblüfft: »Das ist schon die siebte Scheibe!« Daraufhin landete zum ersten Mal die Hand meiner Mutter in meinem Gesicht mit den Worten: »Bei uns wird nicht gezählt!« So selbstverständlich wie die Nachbarskinder bei uns unterkamen, wurden auch wir im Bedarfsfall untergebracht und versorgt.

Jährlich wurde von jeder Familie ein Beitrag erhoben, den der so genannte Kronenmeister verwaltete. Dieses Amt hatte mein Vater viele Jahre lang inne und ich war sehr stolz darauf. Erst viel später habe ich verstanden, dass es nicht um eine Krone ging, sondern um eine alte Bezeichnung für Geld. Jeden Sommer fand ein Nachbarschaftsfest statt, die so genannte Pumpenkirmes. Die Pumpe wurde mit Laubkränzen, bunten Papiergirlanden und Blumen geschmückt, die übers Jahr sorgfältig aufbewahrt wurden. Alle Nachbarn saßen zusammen, in den ersten Jahren auf der Straße, später auf einem der Höfe. Es wurde gegrillt, das Bier kam aus Tante Theas Laden, wo wir es auch noch offen in Flaschen und Kannen kaufen konnten. Wir Kinder bekamen Limonade oder hatten uns selbst welche aus Lakritzen gemacht, die wir mit Wasser übergossen und zwei Tage in der Sonne gären ließen. Keiner schickte uns Kinder zu Bett und an die Gesangsrunden unter dem Sternenhimmel erinnere ich mich heute noch lebhaft.

War es zu kalt, um an der Pumpe mit Wasser zu spielen, oder brauchten die Erwachsenen das Wasser für ihre Zwecke, liefen wir um die sechs Häuser der Straße herum auf den Wall, eine ungepflasterte Fahrstraße, die die Grenze zwischen der kleinen Stadt und dem weiten Land ausmachte. Das erstreckte sich bis zum Rhein in weiten Wiesen, die durch Pappelgeraden und Hecken gegliedert wurden. Hinter dem Wall mit seiner hohen Mauer, die später, als die EWG Geld dafür zu zahlen begann, als mittelalterliche Stadtmauer rekonstruiert wurde, begann W.s großes Kornfeld: ein verbotener Garten unserer Träume. Im Frühling bargen die dicken braunen Erdklumpen, die der Pflug hinterließ, mehr Würmer, Asseln und Kriechgetier, als wir oder die Krähen sammeln konnten. Später, wenn das Korn schon hoch, aber noch grün war, pflückten wir lieber verbotenerweise die blauen Kornblumen zum roten Klatschmohn aus dem Acker als Himmelschlüsselchen und Wiesenschaumkraut von den Wiesen. In den geernteten und auf Stangen in Zeltform zum Trocknen gehängten Garben spielten wir ausgiebigst Indianer, Mutter und Kind oder Verstecken. Alles das durften wir nicht, störten wir doch den Saat- und Reifeprozess, traten die Ähren platt, wühlten das mühsam geschichtete Korn wieder durcheinander.

Wir wussten, was es bedeutet, Brot zu haben. Nicht nur, weil unsere Eltern uns Ehrfurcht lehrten, nicht nur, weil wir uns vor jedem Essen bedankten bei der allgegenwärtigen Instanz des Vaters im Himmel, sondern weil wir auch noch Tage ohne Brot kannten. Nicht solche wie im und nach dem Krieg, von dem alle nur knapp, leise und mit eingezogenen Schultern und entsetzten Augen berichteten, immer als von etwas Schrecklichem, Drohendem, durch und durch Realem. Aber dennoch gab es Tage, an denen nicht mehr da war als die Schüssel Haferschleim, die auf dem Tisch stand. Deshalb waren auch die Tiere auf dem Hof, die Hühner, die Enten, ein Schwein, nicht da, um das Herz daran zu hängen, sondern als Sicherheit gegen Hunger.

Trotz aller Verbote und der möglichen Gefahr lockte uns das Feld. Der Besitzer war ein zu heftigem Jähzorn neigender Bauer. Mehr als einmal lief er wutentbrannt, die Zornesröte über Gesicht und Hals, mit erhobener Mistgabel oder einen dicken Holzknüppel schwenkend hinter uns her, die wir behände, jeden Vorsprung und jedes Loch kennend und als Kletterhilfe nutzend, wie Katzen die Mauer hinaufjagten und uns hinter den Hoftoren in Sicherheit brachten. Später, als wir älter und frecher wurden, leisteten wir uns ein spöttisches Grinsen die Mauer hinunter auf den schnaubenden kleinen Mann. Ich fühlte mich nie so ganz wohl bei dieser Verhöhnung, tat es aber jedes Mal den anderen gleich.

W.s Feld war unser Abenteuer am Waschtag oder der riesige Hof der nachbarlichen Kohlehandlung. Unter Blechdächern und im Freien lagen Koks, Eierkohlen, Holzkohle, Brikett, Schwarzes in jeder Form und Konsistenz, worin wir badeten wie heute die Kinder in den Ballkisten bei IKEA. Wir konnten uns oben auf die Berge legen und durch Körperbewegungen Mulden formen, bis wir auf der Erde angekommen waren. Wir konnten ausprobieren, wie viel mehr Koks als Brikett auf ein Kilo gehen, denn die vielen Waagen waren von besonderem Reiz. Kilos abwiegen und in Säcke füllen, Preise benennen und verkaufen, das alles war sehr viel realer als das Spiel mit unserem Kaufladen. Natürlich nahmen wir nur die kleinen Waagen, denn die großen Gewichte für die Zentnersäcke waren viel zu schwer, sie ließen sich von uns nicht aus ihrer Fassung bringen, anders als Herr H., der Besitzer, der einzige Nachbar, den wir nicht Onkel nannten. Er und die zwei alten Männer, die mit ihm arbeiteten, Kohlen wogen, schaufelten, trugen, verluden, fuhren, konnten nicht weniger wüten als der Bauer, wenn sie uns ebenso schwarz wie sie selbst in einem der vielen Haufen entdeckten. Wir machten das nicht oft, denn wir bekamen jedes Mal Ärger mit den Eltern.

Manchmal spielten wir auch einfach Mutprobe. H.s hatten eine Mauer zum Wall, viel höher als unsere. In einer Ecke des Hofes lag ein kleiner Sandkasten. Dorthinein ging die Mutprobe oben von der Mauer aus. Zweimal brachen sich Kinder ein Bein, mein Bruder einmal seinen Arm. Ich machte je-

Waschtag mit Bürste und Waschbrett

des Mal die Augen zu und sprang. Es ging immer gut. Ich galt als tapfer, nur ich wusste, dass das nicht stimmte.

Hinter W.'s Feld verlief die Bundesstraße. Darüber durften wir nicht, mochten die weiten Felder und Wiesen, die Ruinen des Amphitheaters und vor allem der Fluss noch so locken. Der Übergang über die Bundesstraße war wegen des immer dichter werdenden Verkehrs für uns verboten. Bis einer von uns die Unterführung entdeckte, für die Kanalisation gebaut, aber groß genug zum Durchklettern. So konnten wir bis zum Rhein mit seinen noch unverbauten Ufern voller Schätze von Treibgut und Steinen.

Außer den Waschtagen gab es zu Hause noch andere Tage voller Betriebsamkeit, die zum Glück nicht so oft vorkamen. Vermutlich zweimal im Jahr. Wir mussten helfen, wurden nicht gefragt, so wie immer klar war, dass wir Zeit hatten, wenn die Eltern uns brauchten. Kinder sind für Erwachsene da, das wusste ich früh. Dass sie da sind, um es den Erwachsenen recht zu machen, lernte ich auch.

Jedenfalls mussten wir zweimal im Jahr Töpfe und Schüsseln schleppen, schleimige Haut aufhalten, in die gekochte Wurst geschüttet wurde, die — oh Wunder — nach einigen Tagen schmeckte. Mein Mageninhalt stand mir den ganzen Tag lang auf der Zunge, aber übergeben galt nicht. Wir hatten Schlachttag, Fest für die Familie und Sicherheit für die nächste Zeit: Fleisch das Zauberwort. Nichts konnte ich essen vom in der Pfanne gebratenen Blut und Fettsud, auf den sich alle mit Freudengeheul, gierigen Mündern und glänzenden Augen stürzten. Nichts von den sauren Nierchen oder der kurz gebratenen Leber. Noch Tage später nicht, so lange bis der Geruch nach gekochtem Fleisch aus dem Haus verschwand. Es fiel keinem auf, dass ich nichts aß. War mir schlecht vor Hunger und kippte ich um, was zweimal geschah, wurde es auf das viele Fleisch geschoben.

Was ich mochte, war auf dem Dachboden zu sitzen und die Wurstreihen zu betrachten, die dunkelroten Blutwürste, die rosafarbenen Leberwürste, die als Erste weniger wurden, und in der Ecke die leuchtenden Mettwürste und der im Sack verpackte Schinken. Darauf wartete ich, auf den Schinken. Das einzige, was ich wirklich mochte, war der getrocknete Schinken. Am liebsten mochte ich Schinkenbonbons. So nannte mein Vater die dunkelroten, fast bräunlichen harten Stücke, die er vom Knochen abschnitt. Ich brauchte mich nicht darum schlagen. Außer mir mochte diese Bonbons keiner.

Der Dachboden war einer der wenigen Orte, wo ich mich zurückziehen konnte. Er verschwand als Erster. Mit jedem Kind wurde er ein Stück kleiner, fand sich statt des Dachbodens ein Zimmer. Wie alle Arbeiten im Haus machte mein Vater diesen Umbau alleine. Es gab irgendwie nichts, was er nicht konnte: schweißen, mauern, Dach decken, Sanitärinstallationen, Holzarbeiten, sägen, bohren, schrauben. Nie wäre einem von uns eingefallen, dass man dafür Handwerker ins Haus holen könnte. Allenfalls Onkel oder Nachbarn wurden zur Hilfe herbei geholt, so wie mein Vater auch selbstverständlich alle Zäune, Tore und Treppengeländer in der Verwandtschaft schmiedete. Als ich mit meiner Schwester ein Dachbodenzimmer bezog, wurde der Platz auf dem Fensterbrett mein Stammplatz. Am liebsten saß ich bei geöffnetem Fenster, die Füße auf das Dach gelegt, das steil abfiel. Natürlich musste ich Acht geben, dass keiner mich sah vom Hof aus. Sie hätten es verboten.

Eine weitere Freiheit hieß Isetta. Mit Klapptüre und Schiebedach, ein Krankenfahrzeug meiner behinderten Tante, die mit meiner Großmutter und deren Schwester unten wohnte, in der unteren und größeren Hälfte des Hauses. Meine Tante konnte nicht laufen, mühsam bewegte sie sich mit verschiedenen Gehhilfen bis zu ihrem Auto, das mit der auf der ganzen vorderen Seite aufzuklappenden Fronttüre einen leichten Einstieg bot. Ganz im Anfang erinnere ich mich an einen froschgrünen Messerschmitt, bei dem man die Haube hochheben konnte, aber irgendwann kam meine Tante da nicht mehr hinein.

Mein Vater, ursprünglich gelernter Autoschlosser und unablässiger Tüftler und Bastler, baute die Autos so um, dass sie von Hand zu bedienen waren. Meine Tante schaffte es, alle vier Kinder, wenn nötig, in ihrem Wägelchen unterzubringen, eng, gemütlich und völlig ungesetzlich, aber was tat das? Die wenigen Polizisten damals winkten fröhlich und ließen uns unsere Wege fahren von den Ruinen des Domes und der Stadt weg durch die Pappelalleen, die weiten Felder, den Rhein entlang. Den Geruch nach Wasser und Weizen immer in der Nase und den Fahrtwind im Gesicht, wenn wir auf der Ablage saßen und unsere Köpfe aus dem Schiebedach streckten. Gesungen haben wir und gelacht und das Gefühl von Freiheit kennen gelernt. Noch heute fahre ich gerne in Ruhe auf leeren Straßen, die Anlage laut und aus voller Kehle singend. Das vertreibt jede Wut und jede Depression.

Das endlose Gequatsche an der Hochschule später über Berührungsängsten mit und Vorurteilen gegenüber Behinderten habe ich nie verstanden, verstehen können. Niemand musste mir klar machen, dass körperliche Behinderung nicht geistige Rückständigkeit bedeutet, dass Behinderte auch Spaß am Leben haben und wir uns ihnen normal nähern sollten. Was wir an musikalischer Grundausbildung, an Lebensfreude, gesunder Wertevermittlung bekamen, verdanken wir unserer Tante mit ihrer ungebrochenen Lebenslust und ihrem allen Einschränkungen zum Trotz neugierigen Entdeckungsdrang. Überhaupt Erwachsene, die gab es neben den Eltern genug: eine Oma, eine Großtante und eine Tante im Haus, dazu nur eine Straße weiter zwei unverheiratete Schwestern meiner Mutter und die andere Oma. Lauter Erwachsene, die außer uns Kindern niemanden zu lieben hatten. Die Zuordnungen waren aber nicht frei nach Vorlieben gewählt, sondern nach Patenschaft. Unsere jeweiligen Paten zogen uns den anderen Geschwistern vor und umgekehrt. Andere Entscheidungen wären uns nicht in den Sinn gekommen und sicher nicht als gerecht erschienen.

Jedenfalls gab es immer jemanden, der oder die für uns Zeit hatte, mit uns spielte, uns etwas vorlas, obwohl das alles mehr in den Winter fiel und auf Regentage. Denn bei gutem Wetter waren wir meistens draußen, spielten auf unserem Hof, auf dem mein Vater ein selbst geschweißtes Klettergerüst mit Stangen, Seilen, Schaukeln aufgestellt hatte und der schon deshalb die Kinder anzog. Außerdem konnte mein Vater als Meister aus der kleinen, aber hoch spezialisierten Maschinenbaufirma oft das Verpackungsmaterial großer Eisenteile mitbringen, das damals noch aus Holz, nicht aus Styropor bestand. So waren wir im Besitz riesiger wetterfester Holzklötze, Dreiecke, Vierecke, Walzen, die es mit dem Angebot des einzigen spärlich bestückten Spielplatz der Stadt mehr als aufnehmen konnten. Der absolute Mittelpunkt der gesamten Kindernachbarschaft jedoch wurde unser Hof an dem Tag, an dem unser ausrangierter Familien-DKW, eines der ersten Autos der Straße, zum Spielen frei gegeben wurde mit der Auflage, dass er so lange stehen bliebe, wie wir das Dach heil ließen, damit er nicht verrottete.

Genau genommen war es nur die halbe Nachbarschaft, denn unsere Kinderstraße war zweigeteilt. Da waren wir, die wir in eigenen Häusern wohnten, auf der einen Seite der Kohlenhandlung und dann die anderen, aus dem städtischen Bau, wie die Sozialwohnungen der Stadt genannt wurden. Zwischen uns herrschte erbitterte Feindschaft, die sich oft genug nicht mit Beschimpfungen begnügte. So mancher blaue Fleck,

Schürfwunden und auch das ein oder andere Loch im Kopf waren Zeugen heftiger körperlicher Auseinandersetzungen. Und das galt durchaus nicht nur für die Jungen unter uns. Dass »man« mit »denen«, die zum Teil Flüchtlinge waren, zum Teil eine Familie mit 13 Kindern, nicht spielte, bekamen wir alle zu Hause gesagt. Aber etwas für sie tun, das war eine andere Ebene. So musste ich Hausaufgaben gemeinsam mit dem Mädchen aus der kinderreichen Familie machen, das in meiner Klasse war. Mein erster Nachhilfeunterricht in Lesen und Rechnen, natürlich ohne materielle Entlohnung. Dafür aber konnte ich mich als einziges Kind der Straße in »Feindesland« vorwagen, ohne verhauen zu werden.

KARIN FRUTH

Barackentown-Blues

Bad Segeberg, 1. Oktober 2002

Das Städtchen ist fast kaputt saniert. Durch meinen Schulgarten geht jetzt eine vierspurige Schnellstraße, ein Busbahnhof zerschneidet den kleinen Marktplatz, nur noch die alten Bahnschranken lassen eine Orientierung zu. Nach vierzig Jahren bin ich auf dem »Heimweg« von der Schule zu meinem alten Zuhause. Da ist die Burgfeldstraße, die kleinen Häuser mit ihren Gärtchen stehen noch genauso da wie früher, aber wo sind die schönen alten Linden geblieben? Das Haus von Kaufmann Bevernick ist jetzt eine Bäckerei und die Villa daneben ist zu einer Pommesbude verkommen.

Vor mir schlappen ein paar Jugendliche, alle sehen gleich aus, es gibt nur einen einzigen Unterschied. Jungen sind die mit den Hängehosen in den Kniekehlen, Mädchen die mit den aufgesprühten Jeans. Sonst aber tragen alle Wattejacken, Rucksack, die unvermeidliche Zigarette im pickeligen Gesicht. Jetzt biegen sie ab und gehen eine breite Treppe hinauf und verschwinden in einem riesigen Schulkomplex.

Ich bleibe erstaunt stehen, mein Bauernfeld 9, mein Zuhause aus Kindheitstagen, die alte Barackentown existiert nicht mehr. Man kann nur noch an der Auffahrt zu den Parkplätzen der Schule erkennen, wo es den Berg zu unserem Häuschen hinaufging. Stimmt, hier muss es gewesen sein, denn wenn man sich umdreht und runter guckt, sieht man die große Buchsbaumhecke auf der anderen Straßenseite, in die wir Kinder mit unseren Fahrrädern oder Schlitten immer ungebremst rasten. Ich muss jetzt noch lachen, denn sofort fällt mir der Besitzer der Hecke ein, wie er tobend mit dem Besen dahinter stand, um uns grässliche Kinder zu vertreiben.

Gemüseverkauf direkt vom Laster

Ich bin nach über vierzig Jahren auf der Reise in meine Vergangenheit. Wie war das mal noch?

Bad Segeberg, 1949

Überall guckt noch der verlorene Krieg um die Ecke und quält die Übriggebliebenen mit unglaublichen Überlebensstrategien, um Flucht, Vertreibung, Hunger, Not und Elend und die ganze Armut endlich zu bewältigen und zu überwinden. Meine Eltern waren nicht freiwillig nach Schleswig-Holstein gekommen. Der Zweite Weltkrieg und die anschließende Vertreibung von 1945 aus ihrer Heimat führte sie zufällig in Groß-Wittensee zusammen. Meine Mutter stammte aus Lamenstein, mein Vater aus Steegen, beides hatte zu Danzig gehört.

Meine Mutter heiratete mit 19, mein Vater war 37 Jahre alt. Seine erste Frau war gestorben und die beiden Töchter aus erster Ehe waren elf und neun Jahre alt. Zwischen Mutter und ältester Tochter lagen gerade acht Jahre, aber die beiden Mädchen, meine Stiefschwestern, wuchsen bei ihren Großeltern auf.

Die Familie meines Vaters sagte immer über meine Mutter,

um sie zu ärgern: »Sie ist ein Kaschube.« Zu den Heiratsabsichten meines Vaters hieß es: »Nun ja, zwei Brotkarten heiraten.« Für meine Mutter war er der erträumte Märchenprinz, der sie endlich aus der Misere der Armut und der schweren Arbeit beim Bauern erlösen sollte. Er versprach ihr viel und sie glaubte ihm alles. Ihr neues Leben konnte nur noch besser werden.

Bad Segeberg, 1. September 1950

Mein Vater war sehr enttäuscht über meine Ankunft. Schon wieder ein Mädchen, er hatte doch schon zwei davon aus der ersten Ehe. Er wollte unbedingt einen Stammhalter, der den alten Namen der Familie bewahren sollte. Und außerdem, was ist ein Mädchen gegen einen »Sohn«! Er nahm mich nie auf den Arm, bei ihm machte ich immer etwas falsch, ich wurde zurückgestoßen und oft bei Familienfeiern lächerlich gemacht. Mein Zorn brannte früh über diese ungerechte Behandlung und so entwickelte sich später auch mein Gefühl gegenüber meinem Vater.

Mein allererstes Zuhause war ein Zug-Waggon, zwei Meter breit und fünf Meter lang. Eine Tür und ein Fenster, ein Kohleofen mit einem langen Rohr. Dort lebten wir für drei Sommer und drei lange Winter. Die Wohnungseinrichtung bestand aus einem Bett, einem Sofa, einem kleinen Schrank, einem Tisch und zwei Stühlen. Der unvermeidliche »Patscheimer«, der neben dem Herd stand, wurde auf dem Acker entleert. Ich lag in einem Kinderwagen, in dem schon mein Cousin Günter gelegen hatte. Der Wagen passte gerade noch zwischen Bett und Tisch.

Bad Segeberg, April 1952

Jetzt beginnt das Leben auf dem Bauernfeld Nr. 9. Endlich wurde der heiß ersehnte Sohn geboren. Meine Mutter hatte sich für eine Hausgeburt entschieden. Aber niemand half ihr, sie musste direkt nach der Geburt wieder aufstehen. Ganz allein schleppte sie viele Eimer Wasser für die Wäsche und hatte dabei nun noch zwei Kinder zu versorgen.

Der ersehnte Stammhalter war da, mein Vater konnte sich nicht fassen vor lauter Glück, ein Junge, endlich ein Junge nach drei Mädchen. Die ganze Familie meines Vaters bewunderte dieses kleine Himmelsgeschenk. Der Name der Familie sollte weiterleben in diesem Wunderknaben. Die ganze Verwandtschaft kam auf Besuch, um den Stammhalter willkommen zu heißen. Sie rümpften die Nase über den Gestank der Windeln und des Marmeladeneimers in der Ecke und zogen wieder ab.

Karin (im gestreiften Pulli) mit Laterne zu Sankt Martin

Meine Reaktion auf mein süßes Brüderlein kam unweigerlich. Für mich war die Sache klar, so klein ich auch war: »Der Typ muss wieder weg!« und an einem Sonntag, als wieder einmal die gesamte Familie zu Kaffee und Kuchen bei uns saß, schritt ich zur Tat. Da lag noch das große Brotmesser, mit dem die Buttercremetorte gerade geschnitten worden war, und wild entschlossen stocherte ich mit dem Messer im Kinderwagen rum. Postwendend gab es fürchterliche Schläge, ich war ein schreckliches Kind!

Bad Segeberg, Sommer 1954

Meine Mutter war alles für mich, und ich war überglücklich, wenn sie mal Zeit für mich alleine hatte. Sie erklärte mir den Sternenhimmel, Blumen und Pflanzen, und alles, was ich wissen wollte. Sie war noch immer ein Kind und eine Träumerin. Sie konnte wunderbare Märchen erzählen, viele Geschichten vom Krieg und der Vertreibung aus der alten Heimat. Wir träumten uns beide aus dem desolaten Alltag um uns heraus.

Sie sang mir viele alte Lieder vor, die ich schon als kleines Kind auswendig konnte, nicht nur »Mariechen saß weinend im Garten«, oder...»Sie war ein Kind, ein Kind von Milch und Blut, von Herzen war sie einem Räuber gut. Du liebes Kind, du dauerst meine Seele, ich nehm dich mit in meine Räuberhöhöhle...«, ich konnte auch sämtliche Schlager der 50er Jahre fehlerfrei trällern. So marschierte ich als Fünfjährige an einem heißen Sommertag braungebrannt in der Unterhose und mit zwei großen Topfdeckeln bewaffnet durch die ganze Siedlung und sang mit tschingderrassa bumm »Jeden Tag da lieb ich dich ein kleines bisschen mehr...« und »Ach, sag doch nicht immer Dicker zu mir...«.

Trotz der großen Armut war ich ein fröhliches Kind, hatte immer Hummeln im Hintern und andauernd neue Ideen, Dummheiten und Streiche im Kopf, dazu noch einen unbändigen Willen und einen fürchterlichen Dickkopf.

Bad Segeberg 1955

Bauernfeld 9, wie sah es damals aus? Wie soll man diese Barackenkolonie beschreiben? Es war irgend etwas zwischen Russland-Sibirien und Schrebergartensiedlung. Die Bewohner waren Flüchtlinge oder bunt zusammengewürfelte Menschen am Rande der Gesellschaft, eine brisante Gemengelage, und die meisten Kinder waren Jungen.

Wir wohnten in diesem winzigen Steinhäuschen, das aus Küche, Wohnzimmer, Elternschlafzimmer und einem Kinderschlafzimmer bestand. Im Wohnzimmer spielte sich alles ab. Im Winter war es schön warm, ein dicker schwarzer Ofen wurde mit Holz geheizt, bis er fast glühte. Der grüngraue Linoleumfußboden mit bräunlichem Rand war ringsrum von der glühenden Asche angekokelt. An der Wand standen ein moosgrünes Samt-Sofa mit Löwenfüßen, ein Tisch und zwei Stühle, alles Geschenke von irgendwelchen Leuten. Das Elternschlafzimmer war für uns verbotenes Terrain.

Das Kinderzimmer war eine umgebaute Terrasse, die mit einer eingesetzten Fensterfront geschlossen worden war. Der Fußboden war aus Holzbrettern gezimmert, direkt darunter war die nackte Erde. Es war immer feucht und klamm, und frühmorgens waren im Winter alle Fenster mit dickem Eis zugefroren.

Das Frischwasser musste mit einem Zinkeimer fast 100 Meter weit nach Hause geschleppt werden, nachdem man es mühsam mit einer Pumpe hochgeschwengelt hatte. Im Sommer war es ja nicht so schlimm, aber im Winter wurde es furchtbar, das Wasser fror sofort, es war glitschig am Brunnen und auf dem Weg und man musste die Pumpe mit Lumpen umwickeln, damit sie nicht einfror. Eine Sickergrube für das Abwasser und ein Plumpsklo waren vorhanden.

Der schiefe Schuppen draußen war aus vielen Brettern, Fenstern und Türen provisorisch zusammengenagelt worden. Ganz hinten drin war der Schweinestall mit zwei gemauerten Fressnäpfen und ein Hühnerstall. Doch das allerwichtigste war das Plumpsklo, ein sehr meditativer und interessanter Ort. Hier surrten die dicken grünen Fliegen, die in den Spinnwebennetzen zappelten. Ich konnte in aller Ruhe beobachten, wie die Spinne die Fliege betäubte, einwickelte und dann das Paket wegschleppte oder sie auch direkt aussaugte. Am Ende baumelte die leere Fliegenhülle im Netz. Das war mein erster Biologie-Unterricht, lebensnah und anschaulich.

Nachts oder im Winter durften wir den »Patscheimer«, meist ein alter Marmeladeneimer aus Blech, benutzen, der an unserem Bett oder unter dem Waschbecken stand, das machten alle so, das war ganz normal.

Samstag war Badetag, das Waschwasser wurde mühsam herangeschleppt, in dem großen Waschkessel auf dem Herd erhitzt und in eine Zinkwanne geschüttet. Aber nicht jeder bekam frisches Badewasser, das wäre zu viel Luxus gewesen. Ab und zu wurde heißes Wasser nachgeschüttet und der Letzte saß in der graubraunen Brühe von Seifenflocken. Wir Kinder waren immer furchtbar schmutzig und hatten ewig aufgeschlagene Knie. Das Baden ging nie ohne Geheul und Gebrüll ab, aber wenn man dann endlich sauber war, fühlte man sich glücklich und zufrieden wie ein frisch gewickelter Säugling. Und samstagabends durften wir etwas länger aufbleiben, Hörfunk hören und im gemütlich-warmen Wohnzimmer sitzen.

Solange ich mich erinnern kann, hatten wir jede Menge Viehzeug, Schweine, Hühner, Enten und Gänse. Im Frühjahr gab es Küken. Wenn es draußen zu kalt war, mussten sie hinter den Ofen, und noch spät abends hörten wir sie im Karton rascheln und piepsen. Für meine Eltern waren das Braten auf Beinen, für mich aber waren sie Mitbewohner und Anschauungsobjekte und Spielgefährten.

An eine Situation erinnere ich mich noch ganz genau. Ich wollte meiner Mutter eine große Freude machen. Als sie einkaufen ging, putzte ich das ganze Wohnzimmer, schleppte Briketts und versorgte den Ofen. Und ich freute mich schon so auf ihr Kommen, ich kochte gerade einen Pudding auf meinem Puppenherd, als mein Vater kam.

Wortlos kam er mit seinen schlammigen Schuhen herein, schleuderte sie weit von sich, holte die abgelatschten selbst geschnittenen Sohlen aus Wellpappe aus den Schuhen, legte die stinkenden Dinger auf den frisch geputzten, blanken Ofen direkt neben meinen Puppenkochtopf, zog den Sack mit den elektrischen Zählern ans Sofa, die er gerade vom Schrottplatz gesammelt hatte, und begann, sie mit einem Hammer auseinander zu schlagen, um an die Kupferspulen zu gelangen. Die brachten nämlich viel Geld ein.

Der Dreck spritzte nur so durchs frisch geputzte Wohnzimmer, alles war in kurzer Zeit verwüstet, ölverschmiert und schmutzig, alle meine Arbeit war umsonst gewesen. Als meine Mutter nach Hause kam, saß ich in der Ecke und weinte nur noch still vor mich hin. Ich war so enttäuscht, so fassungslos, dass jemand die Arbeit anderer so missachten konnte.

Mein Vater war selten bei uns, Haushaltsgeld gab es fast gar keins, meine Mutter musste alle Lebensmittel irgendwie ohne Geld organisieren. Wir mussten im Kaufmannsladen immer wieder »anschreiben« gehen, wenn wir etwas brauchten, was wir nicht selber hatten. Das Geld reichte vorne und hinten nicht. Wir bekamen irgendwelche Kleiderspenden von mildtätigen Nachbarfamilien, meine Mutter ging beim Bauern für Naturalien arbeiten, ein Sack Kartoffeln war der Lohn für ein ganzes Feld, sie musste putzen gehen, und irgendwie schaffte sie es immer, etwas für uns zu organisieren.

Wir aßen Kohlsuppe oder Mohrrüben und »Wrucken«, gelbe Steckrüben mit fettem Schweinebauch, Sauerkraut mit Schweinepfoten, -schnauze oder -ohren. Oder Kartoffelsuppe, das gab es fast jeden Tag. Am Freitag wurden dann extra für meinen Vater grüne Heringe gebraten, die ich vom Wochenmarkt mitbringen musste, oder mein Vater hatte nachts Aale geangelt, die gab es dann frisch aus der Pfanne. Im Winter aßen wir fast jeden Sonntag Gänsebraten, Preisgeld, das mein Vater beim Preisskat gewann. Die Gänse wurden mit Backpflaumen gefüllt, das viele gelbe Gänsefett durfte nicht weggeschüttet werden, es wurde in der Soße mit verarbeitet. Dieses fette Essen plagte meinen Magen, ich konnte von diesem sonntäglichen Festessen fast nichts runterbekommen.

Mein Vater saß am liebsten zu Hause bei seiner Mutter und spielte mit seinen drei Brüdern Skat bis in die Nacht. Sein Geld und alle wichtigen Papiere hatte er auch bei seiner Mutter deponiert, nicht bei uns zu Hause. Alle wichtigen Entscheidungen besprach er zuerst mit seiner Mutter und seiner ersten Familie, dann erst kam er zu uns. Oft war er also nicht zu Hause, und ich war froh, wenn er wieder weg war. Ich sah meinen Vater nie körperlich arbeiten. Nur die Schweine versorgte er, die waren ihm sehr wichtig, denn das war für ihn bares Geld. Damit kannte er sich auch sehr gut aus. Er war ein Viehhändler mit Leib und Seele. Wenn er irgendwas zu Geld machen konnte, dann war das wichtig für ihn, aber nur dann. Er sammelte Altmetall, war andauernd auf irgendwelchen Müllhalden und Schrottplätzen unterwegs und schleppte alles an, was er tragen konnte. Mit seiner Familie zusammen kaufte er im Hamburger Hafen Koffer auf, die in den Kriegswirren übrig geblieben waren. Die Kleidungsstücke wurden gewaschen, gebügelt und neu verkauft. Von diesem Geld kauften sie Kaffeebohnen und verpackten sie neu in Halbpfundpäckchen. Aus jedem dieser Päckchen nahm sich meine Oma vier oder fünf Kaffeebohnen für sich selber weg, dadurch hatte die Familie auch in den ärmsten Zeiten immer genug Bohnenkaffee. Das Ganze war so lukrativ, dass er sich von diesem Geld ein Motorrad, eine uralte BMW, kaufen konnte, mit der er nun über Land neben Kaffee auch noch Brötchen, Wolle und Kleidungsstücke verkaufen konnte.

1962 wurde der Handel ausgeweitet. Er kaufte einen Lloyd, und nun kam der Bierhandel hinzu. Clever wie er war, fuhr er nun die Bierkästen aus, auf jeder Baustelle in der ganzen Stadt gab es Becks-Bier. Das einzige Problem, das ihn Tag und Nacht beschäftigte, war, dass er als »Kriegsschadensrentner« nur einen gewissen Zuverdienst erwirtschaften durfte, sonst würde man ihm die Rente streichen. Also wollte er auch nicht zu viel arbeiten. Mein Lehrer rief ihm eines Tages spöttisch hinterher: »Ist der Handel noch so klein, bringt er mehr als Arbeit ein.«

Bad Segeberg, Sommer 1956

Ich war gerade erst drei Monate zur Schule gegangen, da bekam ich eine schreckliche Mittelohrentzündung, die mich beinahe das Leben gekostet hätte. Ich landete im Krankenhaus und in den langen Wochen lernte ich vor lauter Langeweile alleine lesen, aus Pixi-Büchern, die mir meine Mutter mitgebracht hatte. Als ich nach Wochen endlich wieder aus dem Krankenhaus kam, konnte ich fließend lesen. Das fand ich ganz toll.

Aber wie sah ich bloß aus, rappeldürr, meine Beine waren wie zwei knotige Stöcke, ich konnte kaum noch stehen. Und so verbrachte ich ganze Tage auf dem ausrangierten grünen Seegras-Sofa mit den Löwenfüßen draußen im Hof in der Sonne, den leicht fauligen Seegras-Geruch in der Nase und las und las und las. Bilderbücher mochte ich nicht, die waren mir zu albern und viel zu kindisch. ›Pu der Bär‹, das war mein erstes richtiges Buch. Bücher über Fischotter, über Bären, Wölfe, Abenteuerbücher liebte ich ganz besonders.

Eine Familie schenkte uns eine große Kiste Bücher, teilweise in alter Schrift. ›Robinson Crusoe‹, dem die ersten und letzten vier Seiten fehlten, die ›Biene Maja‹ mit wunderschönen alten Zeichnungen. ›Heidi‹ las ich mindestens 14-mal und musste jedesmal wieder heulen, wenn Heidi ihren geliebten Alm-Öhi verlassen sollte. Und die uralte dreiteilige Ausgabe der ›Höhlenkinder im heimlichen Grund‹, wunderschön illustriert. Ich verschlang alles, was ich bekommen konnte. Jede Mark, die ich später für eine eins im Zeugnis erhielt, legte ich in Büchern an.

Bad Segeberg, 1958

Die Sommerferien waren am schönsten für mich. In unserer Barackensiedlung gab es kaum Mädchen, also spielte ich mit den Jungen Fußball, Indianer, Verstecken in den verwilderten Gärten, auf den Feldern und Wiesen. Wir bauten Büdchen in den Hecken und Baumhäuser zum Verstecken, gruben Höhlen in den Knicks. Wir waren auf den Feldern unterwegs und spielten Entdecker und Sammler, fanden Steinwerkzeuge aus der Steinzeit auf den Äckern, die ich ja aus den ›Höhlenkindern im heimlichen Grund‹ kannte. Alle »Funde« schleppte ich nach Hause, von Pferdeunterkiefern bis zu rostigen Nägeln, Hufeisen und tausend andere Dinge. Im Schuppen baute ich mein erstes Museum aus all diesen Sachen und erklärte den staunenden Kindern aus der Nachbarschaft alles, was ich so kreuz und quer in allen möglichen Büchern gelesen hatte.

Wir sammelten Pflanzen und machten Arznei, wir spielten natürlich mit Begeisterung Doktor, und die fehlende Aufklärung wurde dann im Schuppen und anderswo nachgeholt, man durfte sich nur nie von den Erwachsenen erwischen lassen. Am liebsten spielten wir Indianer. Die Karl-May-Festspiele, die jedes Jahr in Bad Segeberg stattfanden, prägten unser ganzes Denken. Mein Vater verkaufte dort aus einem Bauchladen Schokolade, Kekse, Bonbons, ich lief mit einem Körbchen voller Lakritzstangen und Zigaretten hinterher. Dafür durfte ich dann ohne Eintritt zugucken. Und ich guckte fast jede Vorstellung, die möglich war. Bis ich sie auswendig konnte!

Mein Traum war ein richtiges Indianerkostüm mit Pfeil und Bogen, wir bastelten uns alles selber, bemalten unsere Gesichter mit Tuschfarbe. Was für ein herrliches Gefühl, in eine andere Haut zu schlüpfen.

Ich ging immer sehr gern zur Schule und es gab einige sehr gute Lehrer, wenn sie auch meist alt waren. Die jungen waren alle im Krieg geblieben. Einer war schon sehr alt, aber wir liebten ihn, er konnte sehr gut mit Kindern umgehen. Bei ihm lernte ich »Treu und unerschütterlich, wachsen deutsche Eichen...«, lauter Lieder aus Preußens Glanz und Gloria...

Ich saß mit dem Sohn des Pastors in der ersten Reihe und war die beste Schülerin in Musik. Im Lesen hatte ich auch eine Eins, im Kopfrechnen gehörte ich immer zu den Ersten. Und ich freute mich über jedes Schulbuch, das es am Anfang des Schuljahres gab, egal, wie alt und zerfleddert es schon durch den vorherigen Gebrauch war. Neue Schulbücher? Ein unerschwinglicher Luxus für uns. Die hatten nur die reicheren Kinder, und manchmal war ich richtig neidisch, wie sauber und schön die waren.

Auf dem Schulhof hatte ich nur wenige Freunde. Ich wurde wegen meiner hässlichen alten Kleider gehänselt und ausgelacht. Mein Vater bestand darauf, dass ich knielange Röcke tragen musste. Die anderen Mädchen in meiner Klasse hatten schöne kurze und neue Faltenröckchen an, die neuesten Strumpfhosen, Lackschühchen. Ich war die lumpige Vogelscheuche mit abgetretenen, zerlatschten Schuhen, bei denen das Wasser vorn reinlief und hinten wieder raus.

Strumpfhosen gab es anfangs keine und Hosen waren für Mädchen absolut verboten. Die Unterwäsche bestand aus einem Leibchen mit Haltern für die Wollstrümpfe, kratzige Dinger, und bolligen rosa oder hellblauen Unterhosen im Winter, die außen seidig und innen warm gefüttert waren. Das war alles schrecklich unbequemes Zeug und immer blieb man mit solchen Sachen irgendwo hängen.

Jeden Morgen schickte mich meine Mutter sauber und heil zur Schule, aber schon an der nächsten Ecke lauerte das Unheil, ein paar brave nette Bürgerkinder aus der Neubausiedlung, die mich verprügeln wollten, einfach so und jeden Morgen. Wir kamen ja vom Bauernfeld, wir waren Abschaum für sie, das machte ihnen Spaß, und sie brauchten einen »Neger«. Aber ich wehrte mich und wurde jeden Tag besser, und so mancher kam dann auch mit kaputten Kleidern und einer Schramme im Gesicht in die Schule. Meine Mutter musste oft in der Schule erscheinen, weil ich total schmutzig und mit zerrissenen Kleidern in die Schule gekommen war, sie war verzweifelt. »Ich würde nie ein braves Mädchen werden.« Den wahren Grund wollten alle einfach nicht wissen.

URSULA WONNEBERGER

Das beste Pflaumenmus hatte Oma Müller

Meine Kinderzeit verbrachte ich in der Ziltendorfer Niederung. In unserem Ort, der Thälmannsiedlung, lebten nur ungefähr 250 Menschen. Jeder kannte jeden, alle stammten ursprünglich von jenseits der Oder, waren von »den Russen« vertrieben worden und hielten damals sehr zusammen. Kinder in meinem Alter gab es genug. Ich kam im Juni 1953 zur Welt, 1958 wurde der Kindergarten im Ort eröffnet, mit fünf kam ich dazu, zur damaligen Zeit noch ein Privileg. Meine Mutter leitete die Konsum-Verkaufsstelle in der Thälmannsiedlung.

Nachdem ich auf die Welt gekommen war, arbeitete meine Mutter nach acht Wochen Mutterschutz wieder weiter. Und ich war dabei. Als Baby im Kinderwagen, als Kleinkind setzte sie mich in eine Butterkiste mit allerlei Spielzeug: einem Plastelöffel, kleinen Bällen oder was sich sonst fand. Ich muss den Betrieb im Laden sehr geliebt haben. Mit zwei Jahren bekam ich eine eigene Puppe. Sie wurde jedes Jahr neu eingestrickt oder benäht mit einem Kleidchen aus Stoffresten. Diese Puppe mit Porzellankopf habe ich heute noch.

Meine Eltern hatten wenig Geld, obwohl beide arbeiteten. Trotzdem ging es uns Kindern nie richtig schlecht. Als Baby war ich häufig krank und die richtige Medizin gab es nicht im Osten. Also fuhr mein Vater mit seiner AWO, seinem Motorrad, nach Westberlin und besorgte dort die notwendige Arznei. Die Fahrt in die Westzone war damals noch möglich und doch so ungewöhnlich, dass von ihr immer wieder erzählt wurde.

Wir Kinder spielten auch nach vier Uhr, wenn am Nachmittag der Kindergarten schloss, noch zusammen draußen. Zuvor jedoch wurden die »guten Sachen« gegen die Anziehsachen zum Spielen getauscht. Und der Abwasch wartete auf mich in der Küche. Zu Hause war ich bereits die »Große«, hatte schon zwei jüngere Brüder. Meine Mutter arbeitete neben Haushalt und den drei Kindern ja in der Konsum-Verkaufsstelle. Ich musste also mit ran, empfand das aber gar nicht als Belastung, sondern als reizvolle Aufgabe. Aber nach getaner Arbeit ging es mit den Freunden auf die Pirsch. Die Wege bei uns waren nicht weit und Erwachsene, die man besuchen oder necken konnte, gab es reichlich. Oma Müller kochte das beste Pflaumenmus. Sie lagerte es in einem großen Steinguttopf in ihrer Speisekammer. Wenn Pflaumenmus eingekocht wurde, war unser obligatorischer Treff der große Bauernhof der Müllerschen Großfamilie. Heimlich schlichen wir uns abwechselnd und miteinander laut flüsternd in die Kammer und naschten. Wir dachten immer, Oma Müller hätte keine Ahnung, dass wir ihr Pflaumenmus mopsten — aber wieso lag da immer mal etwas von ihrem köstlichen selbst gebackenen Brot griffbereit daneben?

Ursula mit ihrem Puppenwagen

Oft habe ich meine Mutter ausgetrickst, wenn ich anstatt in den Kindergarten, mit meinem kleinen Fahrrad ins vier Kilometer entfernte Ziltendorf zu meiner Oma Pies gefahren bin, der Mutter meines Vaters. Sie war Arbeiterin im »EKO«, dem Eisenhüttenkombinat Ost im damaligen Stalinstadt, dem heutigen Eisenhüttenstadt, und arbeitete im Vier-Schicht-Rhythmus. Ich habe mir immer ihren Dienstplan eingeprägt und wusste, wann sie zu Hause war. Nur selten stand ich vor verschlossener Tür. Wenn sie frei hatte, unternahm sie gerne etwas mit mir. Wir fuhren zusammen zum Baden an den Pohlitzer See oder buken einen Kuchen. Sie war für mich weniger eine Oma als eine weitere Mutti, ich war ihr erstes Enkelkind und bekam die volle Aufmerksamkeit.

Die Einkäufe fürs Wochenende erledigte ich. Einen Zettel für den Bäcker und den anderen für den Fleischer steckte mir die Mutti samt Geldbörse in meinen kleinen Rucksack und dann radelte ich mit meinem Fahrrad nach Ziltendorf. Zuerst steuerte ich Fleischer Kalisch an, wo ich unter dem Spitznamen meines Vaters, »Helms Ate«, lief. Ich war klein, frech, beliebt und bekam jedes Mal ein Wienerchen im Naturdarm geschenkt. Bei uns zu Hause gab es so was nur zu Ostern, Pfingsten und Weihnachten. Danach fuhr ich zu Bäcker Horn, machte meine Einkäufe und bekam dazu ein Stück Streuselkuchen, mal mit, mal ohne Pudding. Ich freute mich natürlich über die Zugaben, die bestimmt freundlich gemeint waren, aber auch ein Stück weit Revanche waren für die Klempnerarbeiten meines Vaters. Als Installateur und Klempner hatten er und seine Kollegen bei den meisten Geschäftsleuten die Wasserleitungen verlegt oder Heizungsanlagen installiert und immer mal sonst geholfen, wenn es notwendig war. Und der Spitzname meines Vaters, »Helms Ate«, und die »rückzahlenden« Freundlichkeiten wurden auf mich übertragen.

Erst als meine Eltern verheiratet waren, im Oktober 1953, hatten sie im Gemeindehaus, wo meine Großeltern wohnten, eine eigene Wohnung bekommen. Das heißt, es waren zwei kleine Zimmer. Aus dem einen machten sie eine Küche — ohne fließendes Wasser — und aus dem anderen ein kombiniertes Wohn-Schlafzimmer, alles klitzeklein. Dort wohnten wir, zum Schluss zu fünft, bis zu unserem Umzug 1960 in unser »neues« Haus. Ende der 50er Jahre hatten die Eltern begonnen, zwei Straßen weiter ein eigenes Haus um- und auszubauen — mit Wasserleitung zwar, aber ohne Bad und Toilette. Unser Plumpsklo stand im Hof. Und dennoch war es herrlich: Endlich hatten wir drei Kinder ein eigenes Kinderzimmer! Doch langsam wurde es in unserem Kinderzimmer auch wieder enger, denn bis 1966 wurden noch vier Geschwister geboren. In drei Doppelstockbetten, davon eines mit Möglichkeit zum Ausziehen noch unten drunter, war dann viele Jahre unser Reich zum Schlafen.

Zu Hause waren wir Eigenversorger. Bei uns war vieles einfach eine Frage des Geldes. Und selbst das doppelte Einkommen meiner Eltern reichte nicht aus. 1966 waren wir zu siebt; meine Mutter arbeitete nach sehr kurzen Kinderpausen immer gleich weiter. Zu essen war genügend da. Wir wurden kurz gehalten, aber schlecht ging es uns nicht. Wochentags aßen wir Mischbrot, am Sonnabend holten wir für das Wochenende frische Brötchen vom Bäcker. Die Bäcker, wie die Fleischer, Gemüsehändler etcetera, waren staatlich subventioniert, ein Brötchen kostete in der DDR 5 Pfennige, ein

Mischbrot weniger als eine Mark. So konnten selbst wir für die vielen Mäuler Brötchen kaufen. Blieben welche übrig, wurden sie in »arme Ritter« verwandelt. In Vollmilch eingelegt und dann in Margarine schön knusprig gebacken, haben wir sie in Zucker gewälzt und verschlungen. Dazu gab es ab und an sogar Kakao! Das Kakaopulver bekamen wir von Tante Herta, immer zu Weihnachten und Ostern, aus dem Westen geschickt.

Wir hatten, wie alle unsere Nachbarn, ein bisschen Landwirtschaft nebenher. Im Stall standen eine Kuh, ein Pferd und zwei Schweine, Hühner und Enten in unserem Hof. Einmal im Jahr, in der kalten Jahreszeit, wurde ein Schwein geschlachtet. Mutti und die Omas weckten alles ein. Bratwurst, Leberwurst, Fleischwurst und Schinken wurden bei der Oma oben auf dem Dachboden in der selbst gebauten Räucherkammer geräuchert. Ich liebte besonders die großen Grieben, erst warm, später dann als Griebenschmalz.

Als ich fünf oder sechs war, war ich ständig im Kampf mit den Truthähnen unserer Nachbarn. Meine Mutter strickte für mich gerne rote Pullover und Röcke. Und diese roten Sachen waren für die Tiere das rote Tuch — sie rannten hinter mir her und rissen mich um. Mir blieb nur noch, um Hilfe zu rufen, bis ein Erwachsener, meistens Oma oder Opa, mich von den Tieren befreite. Wo es ging, versuchte ich ihnen aus dem Weg zu gehen und machte weite Umwege, um ihnen nicht zu begegnen. Wenn ich heute Wurst mit Truthahnfleisch kaufe, läuft mir noch immer ein Schauer über den Rücken und ich sehe mich als wehrloses Kind am Boden liegen und diese großen Kerle stehen über mir.

Der Kindergarten langweilte mich oft. Nicht jedoch, wenn es etwas zu feiern gab, wie am 1. Juni, dem »Kindertag«, oder bei Entlassungsfeiern für die Großen, die in die Schule wechseln durften. Dann sangen wir Kinderlieder oder tanzten Volkstänze und ich war in meinem Element. An solchen Tagen wurden auch die Schaukeln aufgehängt — sonst nicht —, und wir konnten uns nach Herzenslust daran austoben. Am Nachmittag, wenn wir aus dem Kindergarten entlassen waren, stromerten wir Kinder alleine über die Felder, pflückten Mohn- und Kornblumen und banden uns daraus Blumenkränze oder kletterten in den Bäumen des angrenzenden Parks. An der Stelle unserer Siedlung hatte einst ein Schloss gestanden, das »die Roten«, wie es hieß, platt gemacht hatten. Nur wenige Seitengebäude und der Park waren noch übrig geblieben. »Wer ist als Erstes ganz oben in der Baumspitze?« Ich war meines Vaters erstes Kind und »sein Junge«. Und ich wurde dem mehr als gerecht. Das ganze Dorf nannte mich »Helms Junge« und ich war häufig auch die flinkeste oben im Baum. Meine Mutter kaufte mir notgedrungen Lederhosen und ich tobte mich draußen aus.

Einmal, ich war noch nicht in der Schule, fuhr ich mit Mutter, Oma und Opa im Zug nach Berlin — bei uns hieß das ja einfach Berlin. Ich erinnere mich an diese Fahrt auch, weil meine Mutter für diese Fahrt aus mir ein richtiges Mädchen gemacht hatte mit Röckchen und Hahnekamm, der schicken eingedrehten Locke vorne auf dem Kopf. Wir mussten in Frankfurt/Oder einmal umsteigen und in Erkner ein weiteres Mal in die S-Bahn. Mein Opa hatte mir das alles bereits vorher erzählt und ich saß fasziniert und durch die Eindrücke mal zum Schweigen gebracht ordentlich auf meinem Sitzplatz. Nach einer Weile in der S-Bahn brach ich dann doch mein Schweigen und beschwerte mich, dass wir jetzt schon eine Weile mit diesem Zug gefahren seien, doch ich hätte immer noch nichts zu essen bekommen. Ich konnte noch nicht lesen und unter einer »S-Bahn« hatte ich mir etwas ganz anderes vorgestellt.

Ich wollte unbedingt aus dem Kindergarten raus und in die Schule. Schon gar, als der Jahrgang vor mir eingeschult wurde und ich nicht dabei sein sollte. Zu dieser Einschulung 1959 gab es im Saal der Gastwirtschaft in der Thälmannsiedlung, die damals noch meine Oma betrieb, eine Veranstaltung für alle Schulanfänger. In der Wohnung von Oma Bresching neben dem Saal der kleinen Gaststätte zogen sich alle Beteiligten für die Veranstaltung um. Ich war also auch dabei und guckte mir den Schulleiter aus, marschierte zu ihm hin und beklagte mich, dass ich durchaus auch schon in die Schule gehen könnte, zumal meine Freundin Monika zwar schon dürfe, aber doch viel kleiner sei als ich. Der Stichtag entschied mit 19 Tagen gegen mich.

Als ich ein Jahr später den langweiligen Kindergarten endlich verlassen durfte, war ich stolz, nun ein Schulkind zu sein. Endlich wurde das Lied, das wir im Kindergarten gelernt hatten, Realität: »Hurra, ich bin ein Schulkind und nicht mehr klein, ich trage auf dem Rücken ein Ränzelein« nach der Melodie von ›Ein Männlein steht im Walde‹. Eine ganze Schultüte voll mit Süßigkeiten nur für mich! Frau Fechner, unsere Schneiderin, hatte mir ein Kleid genäht und aus mir wurde zum Schulanfang im September 1960 ein süßes Mädchen im Sommerkleid, hellen passenden Kniestrümpfen und Halbschuhen. An Knie und Ellenbogen pappten jedoch wie eh und je Verband und Pflaster, die Folge eines Fahrradsturzes in der Woche zuvor.

Ursula mit Eltern und Bruder 1956

Wir saßen in dem hellen Klassenzimmer und waren unsicher und mächtig stolz, endlich auch Schüler zu sein. Die neue Polytechnische Oberschule in Ziltendorf war erst wenige Jahre alt und hatte die zwei alten beengten Schulen der Gemeinde ersetzt. Wir bekamen unsere Sitzplätze am ersten Tag von der Lehrerin zugewiesen. Ich sollte neben einem Jungen sitzen, der ständig zappelte und gegen meinen lädierten Arm stieß. So bekam ich nach einer Woche einen neuen Nachbarn, meinen Freund Helmut, mit dem ich die Bank teilte bis zum Ende der 4. Klasse. In der ersten Klasse wurde ich wie alle Mitschüler Pionier und bekam das blaue Halstuch und einen Pionierausweis. Am Ende des Schuljahres wurde mir im Zeugnis bescheinigt, dass ich ein guter Jungpionier sei und es gelernt habe, meine Person in die Gemeinschaft einzuordnen.

Bis Weihnachten konnte ich ganz gut lesen und Zahlen bis zehn addieren und subtrahieren. Ich sollte und musste eine gute Schülerin sein. Mein Vater war mir gegenüber unnachgiebig. War in einem Heft einmal etwas nicht ordentlich geschrieben, riss er die Seite heraus und ich musste alles noch einmal neu schreiben. Nur bei mir, der Ältesten, war er so streng. Mit meinen jüngeren Geschwistern war er später nachsichtiger.

Mein Vater war als Klempner und Installateur ständig unterwegs. Er hatte sich relativ früh schon ein Motorrad gekauft und machte damit seine Fahrten bei Wind und Wetter, sommers wie winters. Die viele Fahrerei und die Arbeit im Freien, auch im Winter, rächte sich mit fortgeschrittenem Alter, und er entschloss sich, gesundheitlich angeschlagen, umzusatteln. Anfang der 60er Jahre drückte er noch mal die Schulbank, lernte zu kellnern, qualifizierte sich zum Gaststättenleiter und übernahm zusammen mit meiner Mutter die Konsum-Gaststätte in unserer Thälmannsiedlung. In den Jahren zuvor hatte er Heizungsanlagen und Wasserleitungen bei allen möglichen Bauern und Geschäftsleuten verlegt. Und die wurden nun auch seine treuesten Kunden in der Gaststätte. Irgendwer gab immer mal einen aus. Anfangs ließ mein Vater die Biere oder Schnäpse stehen, irgendwann jedoch nicht mehr. Er wurde unberechenbarer, je mehr er trank. Aus heiterem Himmel bekamen wir Schläge und ich als die Große steckte viel für meine kleineren Geschwister mit ein.

MARIANNE TROLL

Wir waren immer viele Kinder

Bei ihrer Eheschließung 1953 planten meine Eltern vier Kinder. Die bekamen sie auch, obwohl meine Mutter nach dreien eigentlich genug gehabt hätte. Ich war Anfang 1954 die Erste und sollte ein Junge werden, Felix. Meine Mutter brachte mich auf die Welt, und mein Vater betrank sich gemeinsam mit seinem Schwager. Dass er wegen meines Geschlechts enttäuscht gewesen sei, bestritt er. Als mein Bruder 27 Monate nach mir geboren wurde, blieb mein Vater nüchtern.

Bis mein Bruder kam, war meine Welt völlig hermetisch. Ich kannte keine anderen Kinder außer Friedhelm mit den Lederhosen, der im gleichen Haus wohnte und mir hin und

Ursulas erster Schultag 1960

Eva (re) mit jüngerer Schwester

Karin (ohne Kränzchen) beim »Vogelschießen« 1958

Camilla mit jüngerem Bruder

Göre Ulrike

Marianne mit Bruder 1958

wieder im Treppenhaus begegnete. Er war zwei, drei Jahre älter als ich und durfte sich allein durchs Haus und hinaus bewegen. Das schien mir das Höchstmaß an möglicher Freiheit zu sein, es hatte aber nichts mit mir zu tun und war für mich unerreichbar.

> Jimmy Brown, das war ein Seemann
> und das Herz war ihm so schwer.
> Doch es blieben ihm zwei Freunde,
> die Gitarre und das Meer.
> Jimmy wollt ein Mädchen lieben,
> doch ein And'rer kam daher,
> und als Trost sind ihm geblieben,
> die Gitarre und das Meer.
> Juanita hieß das Mädchen
> aus der großen fernen Welt.
> Und so nennt er die Gitarre,
> die er in den Armen hält.
>
> Freddy Quinn,
> ›Die Gitarre und das Meer‹

Ein Kinderzimmer gab es in der Düsseldorfer Etagenwohnung meiner Eltern nicht. Unsere Betten, mein »richtiges« und das Gitterbett, das mein Bruder von mir geerbt hatte, standen im elterlichen Schlafzimmer. Wir spielten mit Bauklötzen, Lego und Baufix, lasen Bilderbücher jeweils da, wo unsere Mutter gerade haushälterisch arbeitete, also meistens in der Küche, aber auch im Schlafzimmer, wenn sie die Betten machte. Oder abends leise im Wohnzimmer, wenn unser Vater nach der Arbeit im Sessel ausruhte oder im Kopfstand auf dem Fußboden, wegen seiner Rückenschmerzen. Den winzigen Extraraum, der mal als Kinderzimmer vorgesehen war, bewohnte der viel jüngere Bruder meiner Mutter, der Schulschwierigkeiten hatte und einen ordentlichen Volksschulabschluss mit ihrer Hilfe und unter ihrer Aufsicht erreichen sollte. Ich bestaunte seine Konzentration. Er machte Schulaufgaben am Wohnzimmerschreibtisch, und ich durfte ihn nicht stören. Er war schon groß und völlig außerhalb meiner Reichweite. Mein Bruder störte mich beim Spielen, sobald er krabbeln konnte. Er zertrümmerte meine Bauwerke und war überhaupt eine Plage. Wir mussten jeden Tag gemeinsam Mittagsschlaf halten, das war langweilig. Wenn wir jeder viele schaumige Kleckse vor unser Bett spuckten, um zu sehen, wann sie alle zu einem See verschmolzen, bekam ich den Hintern verhauen, er nur was auf die Finger.

1959, kurz bevor eine weitere Schwester geboren wurde, zogen wir aus der Düsseldorfer Etagenwohnung in eine Werkssiedlung aus Reihenhäusern in eine Kleinstadt im Bergischen Land. Um uns herum war Bauernland mit Kuhweiden und Getreidefeldern. Mein Vater hatte eine neue Stelle als Chemiker in einem kunststoffproduzierenden Betrieb. Alle Nachbarmänner und -väter waren dort beschäftigt. Alle Frauen und Mütter betätigten sich in ihren zweietagigen Wohneinheiten, die in zwei parallel angelegten Reihen aus je fünf oder sechs Schachteln mit kleiner Wiese davor und langem, schmalem Garten dahinter aneinander klebten. Kinder gab es in allen Altersgruppen, in den meisten Familien mehrere. Mit drei Kindern war unsere Familie Standard. Familie A., in der anderen Häuserreihe uns genau gegenüber, schoss den Vogel ab: Sie brachte es in kurzer Zeit auf sechs. Das war in der Nachbarschaft Anlass zu Gezischel hinter vorgehaltener Hand. Begriffe wie »kinderreich« und »asozial« wurden gerne synonym verwendet.

Mein Bruder und ich bekamen ein Etagenbett im verhältnismäßig geräumigen, auf der Fensterseite schrägen Kinderzimmer unter dem Dach, das neue Kind schlief bei den Eltern. Das Zimmer war außerdem mit einem Kleiderschrank, einem alten Küchentisch und einem Regal möbliert, in dem wir unsere Spielsachen aufbewahrten. Hier durften wir laut sein und wild spielen, aber nicht zanken. Jeden Abend beim Aufräumen führten mein Bruder und ich das gleiche Stück auf: Du machst aber viel weniger als ich! Eigentlich hatten wir beide keine Lust und spielten nur herum. Mein Bruder haute mich, ich zahlte in Gemeinheiten zurück. Unsere Mutter kippte in regelmäßigen Abständen den gesamten Inhalt aus dem Regal und ordnete Aufräumen an, das so lange dauerte, bis sie mit der Ordnung zufrieden war. Dafür brauchten wir nicht selten den ganzen Tag. Dann war ihre Stimmung so gereizt, dass ich mich nur noch mit eingezogenem Kopf und auf Zehenspitzen bewegte.

Unser Vater war den ganzen Tag »im Werk«, kam abends zum Essen nach Hause und gab das Familienoberhaupt. Wir freuten uns auf ihn und fürchteten gleichzeitig seine Ungeduld und seine unberechenbaren Zornausbrüche. Er wollte ein geordnetes, ruhiges Zuhause, also mussten wir ordentliche, ruhige Kinder sein. Es sei denn, er hatte Lust, mit uns zu toben. Sonntags ging er auch mit uns zum Schwimmen. Unsere

Mutter hatte es sich zur Aufgabe gemacht, uns zu ordentlichen, ruhigen Kindern zu machen. Unseren Vater interessierte im Wesentlichen das Ergebnis.

Das neue Baby rückte, was die Nähe zu unserer Mutter betraf, auf den ersten Platz. Das bedeutete für uns mehr Pflichten und mehr Spielraum. Wir »Großen« durften hinter dem Haus im Garten spielen, in dem es eine Schaukel, Obstbäume zum Klettern und Pflaumenernten und einen Sandkasten gab. Mein Vater hatte große Pläne und legte einen Gemüsegarten an. Er grub ein Stück Wiese im hinteren Teil des Gartens um, säte Radieschen, Möhren, Erbsen, Wicken, trieb Haltestöcke für Tomatenpflanzen in die Erde und pflanzte Erdbeeren und ein paar blühende Stauden an den Rand. Ich durfte helfen und war sehr engagiert, zu beweisen, dass ich etwas richtig machen kann. Ich stellte mir vor, Körbe voller Möhren und Radieschen in die Küche zu schleppen und ein wertvolles, ja unersetzliches Familienmitglied zu werden. Jeden Tag schaute ich ungeduldig nach den Wachstumsfortschritten unserer Zöglinge. Das Beet wucherte in kurzer Zeit mit Unkraut zu. Die Ernte war symbolisch. Mein Vater war kein Gärtner. Meine Mutter schimpfte vor sich hin und sorgte für ordentliche Rabatten und das Erdbeerbeet. »Aber den Rasen mähe ich nicht! Das ist Männerarbeit.« Ich fügte mich und bewahrte mir den Traum vom Gemüsegarten für später auf.

Ein bisschen später — »Kommt die Jutta raus?« durch den Briefkastenschlitz in den Hausflur gerufen — spielten wir mit dem knappen Dutzend Nachbarkinder, die selbstständig laufen konnten. Die älteren und jüngeren in getrennten Gruppen, auf der riesigen Brachwiese neben »unseren« Häusern und auf dem geschotterten Platz dazwischen. Dort standen in den ersten Jahren nur wenige Autos, erst nach und nach wurden es mehr, bis 1965, als wir wieder dort wegzogen, vor jeder Wohnschachtel eins parkte. Unsere kinderlosen und aus meiner Sicht märchenhaft reichen Nachbarn stellten ihren Citroën zum Schutz vor den Rabauken, die beim Rennen immer so rücksichtslos den Schotter aufspritzen ließen, in die Gemeinschaftsgarage unter dem Reihenhaus. Mein Vater ließ seinen taubenblauen DKW draußen.

Die angrenzenden Straßen mit der kreisförmig angelegten

Siedlung aus Häusern mit Mietwohnungen waren »sozial bedenklich« und off limits: »Keinen Schritt weiter!« »Unsere« Häuser dagegen, jeweils mit vier Zimmern, Küche, Bad und Extraklo, hatten als Werksbehausungen gehobenes Wohnniveau. Die hier lebenden Familien gehörten zwar verschiedenen Bildungs- beziehungsweise Einkommensgruppen an, grenzten sich aber gemeinsam von der »sozial bedenklichen« Siedlung ab. Kinder, die von dort kamen und überall spielten, waren »Straßenkinder« und »schlechter Umgang«. Sie kamen manchmal in »unseren« Abschnitt. Dann konnte ich mich ihnen unauffällig nähern. Die grausigsten Gerüchte kursierten hinsichtlich ihrer unerschrockenen Frechheiten gegenüber Kindern und gar ihrer Unverschämtheiten gegenüber Erwachsenen. »Die nehmen sich Freiheiten heraus...!« In der autoritären Atmosphäre der 50er Jahre liefen Freiheit und Unverschämtheit auf das Gleiche hinaus. Ich fühlte mich in ihrer Anwesenheit ziemlich gefährdet und ihrer Straßentauglichkeit nicht gewachsen. Als die Bande der kleinen rothaarigen Margit einmal versprach, sie mitspielen zu lassen, wenn sie einen Regenwurm äße, war ich steif vor Angst und zugleich erleichtert, dass sie nicht mich gefragt hatten. Ich hätte nicht gewusst, wie ich mich entziehen sollte.

Manche hatten einen Haustürschlüssel um den Hals hängen. Mit Schlüsselkindern zu spielen war verboten. Ihre schädlichen Eigenschaften, ihre mangelhafte Erziehung waren offenbar ansteckend. Sie standen nicht unter Kontrolle, waren ohne Aufsicht, ohne richtiges Zuhause, sich völlig selbst überlassen, niemand kümmerte sich um sie – vielfältige Synonyme für das, was unsere Eltern mit dem Ausruf »Zustände herrschen da...!« zusammenfassten und unvorstellbar schlimm fanden. Aber ich stellte es mir paradiesisch vor. Wenn man als Kind damit fertig wurde, musste man mutig und fast unverwundbar sein. Eines meiner Lieblingsspiele im Sandkasten, auf der Wiese oder in unserem Kinderzimmer hieß »allein wohnen« oder »Waisenkind«.

Zu uns nach Hause durften wir andere Kinder nur im Ausnahmefall mitbringen, noch seltener als in unsere Gärten. Dieser private Raum war bei fast allen der Familie vorbehalten und der Zutritt nur bei einer Einladung zum Kindergeburtstag erlaubt. Verstecken, Räuber und Gendarm oder Kochen mit Lehm, Ochsenzungensamen und Sauerampferblättern spielte ich mit den Geschwistern Jutta, Klaus und Peter, im Notfall mit meinem Bruder und gelegentlich mit Marion und Marion aus meiner Grundschulklasse. Die wohnten zwar beide in der gefährlichen Siedlung, waren aber als Klassenkolleginnen mit dem gleichen endlos langen Heimweg nicht zu umgehen. Ich wollte sie unbedingt zu meinen Freundinnen zählen, weil ich sie um ihre Unverfrorenheit beneidete, und um vor ihren unberechenbaren Prügelattacken nach der Schule geschützt zu sein. Sie klauten auch im Vorbeigehen aus der Obstauslage vor dem Geschäft Nöcker schnell mal einen Apfel oder eine Erdbeere und liefen einfach weg. Ich blieb wie angenagelt stehen und ließ mich stellvertretend vom Obsthändler zusammenbrüllen.

Mit meiner Freundin Jutta, ein Jahr jünger als ich, aber als Schwester von zwei älteren Brüdern viel erfahrener in allen Angelegenheiten des Lebens, tauschte ich auf ihre Anregung an einem Regentag meinen ersten Zungenkuss im Dunkel der Gemeinschaftsgarage. Ich hatte den Verdacht, so ungefähr müsste auch der Regenwurm für Margit geschmeckt haben, irgendwie schleimig und salzig. Verliebt war ich in den blonden Peter, der mich bei den meisten Spielen duldete, während Klaus, der Älteste, nur mein Freund sein wollte, wenn ich versprechen konnte, mit ihm »durch dick und dünn« zu gehen. Ich hatte keine sehr genaue Vorstellung davon, was er meinen könnte, stimmte aber eifrig zu. Weil er schon zehn oder elf war und Karl-May-Bücher las, aus denen er seinen Ehrenkodex ableitete, fühlte ich mich geehrt. Ich war im zweiten Schuljahr und hungerte nach Freundschaft. Seine Erläuterung, man müsse einem Freund auch dann »ohne Zögern und Feigheit zur Hilfe eilen«, wenn man selbst »an Leib und Leben bedroht sei«, machte mir Angst, aber die Art, wie er die Worte setzte, beeindruckte mich tief. Bei genauerem Nachdenken wurde mir klar, dass ich als kleines Mädchen immer in Lebensgefahr wäre, wenn ich einem großen Jungen in Schwierigkeiten beistehen wollte, und ich verfolgte das Projekt nicht weiter. Stattdessen ging ich einmal in der Woche nachmittags in die Stadtbücherei, die drei erlaubten

Bücher ausleihen, in denen ich solche anregenden Geschichten und großartig klingenden Sätze lesen konnte.

Mein Bruder und ich durften zwar nicht frech sein, keine »Widerworte geben« und nicht streiten, aber wir durften mit Matsch oder in Pfützen spielen und uns dabei dreckig machen. Dafür hatten wir unsere von Mutter genähten Schürzen und Spielhosen. In die Badewanne unter die kalte Brause mussten wir abends ohnehin, wegen des Drecks und wegen der Abhärtung. Mit warmem Wasser gebadet wurde am Samstag. Wir passten zu dritt in die Badewanne. Mit acht lernte ich auf einem viel zu großen, gebraucht gekauften Rad das Fahrradfahren. Ich schielte sehnsüchtig nach den eisenrädrigen Hudora-Rollschuhen, die einige Kinder hatten, ich aber nicht. Ich musste immer noch jeden Tag Mittagsschlaf halten, obwohl ich bald im dritten und vierten Schuljahr war. Andere Kinder mussten das nicht.

Wir hatten auf Grund pädagogischer Erwägungen meiner Eltern keinen Fernseher. Ich war neidisch und schämte mich, weil ich nicht mitreden konnte, außer, wenn ich ein paar Tage bei meiner Oma verbracht oder mich mal bei den Nachbarn eingeschlichen hatte. Sonntags morgens hörte ich mit unserem »Schneewittchensarg«, der Audio-Avantgarde der 50er Jahre von Braun, ›Peter und der Wolf‹, wenn unser Vater nicht gerade in Tschaikowskis erstem Klavierkonzert badete. Am Sonntagnachmittag beim Geschirrspülen von zwei bis drei gab es den Kinderfunk, Kriminalgeschichten und Hörspiele mit Marius Müller-Westernhagen als kindlichem Sprecher.

Heimlichkeiten waren verboten. »Warum erfahre ich das von anderen statt von dir?« Eigenmächtigkeiten waren auch verboten. Das war bei den meisten Familien so. »Ihr müsst fragen, wenn ihr was wollt!« »Fragen« war die Umschreibung für »um Erlaubnis bitten«. Das galt für den Schluck Wasser aus dem Wasserhahn genauso wie für den Wechsel von drinnen nach draußen oder umgekehrt, die Wahl des Spiels oder des Spielgefährten. »Betteln« in der Nachbarschaft war ein ziemlich schweres Vergehen, mit dem ich mein Fehler-Konto häufig belastete. Betteln bedeutete, zur Stelle zu sein, wenn die Nachbarkinder etwas bekamen, was wir nicht hatten und auch nicht haben sollten. Zum nachmittäglichen Kinderstunde-Fernsehen erschien ich pünktlich an der nachbarlichen Terrassentür, die bei kaltem Wetter selbstverständlich für mich geöffnet wurde oder im Sommer ohnehin aufstand. Dem Sofa, auf dem sich alle fünf oder sechs Geschwister, manchmal samt Mutter, stapelten, näherte ich mich zentimeterweise, bis ich unauffällig auf einer Ecke zu sitzen kam. Niemand erhob Einwände gegen meine Anwesenheit. Alle wälzten sich herum, steckten nach Erdnüssen schmeckende »Würmchen« in den Mund und starrten auf die Mattscheibe. Niemand störte sich an dem »kürmeligen« Wohnzimmer. Bei uns hörte man keinen derart freundlichen Dialektausdruck für »unaufgeräumt«, noch fand man je diesen Zustand vor. Nichts auf der Welt erschien mir so sehenswert, so fesselnd wie ›Fury‹, ›Lassie‹ und die ›Augsburger Puppenkiste‹, aber meine Mutter durfte mich nicht dabei erwischen. Das war allerdings unrealistisch. Es gab einfach zu viele Möglichkeiten: Mein Bruder verpetzte mich natürlich. »Das sag ich!« hieß unser Schlachtruf. Meine Mutter sprach manchmal mit der Nachbarin, oder sie fragte mich, wo ich gewesen war. Dann traute ich mich nicht zu lügen. Sie wusste es ja doch besser. Trotzdem riskierte ich Schimpfen, Hausarrest und Schläge und »bettelte« immer wieder. Für das Dazugehören nahm ich das in Kauf.

Ich mischte mich klammheimlich in die Planschbeckengesellschaft im Nachbargarten und stellte mich in die Reihe, wenn die Kinder dort ihr nachmittägliches Eis oder ihren rot-weiß-grün gestreiften Dauerlutscher erhielten, alle sechs, jeden Nachmittag, was Süßes! Und noch ein oder zwei Lutscher übrig für »zufällig« anwesende Fremdkinder! Dabei hieß es über die Familie immer, die sei arm, viel ärmer als wir! Meine Mutter korrigierte: »Wir sind überhaupt nicht arm. Wir sind sparsam.« Aus Prinzip und kriegserfahrungsbedingt und: Meine Eltern sparten auf ein eigenes Haus. Inzwischen, ich war gut acht Jahre alt, war unsere jüngste Schwester geboren worden, und es war absehbar, dass wir nicht zu viert in einem Zimmer hausen konnten. Die Nachbarkinder schliefen in ihrem Zimmer allerdings sogar zu sechst in drei Etagenbetten.

Das »neue Haus« reifte von der abstrakten Idee zu einer unmittelbar nachvollziehbaren Begründung für die äußerste

Sparsamkeit, die als ein zentraler Lebensgrundsatz meiner Mutter für mich immer eine selbstverständliche Begleiterscheinung war. Meine Kleidung war überwiegend von älteren Kindern im Bekanntenkreis geerbt oder selbst gemacht und wurde an die Geschwister weitergegeben, bis sie sich auflöste. Spätestens in der Grundschule schämte ich mich allerdings meiner handgestrickten Unterhosen aus weißem Topflappengarn, der kratzenden Wollhosen, die wegen ihrer Rutschfreudigkeit »fröhliche Hosen« hießen, und der Knopfleibchen, an deren gelochte Gummibänder im Winter die langen Wollstrümpfe angeknöpft wurden. Ich träumte von gerippten, elastischen roten und blauen Perlon-Strumpfhosen, die bei anderen Mädchen gang und gäbe waren.

Unsere Abfütterung mit Schmelzkäsebroten und dicken Gemüsesuppen machte mir damals nicht so viel aus, auch nicht, dass alles so lange benutzt und immer wieder repariert wurde, bis es endgültig auseinander fiel. Das »neue Haus« relativierte alle Entsagung und die Peinlichkeiten. Im »neuen Haus« würde alles viel schöner, der Garten riesig, die Küche neu, das Wohnzimmer schick und stilvoll sein. Das Wichtigste war natürlich, dass ich und mein Bruder je ein eigenes Zimmer bekommen sollten und die beiden »Kleinen« ein gemeinsames, das war versprochen. Dafür war ich bereit, auf Luxus zu verzichten: sowohl auf das Sammelalbum für die Schmetterlingsbilder, die in den Quäker-Haferflockenpackungen lagen als auch auf den zusammenklappbaren Plastik-Buchständer, den die meisten Kinder in meiner Klasse einem Vertreter für Schulartikel für drei Mark abnehmen durften, sogar auf gekaufte, nicht selbst gekochte Marmelade.

Als ich neun war und meine jüngste Schwester ein Jahr, war unsere Mutter mit ihren Kräften am Ende. Sie schlief schlecht und nahm alles, unsere Erziehung, den Haushalt und ihre strengen Regeln gegen sich selbst, dreihundertfünfzigprozentig genau. Wir »Großen« hatten zwar eine Menge Pflichten, aber unsere Mutter verbrauchte erheblich mehr Energie mit der Überwachung und Sanktionierung unseres allmittäglichen Geschirrspülens und Aufräumens, als sie durch das Delegieren einsparte. Sie beaufsichtigte auch unsere Hausaufgaben, unseren Mittagsschlaf und meine tägliche Klavierübungsstunde. Wenn unser Vater abends zur Tür hereinkam, musste alle Haus- und Schularbeit abgeschlossen sein, andernfalls drehte er sich auf dem Absatz um und ging

Wohnzimmer bei Marianne zu Hause 1954

in die Kneipe. Eine junge Frau vom Land kam in unsere Familie. Sie sollte unsere Mutter entlasten und wollte lernen, einen Haushalt zu führen. Sie bekam das »Nähzimmer« meiner Mutter im »alten Haus« zum Wohnen. Ihre Anwesenheit wirkte lange Zeit wie die von Gästen: Es wurde weniger geschimpft, seltener geschlagen. Sie konnte nähen, bastelte mit mir und flocht mir meine langen Zöpfe zu verschiedenen Frisuren. Sie redete mit mir wie eine große Schwester.

Der Hausbau ging voran. Ab und zu durften wir mit zur Baustelle, auf Brettern über tiefe Gräben in eine seltsam riechende Zementlandschaft klettern, die immer höher und verschachtelter wuchs. Trotz aller Bemühungen meiner Eltern, sie zu verbergen, kamen mir ihre erbitterten Debatten über die zweckmäßige Einrichtung des Hauses zu Ohren, spürte ich ihre extreme Belastung, denn »das Bauen« war ungeachtet aller geübten Sparsamkeit ein enormer finanzieller Kraftakt. Dennoch blieb das »neue Haus« für mich merkwürdig unkonkret und körperlos. Dass wir darin wohnen würden, fand ich auch noch während des Umzugs absurd. Ruckartig auf den Boden der Tatsachen brachte mich der bis dahin niemals ausdrücklich erwähnte Umstand, dass ich kein eigenes Zimmer haben würde. Das benötigte unsere Haushaltshilfe. Ich wurde mit meinen beiden kleinen Schwestern in einem Zimmer einquartiert. Mein Bruder zog in das für ihn vorgesehene Zimmer.

CLAUDIA DAHLKE

Arme Ritter und Buttermilchsuppe

Ich wurde 1954 in Greifswald geboren. Allerdings kam ich ungeplant auf die Welt. Mein Vater studierte noch und meine Mutter arbeitete als Säuglingsschwester in der Kinderklinik. Gewohnt haben meine Eltern in zwei kleinen Zimmern, die meine Mutter zuvor mit zwei Kolleginnen geteilt hatte. Später zogen wir um in ein anderes Haus mit etwas mehr Platz. Daran kann ich mich noch gut erinnern. Es gab eine Küche und Wohnzimmer im Erdgeschoss, das Schlafzimmer und ein Kinderzimmer befanden sich im ersten Stock. Das Haus hatte einen großen Hof und lag direkt am Stadtwall. Die Lage war für uns Kinder zum Spielen ideal.

In meiner Heimatstadt war die Wohnungsnot in dieser Zeit wohl nicht ganz so groß wie in anderen Städten, weil sie im Krieg nicht zerstört worden war. In der Schule hörten wir immer die Geschichte von Oberst Petershagen, der die Stadt kampflos übergeben und sie so vor der Zerstörung bewahrt hatte. Erst in den späteren Jahren schritt der Verfall rasant voran, da die privaten Hausbesitzer durch die geringen Mieteinnahmen nicht genug Geld hatten, um die Häuser zu erhalten.

In den 50er und 60er Jahren wurde aus wenig viel gemacht, auch was die Ernährung betraf. Nachdem 1958 die Lebensmittelkarten abgeschafft wurden, verteuerten sich die Lebensmittel und bestimmte Dinge waren knapp. Wir hatten es im Vergleich zu anderen Familien besser, da meine Großeltern auf dem Land lebten und wir mit Eiern und nach dem ein- oder zweimal im Jahr stattfindenden Schlachten mit Fleisch und Wurst versorgt wurden. Ich war die Älteste von sechs Geschwistern, die dann zwischen 1958 und 1967 geboren wurden. Meine Mutter muss wahre Managerqualitäten besessen haben, um den großen Haushalt zu organisieren. Wir hatten zwar immer genug zu essen, aber sie musste sich allerhand einfallen lassen. So wurde hart gewordenes Brot niemals weggeworfen. Manchmal wurde das von uns Kindern so geliebte Bratbrot daraus gemacht: gebratene Brotscheiben, die man nach Wunsch mit Zucker oder Salz bestreut verzehren konnte. Wenn Oma Hedwig, die Mutter meiner Mutter, zu Besuch war, kochte sie gelegentlich eine Brotsuppe, die wir allerdings ziemlich scheußlich fanden. Arme Ritter, aus altem Weißbrot mit Milch und Eiern gebraten, liebten wir sehr. Suppen kamen übrigens recht häufig auf den Tisch, abends gab es oft Milchsuppe. Ein Gericht, für das meine Eltern schwärmten, weil sie es noch aus ihrer Heimat kannten, waren die so genannten Butter-Milch-Supp-Kartoffeln. Meinen Geschwistern und mir schmeckte das allerdings nicht; erst als wir selber erwachsen waren, konnten wir dem etwas abgewinnen.

Meine Mutter sorgte dafür, dass wir immer gut angezogen waren, denn mit so vielen Kindern kam man leicht in den Ruf, asozial zu sein. Sie hatte, nachdem mein Vater mit seinem Studium fertig war und mein Bruder geboren wurde, aufgehört zu arbeiten. Sie konnte sehr gut nähen und stricken und so wurden wir Kinder auf diese Weise eingekleidet. Geholfen haben auch die Westpakete, die manchmal neben neuen auch gebrauchte Sachen enthielten, die noch tragbar waren. Ich erinnere mich daran, wie mein Bruder mal zwei Nyltesthemden bekam, die ihm zu groß waren, so dass ich sie tragen durfte. Oder die so genannten Nato-Pellen, die Anfang der 60er der letzte Schrei waren. Eines Tages bekam ich auch eine. Unsere Westverwandten konnten allerdings nicht verstehen, dass wir bei 30 Grad Hitze in diesen Regenmänteln rumliefen.

Apropos Westpakete: Da wir eine weit verzweigte Verwandtschaft hatten, bekamen wir ziemlich viele. Mehrmals auch Pakete aus Sammlungen, die in Schulen oder Kirchen für den Osten durchgeführt wurden. Eine Cousine meines Vaters war Konrektorin einer Grundschule und hatte mit ihren Schülern Pakete für uns gepackt. Sie sagte uns vorher, wir sollten nicht beleidigt sein, wenn da auch Dinge drin wären, die wir selber ausreichend hätten. Aber sie wollte die Kinder nicht vor den Kopf stoßen. So wurde alles eingepackt. Mein Vater erzählte immer, dass seine Kolleginnen mit Dingen aus dem Westen so furchtbar angaben. In einem unserer Pakete von Tante Edeltraut war einmal auch ein Päckchen Salz. Mein Vater erzählte also seinen Kolleginnen, wir hätten jetzt sogar Salz aus dem Westen. Das sei gar kein Vergleich mit dem Ostsalz, das Essen würde doch gleich viel besser schmecken. Alles in allem waren die Gaben natürlich sehr nützlich, wobei wir Kinder uns besonders über die Süßigkeiten freuten und meine Eltern über den Kaffee, denn der war hier unverschämt teuer.

Claudia (li) mit »unmöglicher Frisur«, Eltern und Geschwistern

Der Alltag war schwer. Eine Waschmaschine hatten wir erst Mitte der 60er. Bis dahin wurde alles mit der Hand gewaschen. Dazu existierte im Keller eine Waschküche mit einem riesigen kohlebefeuerten Waschkessel. Ab und zu musste ich beim Spülen und Aufhängen der Wäsche helfen. Ich dachte, wenn du später solche Arbeiten machen musst, willst du lieber gar nicht erst erwachsen werden.

Bei uns zu Hause wurde immer viel gelesen. Ich frage mich, wie meine Mutter es schaffte, neben der vielen Hausarbeit auch noch Bücher zu lesen. Aber sie hat immer mehrere Dinge gleichzeitig getan, also mit dem Buch auf dem Tisch und dem Strickzeug auf dem Schoß dagesessen. Das ging wohl, denn damals waren von oben rundgestrickte Pullover aus einem Stück modern. Auch wir wurden von früher Kindheit an zum Lesen angehalten. Allerdings gefiel mir die Literatur, die meine Mutter mir empfahl, meistens nicht. So konnte ich mit den Novellen von Adalbert Stifter oder Theodor Storm wenig anfangen. Ich las lieber handfeste Sachen wie die Lederstrumpf-Bände von Cooper. Von der Schulliteratur war mir ein besonderes Gräuel ›Tinko‹ von Erwin Strittmatter. Erst viel später entdeckte ich die wahren Qualitäten dieses Schriftstellers.

Urlaubsreisen waren ein Fremdwort für uns. Ich weiß nur, dass wir einmal nach Boltenhagen bei Wismar gefahren sind, meine Eltern, mein erster Bruder und ich. Der zweite war noch klein und blieb bei den Großeltern. Von diesem Urlaub haben wir noch lange geschwärmt. Ich war in den Ferien sehr oft bei den Großeltern auf dem Lande. Das Dorf lag nur etwa 25 Kilometer von uns entfernt. Daher spielten die Omas wohl auch eine Rolle in meiner Erziehung, vor allem, was das Verhältnis zur Kirche anging.

Wir wohnten direkt an einem kleinen Park, in dem wir herrlich spielen und toben konnten. In den Gebüschen spielten wir Verstecken. Obwohl wir das eigentlich nicht durften, tobten wir mit dem Ball auf dem Rasen herum. Besonders spannend wurde es, wenn der Parkwächter uns wegjagen wollte. Das war ein alter Mann mit Stock, den wir aus sicherer Entfernung gerne ärgerten. Beliebte Spiele waren das »Brummern« oder das »Murmeln«. Beim Murmeln gewann derjenige, der die meisten Kugeln ins Loch bekam. Murmeln hatten wir entweder aus Glas, die hießen Bucker, oder so kleine bunte, die wohl aus einem ton- oder lehmähnlichen Material bestanden. Auch die Hula-Hopp-Reifen fallen in diese Zeit. Richtig hießen sie wohl Hula-Hoop-Reifen, aber für uns waren es die Hula-Hopp-Reifen. Die Jungs haben lieber Frösche gequält. Wir Mädchen sahen manchmal dabei zu. Unsere Gefühle dabei bewegten sich irgendwo zwischen Ekel und wollüstigem Schauer. Mitgemacht haben wir nicht, das hätten die Jungs auch nicht erlaubt. Schließlich war das auch irgendwie eine Art von Überlegenheitsdemonstration uns gegenüber.

Fahrräder hatten nur ganz wenige Kinder. Winfried, ein großer Junge aus unserem Haus, besaß eines und wir beneideten ihn herzlich darum. Manche Kinder besaßen Rollschuhe. Ich hatte welche mit Stahlrollen. Meine Freundin Verena, ein verzogener Nachkömmling, ihre Schwester war zehn Jahre älter, hatte sogar einen luftbereiften Roller mit Sitz. Nur wenn sie gnädig gestimmt war, durften andere Kinder auch mal eine Runde mit dem guten Stück drehen. Verena wurde von ihrer Mutter immer »die Kleine« genannt, während ich zu Hause immer »die Große« war. Das fand ich schon irgendwie ungerecht.

Wir wohnten nicht nur am Park, sondern auch bis zum Stadtwall, einer ausgedehnten Anlage mit »Bergen« waren es nur wenige Schritte. Im Winter gingen wir dorthin zum Rodeln. Wieder war Verena im Vorteil, denn sie hatte sogar Skier. Wenn der Schwanenteich zugefroren war, liefen wir Schlittschuh. Meine musste ich an die Sohlen meiner Schuhe anschrauben. Verena hatte natürlich komplette Eislaufschuhe. Wir Mädchen haben immer um ihre Gunst gebuhlt. Manche Jungen waren auch mit Militärspielzeug ausgerüstet. In unserer Familie war das streng verpönt. Ein selbst gebauter »Flitzbogen« war gerade noch erlaubt. Richtig Ärger gab es, als mein Großvater für meinen Bruder zu Weihnachten mal ein Holzgewehr mitbrachte. Im Lauf war ein Korken an einem Band befestigt. Beim Ausprobieren zerschoss mein Bruder prompt eine Kugel am Weihnachtsbaum. Wenig später war das Gewehr auf wundersame Weise verschwunden.

Eines Tages brachte mein Vater, ich weiß nicht mehr, woher, einen gebrauchten Fernsehapparat mit. Das war eine absolute Sensation. Manchmal kamen die Nachbarn zu uns, um mit zu gucken. Eine Zeitlang liefen nachmittags Testfilme. Irgendwie schaffte meine Mutter es, sich die meistens anzusehen. Wenn ich Glück und meine Schulaufgaben fertig hatte, durfte ich mitgucken.

Anfang der 60er bekamen wir eine Dreizimmerwohnung mit Bad, die aus riesigen Räumen bestand. Vor dem Krieg hatte hier angeblich eine Gräfin gewohnt. Meine Eltern teilten die übergroßen Zimmer durch geschicktes Stellen der Möbel so ab, dass mehrere kleine entstanden. So hatten wir ein sehr großes Wohnzimmer, in dem noch ein alter, mit Gold verschnörkelter Kamin stand, der zwar sehr schön anzusehen war, aber wenig Heizqualität besaß. Dann gab es ein weiteres Zimmer, das aus einer Essecke mit Tisch und Stühlen bestand. Die Kleiderschränke waren so gestellt, dass sie mit der Rückseite die Begrenzung der Essecke und mit der Vorderseite im Schlafzimmer der Eltern standen. Das dritte Zimmer war für uns Kinder eingerichtet.

Meine Mutter übrigens liebte das Umräumen sehr und so nutzten wir oft die Gelegenheit dazu, wenn unser Vater auf Dienstreise war. Im »Esszimmer« stand auch ein Klavier, auf dem der Vater zu Weihnachten spielte. Er war allerdings völlig aus der Übung, so dass er sehr langsam spielte und niemand richtig mitsingen konnte. Außerdem war das gute Stück total verstimmt. Aber ein Klavierstimmer war fast nicht zu bekommen und außerdem wäre er sehr teuer gewesen. Meine Mutter ärgerte der schwarze Kasten, der so viel Platz wegnahm, schon lange. Aber Vater weigerte sich, ihn zu entsorgen. Als er wieder einmal verreist war, fingen wir einfach an, das Klavier zu zerlegen. Mittendrin bekam unsere Mutter wohl doch ein schlechtes Gewissen und wir ließen das Ganze sein. Wie mein Vater reagiert hat, weiß ich nicht mehr, aber auf jeden Fall war das Klavier nicht mehr zu gebrauchen und kam wenig später weg.

ULRIKE SPECKMANN

Asche im Knie

In meinen frühesten Erinnerungen an die Straße, an der wir wohnten, den »Grünen Weg«, gibt es noch keinen Asphalt. Blauschwarze Asche war der Straßenbelag, fest gewalzt, aber voller tiefer Löcher, riesiger Pfützen. Man trug den Schmutz unter den Schuhen immer mit ins Haus, ein Fluch für die Hausfrau in den Parterrewohnungen. »Nicht sauber zu halten!« Die Häuser waren für die Angestellten der Post vorgesehen, die Mieten waren günstig, zusätzlich gab die Deutsche Bundespost Zuschüsse, die gelbe Post für die Briefe und Päckchen, die blaue Post fürs Telefon.
Die Luft hier bei uns im Ruhrgebiet war staubig und voller Rußflöckchen, mal mehr mal weniger. Wenn der Pudding zum Abkühlen ans Fenster gestellt wurde, lag an manchen Tagen eine dünne Schicht schwarzer Flocken drauf, ein Grund zu dauerndem Ärger. Abends konnte man die Feuer der Kokereien sehen, wenn Gas abgefackelt wurde. Die Straße war unser ständiger Spielplatz. Sonst gab es nur Baustellen, einen Wäscheplatz mit Wiese hinterm Haus, allerdings auch zwischen zwei Häusern einen recht großen Sandkasten, das war schon was Besonderes. Auf dieser Aschestraße konnte man leicht mit dem Absatz Linien ziehen und »Hümpelkäst-

chen« machen, also sechs quadratische Kästchen, zwei mal drei nebeneinander. Man musste auf einem Bein hüpfen und ein Steinchen dabei von einem Kästchen ins andere schieben, aber nicht auf die Linie kommen und nicht hinstellen, dann war man »ab«. Im fünften Kästchen durfte man sich ausruhen, stehen bleiben, dann mit dem Steinchen weiter hüpfen. Und Mulden für »Knicker«, die Glasmurmeln, konnte man leicht in die Asche machen. Später, als die Straße geteert wurde, mussten wir dafür auf den Weg zur Mülltonne ausweichen, der war noch aus gestampfter Erde. Aber so richtig klappte es dort nicht, weil die Erwachsenen sich über die Löcher beschwerten.

Ein wenig von dieser Asche ist immer noch in meinem Knie. Einmal fiel ich ganz furchtbar mit meinem kleinen blauen Fahrrädchen hin und schlug mir die Knie auf. In der tiefen Wunde war die Asche, die eigentlich ausgewaschen werden sollte, aber es tat so weh und ich schrie so sehr, dass Mutter den Verband einfach so um das Knie wickelte und mich wieder raus schickte. Eine bläuliche Narbe ist immer noch da. Das ging nicht ohne dringliche Warnungen ihrerseits, die jungen Männer würden diese Narbe später schrecklich hässlich finden und ich würde keine kurzen Röcke tragen können. Das war mir egal.

Im Winter mischte sich der weiße Schnee schnell mit der schwarzen fettigen Asche zu schäbigem grauem Matsch. Es gab einen Winter, da hat es so sehr geschneit, dass der Schnee vor dem Eingang schon wieder etliche Zentimeter hoch lag, wenn man den kurzen Weg zur Mülltonne endlich auch frei geschaufelt hatte. Auf der Straße konnte man lange »Schlinderbahnen« ziehen, solange noch die Asche lag, später klappte das nicht mehr, ich weiß nicht warum. Bei Schnee wurden die Teppiche rausgeholt, auf der Wiese hinterm Haus ausgelegt und dort mit dem Schnee abgebürstet. Aber man musste es sofort tun, sobald der Schnee einigermaßen hoch und nicht zu nass war, denn sonst hatte man schnell die Rußflocken drauf und rieb sie mit in den Teppich. Ansonsten hängte man die Teppiche draußen über die Teppichstange, und mit dem weidenen Teppichklopfer haute man kräftig drauf, bis dicke Staubwolken kamen.

Geheizt wurde mit Kohle, im Allesbrenner. Eierkohle, Briketts, Steinkohle, kein Koks, der wurde zu heiß. Ein Kohleherd stand in der Küche, ein Ofen im Wohnzimmer. Elternschlafzimmer, Kinderzimmer und Bad wurden nicht geheizt. Die Kohlen wurden von außen durchs Kellerfenster in den Keller geschaufelt, da lag immer ein richtiger Berg. Wer Bergleute kannte, hatte vielleicht Glück und bekam von ihnen etwas »Deputatkohle« günstig. Sonst kam der Kohlenhändler mit dem Pritschenwagen und brachte die Kohlen. Schwarzgesichtige Männer schleppten sie auf dem Rücken säckeweise heran und schütteten sie vor dem Kellerfenster aus.

Wenn der Ofen ausgebrannt war, musste man vor dem Neuanzünden die nicht ganz verbrannten Stücke aus der Asche heraus suchen und wieder mit hineintun. Während meiner Studienzeit fiel mir das wieder ein. In einer Souterrain-Wohnung hatten wir auch einen Allesbrenner, da machte ich das genau so und hatte nicht mehr gewusst, dass ich das noch konnte beziehungsweise schon mal gemacht hatte. Es war ein im Körper gespeicherter Bewegungsvorgang: die Kohlen aus der Asche suchen.

Neben dem Kohleberg im Keller stand die Kartoffelkiste. Zwei Zentner Kartoffeln für den Winter, mit stinkendem, weißem Pulver bestreut, damit sie nicht so doll keimten, was sie aber doch taten. Gegenüber stand das Regal mit den Einmachgläsern. Eingemacht wurden Obst, Gemüse, je nachdem, was man günstig bekommen konnte, dicke Bohnen, grüne Bohnen, die »Schnippelbohnen«, Erbsen, Pflaumen, Stachelbeeren, Birnen. Das Obst kam, ich weiß nicht woher, in großen Mengen an, lag dann als grüner Berg im Vorraum des Kellers, wo eigentlich die Fahrräder standen. Man saß dort und schnippelte und pulte und schnitt die kleinen Spitzen und die Blüten der Stachelbeeren mit der Nagelschere ab. Die Mädchen mussten helfen, die Jungens nicht.

In der Fastenzeit wurden Soleier eingelegt, große Gläser mit hart gekochten Eiern in einer Essig-Salz-Lake standen dann im Vorratsschrank. Das Eigelb wurde ganz grau, der Vater aß sie Ostern mit Essig, Öl und viel Salz und Pfeffer. Es wurden bei uns viele einfache Gerichte gegessen: Mehlpfannkuchen mit Zimt und Zucker, Reibekuchen aus Kartoffeln mit Apfelmus, Eintöpfe, Bratkartoffeln, Nudeln mit Backobst, Panhas beziehungsweise »Möpkenbrot«, eine Art Blut-

Post in der neuen Flüchtlingssiedlung bei Kleve 1951

wurst, die in Scheiben in der Pfanne gebraten wurde, Himmel und Erde, Kartoffeln mit Apfelmus. Braten, Gulasch oder Leber gab es nur sonntags, immer freitags panierten Fisch. Mein Opa war Jäger und manchmal bekamen wir ein Kaninchen oder auch schon mal ein Reh. Vater musste in der Küche über dem eckigen Porzellanbecken den Tieren das Fell abziehen. Dieser unvergessliche Blutgeruch. Die Kaninchen legte Mutter lange in Buttermilch ein. Manchmal fand man Schrotkugeln im Fleisch beim Essen.

Wir Kinder bekamen nicht viele Süßigkeiten. Schön war es, Salmiakpastillen zu kaufen und die kleinen rautenförmigen schwarzen Plättchen in Sternform mit Spucke auf den Handrücken zu kleben und das dann abzulecken. Sehr beliebt waren auch »Katzenzungen« und »Hustelinchen«. Im Sommer kam der Eismann. Er hatte eine Schelle und einen offenen, kleinen Anhänger am Fahrrad. Aufgeregt rannte man nach Hause und fragte nach Geld, »ein Eis zu zehn«, eine Kugel für einen Groschen, wenn man Glück hatte »zu zwanzig«.

Im Keller lag auch die Waschküche. Drei oder vier große runde Ungetüme standen dort, sie hatten einen Steinsockel und einen hölzernen Bottich oben drauf. Über dem Wassertrog war eine Vorrichtung, an der eine Art Paddel, ein beweglicher Holzhebel befestigt war, den konnte man hin und her bewegen und so die Wäsche umwenden und durchwalken. Diese Vorrichtung war an den Tagen, an denen nicht gewaschen wurde mit einem schwarzen dicken Tuch abgedeckt als Schutz vor Rost und nahm dann für uns Kinder die Form eines hockenden, lauernden Tieres an. Vor dem gruselte es uns ganz furchtbar, wir fürchteten immer, dass es sich bewegen würde, und vergaßen vollständig, dass wir ja selbst schon mal den Hebel hin und her geschlagen hatten.

Zu den Häusern kamen verschiedene Händler, recht häufig auch Bettler oder Bettlerinnen, die anschellten und um eine Kleinigkeit baten. Manchmal bekamen sie Kleingeld, manchmal auch alte Schuhe oder Kleidungsstücke. Ab und zu kam ein einbeiniger Invalide, der Heftpflaster am Meter und Schnürsenkel verkaufen wollte. Manchmal kamen Zigeuner mit Kindern und Teppichen auf dem Arm. Dem Drehorgelspieler wurden Groschen in Papier gewickelt und aus dem Fenster auf die Straße geworfen. Es gab Scherenschleifer ein- oder zweimal im Jahr und regelmäßig Lumpensammler mit dem Flötenwagen. Zweimal in der Woche kam der Milchmann. Er hatte hinten auf dem Lastwagen die großen Zinkkannen mit Milch, man rannte mit der Milchkanne hin und bekam mit dem großen Schöpflöffel zwei Liter Milch eingeschüttet. Später gab es die Milch in braunen Literflaschen und dann dieses neue, das man nicht so recht aussprechen konnte, Joghurt, irgendwie komisch, man musste es mit Marmelade essen. Zu Hause wurde oft Dickmilch gemacht. Der Vorratsschrank unter dem Küchenfenster hatte Holzschiebetüren und Öffnungen nach draußen und blieb immer dunkel und kühl. Dort standen die Schälchen mit der Milch, bis sie fest und säuerlich war, dann wurde sie mit Zimt und Zucker als Nachtisch gegessen. Am Brotwagen kauften wir zwei Sorten Brot, Graubrot und Kassler, immer dasselbe, selten Stuten, manchmal zusätzlich schwarzen Pumpernickel. Kuchen backte Mutter immer selber. Und der Kartoffelhändler mit seinem Pferdewagen. Ein mürrischer, schmuddeliger alter Mann, ein riesiges braunes Pferd, er rief monoton und gleichmäßig »Kaaa-toffeln«. Man kaufte zehn Pfund für eine Mark, wenn im Keller keine mehr waren.

Nachmittags, beim Spielen stellte ich mich manchmal vors Küchenfenster, wir wohnten Parterre, und schrie so lange, bis Mutti ans Fenster kam. Dann verlangte ich ein Butterbrot und bekam eine Scheibe Brot mit Butter und Zucker drauf, köstlich. Für diese kleine Zwischenmahlzeit sollte ich nicht ins Haus kommen, ich blieb vor dem Fenster stehen und das Brot wurde herausgereicht. »Aber nicht extra anschellen und reinrennen mit den schmutzigen Schuhen! Wenn es dunkel wird, musst du reinkommen.«

Die meisten Spiele fanden draußen statt. Mit zwei Bällen an der Hauswand spielen. Man war unschlagbar, wenn man zwei Tennisbälle von irgendjemandem bekommen hatte, die sprangen besser als die anderen Bälle. Mit einer Hand fangen, unterm Knie durch, hinten rum, immer die zwei Bälle an die Hauswand werfen und wieder auffangen, dabei zählen, wer es am längsten schafft, ohne einen Ball fallen zu lassen. Das spielten eigentlich nur die Mädchen, aber ein Nachbarjunge konnte es auch, sogar mit drei Bällen, das habe ich nie gelernt. Gummi-Twist, Seilchenspringen, eine Bude im mageren Gebüsch bauen, Eicheln suchen und Kastanien auf dem Schulweg. Burgen bauen im Sandkasten. Wenn es sehr langweilig war, knibbelten wir die kleinen Kieselsteinchen aus dem groben Außenputz des Hauses heraus. Das durften wir nicht, dann stürzt das Haus ein, mahnten die Erwachsenen.

Später, Anfang der 60er Jahre wurde die Straße asphaltiert und wir konnten Rollschuhlaufen, vier eiserne Rollen an einer glänzenden Stahlsohle. Man musste feste Schuhe tragen und die Rollschuhe mit einer Art Zwinge vorne an die Schuhsohle schrauben. Zur Sicherheit wurden noch zwei Einmachgummis stramm über die Füße gezogen. Die Rollen hinterließen Spuren auf dem Asphalt, machten einen herrlichen Lärm und man konnte Punkte auf die Straße malen und Slalom fahren. Es gab Rollschuh-Wettläufe die Straße runter. Sehr selten, aber manchmal doch, war ich genauso schnell oder schneller als die Jungens. Oder einer fuhr mit seinem Fahrrad und man hielt sich am Gepäckträger fest und ließ sich ziehen, schneller als man je fahren konnte, atemlos, sausender Wind in den Ohren. Das fanden wir ziemlich gefährlich. Völkerball spielen auf der Straße, zwei Felder aufmalen, sich gegenseitig abwerfen. Fangen spielen. »Ochs' am Berge 1-2-3«, »Fischer, Fischer, wie tief ist das Wasser?«, »Mutter, wie weit darf ich reisen?« oder »Deutschland erklärt den Krieg gegen...«.

Es gab Abende, da waren alle Post-Eltern gleichzeitig weg, ausgegangen — vielleicht ein Post-Ball? Jedenfalls spielten wir draußen in der Nacht verstecken, die blonden Haare leuchteten hell und waren leicht zu sehen. Einer hatte eine Taschenlampe, die allzu bekannten Verstecke in den Büschen und hinter den Ecken wurden fremd und unheimlich. Die größeren Jungens versuchten es auszunutzen und fassten uns Mädchen unter die Röcke. Da liefen wir schnell ins Haus. Mit dem Nachbarjungen lernte ich das Morsealphabet und abends, wenn die Eltern nicht da waren, konnte ich aus dem Wohnzimmerfenster mit der Taschenlampe zu seinem Fenster hinüber morsen. Bis man erwischt wurde — was für ein Theater anschließend.

Versteckenspielen war beliebt bei Jungen und Mädchen, das konnten wir stundenlang gemeinsam spielen, immer um die Häuser herum, möglichst in Banden, die Zechen-Kinder gegen die Post-Kinder. Wir Post-Kinder wohnten »oben« an der Straße, die Bergleute »unten«. Dort hatten die kleinen Häuser Gärten, es gab auch ein Paar »Schrebergärten«, in einem Hinterhof eine Schusterwerkstatt. Wir hatten keinen Garten, nur eine Wiese und zwei Wäschestangen. Die Wiese hat mein Vater ein paar Mal im Jahr mit der Sense gemäht. Der Opa unserer Nachbarn hatte »unten« einen Garten, in dem er Hühner hielt. Einmal sollte ich etwas dorthin bringen und die Hühner liefen frei herum, niemand war da und der Hahn ging auf mich los. Er war fast so groß wie ich und hatte einen spitzen gelben Schnabel, mit dem er seine Hennen verteidigen wollte und mich angriff. In Panik flüchtete ich aufs Plumpsklo und blieb dort sitzen, bis der Opa der Nachbarn kam und die Hühner einsperrte. Das war ein großer Lacherfolg für alle, nur für mich nicht, ich hatte wirklich Angst gehabt.

Oft spielten wir in den Neubauten »Räuber und Gendarm«. Auf den Baustellen war das besonders aufregend und sehr verboten. Mit zwei Jahren fiel ich zum ersten Mal in eine Baugrube und konnte nicht mehr heraus. Lange suchte man mich und machte sich hinterher heftige Vorwürfe. Oder wir konnten auf der »Gutshofswiese« spielen, einer großen, tiefer gelegenen Wiese, die zum Bauernhof des nahe liegenden Krankenhauses gehörte und auf der einige Jahre noch Kühe waren, die zur Selbstversorgung des Krankenhauses beitrugen. Später war die Wiese leer und das Gras wurde sehr hoch. Einmal hatte ich im Fernsehen Skispringer gesehen und war begeistert. Wenn ich sehr viel Schwung nehmen würde, müsste ich das mit meinem blauen Tretroller doch auch können, dachte ich mit meinen fünf Jahren. Ich nahm Anlauf und sprang über den Graben der Gutshofswiese und fiel in die hohen Brennnesseln. Eine herbe, brennende Enttäuschung, und eine große Portion Verwunderung. Zum Glück war ich allein.

Später Fahrradfahren und mit den Jungens stundenlang an der Straßenecke stehen, im Sommer abends den süßen Staubgeruch des heißen Sommertages riechen und dabei von einer unbestimmten Sehnsucht nach weiter Landschaft und fremden Ländern erfasst werden. Über die Hitparade reden und über ›Winnetou‹-Filme. Mit zwölf war ich zum ersten Mal nachmittags mit einem älteren Cousin im Kino: Toni Sailer und ›Schenk mir einen bunten Luftballon‹. So schön, so einen tollen Freund wünschte ich mir auch. An der Wand über meinem Bett hingen Bilder von norwegischen Fjorden. Einmal bekam ich von Klaus, dem Nachbarjungen, ein Poster geschenkt: Winnetou auf seinem Pferd vor dunkelblauem Himmel in einer rauen Felslandschaft, ich war selig. »Fussballbilder« sammelten wir genauso eifrig wie »Winnetou-Bilder«. Wer war der beste Torwart, Tilkowski oder Radenkovic? Autoquartett spielen, wer hatte die meisten PS, den größten Hubraum? Mit zwei Mark Taschengeld die Woche konnte man keine großen Sprünge machen, aber die Bilder wurden getauscht, wenn man welche doppelt hatte.

Im Nebenhaus wohnte eine junge Frau, die ihr Staatsexamen als Lehrerin gemacht hatte, worauf die Eltern, auch Postler, unendlich stolz waren. Sie bekam dann einen kleinen, hellblauen NSU-Prinz, um zur Arbeit zu fahren. »Eine junge Frau mit Auto! Unerhört! Kann die das überhaupt? Na ja, den Führerschein hat sie ja. Aber trotzdem, Frauen am Steuer?« Das würde man zu verhindern wissen, fand die Männerwelt, und tatsächlich, auch als nach und nach jede Familie ein Auto hatte, keine der Frauen machte einen Führerschein. Statt dessen bekamen sie noch ein Nachzüglerkind. Meine Freundinnen und Freunde und ich waren etwa acht, neun, zehn Jahre alt und plötzlich hatten wir alle kleine Geschwister. Da war ja dann an Führerschein und Reisen erstmal nicht mehr zu denken.

Hinter unseren drei Post-Häusern, abseits der Straße, zugänglich über einen kleinen, unbefestigten Weg, lagen drei Fachwerkhäuser, alte Kötterhäuser. Dort lebten zwei Bergmannsfamilien. Die Kinder waren etwa in meinem Alter und wir spielten gern miteinander. Die Häuser hatten nur einen Raum unten, der war Wohnzimmer, Küche, Essraum und Bad in einem und zwei unbeheizbare kleine Schlafräume oben. Es gab nur ein Plumpsklo im Stall. Wenn der Vater nach der Nachtschicht bis nachmittags schlief, kam er anschließend runter und wusch sich gründlich am Küchen-Waschbecken. Es dauerte lange, bis ich begriff, dass sie kein Bad hatten. Ich war auch deshalb gern dort, weil sie als eine der ersten Familien einen Fernsehapparat bekamen. Wir hatten keinen. ›Fury‹, ›Lassie‹, ›Am Fuß der blauen Berge‹, ›Rintintin‹, ›Turnen mit Adalbert Dickhut‹, ich konnte nicht genug davon bekommen.

Zu Hause hatten wir erst Anfang der 60er Jahre einen Fernsehapparat. Wir hörten viel Radio, Kinderstunde am Sonntag Nachmittag, Geschichten von ›Zuckerbein‹ mit Josef Offenbach als Sprecher, eine Fortsetzungsgeschichte von ›Fitzibitz‹, heute bekannt als ›Pumuckl‹, vormittags auch Schulfunk: zum Beispiel ›Neues aus Waldhagen‹. Ich erinnere mich an Hörspiele wie ›Gaius ist ein Dummkopf‹ mit Marius Müller-Westernhagen als kindlichem Sprecher, abends das ›Sandmännchen‹. Beim Abendessen hörte Vater ›Das Echo des Tages‹ oder ›Zwischen Rhein und Weser‹. Meine Mutter liebte Krimis, Hörspiele und Ratespiele am Abend wie ›Siebzehn und

Vier‹. Das war eine Ratesendung ähnlich wie das spätere ›Was bin ich‹ im Fernsehen. Musik wurde selten gehört, manchmal Schlager, manchmal einzelne Operettenmelodien, keine klassische Musik, keine Sinfonien oder ähnliches. Ich las alles, was gedruckt war und herumlag. Ich holte Tonnen von Büchern aus der Pfarrbücherei, aus der Stadtbücherei, aus der Schulbücherei. Ich las alle Karl-May-Bände, ich las alle ›Pucki‹-Bücher — wie Puckis Vater wäre ich liebend gern Förster geworden. ›Hanni und Nanni‹, ›Heidi‹, ›Fünf Freunde‹, ›Robinson Crusoe‹, ›Tom Sawyer und Huckleberry Finn‹ und alles, was ich in die Finger bekam. Auch die Romane meiner Eltern aus der zweiten Reihe im Bücherschrank, obwohl ich sie nicht verstand. Vorne standen Goethe, Heine, von Ranke und Schiller, dahinter die Krimis und die ersten rororo-Taschenbücher.

Schon in der Schule lernten wir Mädchen stricken, häkeln, nähen, mit der Tretnähmaschine und mit der Hand, sticken, säumen: Hohlsaum, Rollsaum, Knopflochstich, Hexenstich. Meine Mutter strickte viel und nähte selbst Kleider und Röcke. Abends beim Radiohören wurden Strümpfe gestopft. Wir bestickten Tischdecken, hatten Stickrähmchen mit Stickgarn, Perlgarn und dünnes Garn, konnten Kreuzstich, Flachstich, Knötchenstich. Wir häkelten Topflappen und lernten stricken mit Rundnadeln, Perlmuster, Patentmuster, glatt rechts, zwei rechts, zwei links, wir strickten Socken, Pullover, Mützen und Schals. Ich hatte ein gestricktes Kleid und einen gehäkelten bunten, weiten Rock.

Fast eine Strafe war es, wenn wieder mal Wolle gewickelt werden musste. Die Wolle wurde in großen Docks gekauft, ich musste mich hinstellen, die Arme vorstrecken, in das Wolledock hineingreifen und die Arme so weit auseinander halten, dass die Wolle fest darauf saß. Mutter wickelte die Fäden zu einem Knäuel auf, sonst verhedderte sich alles so leicht beim Stricken. Aber das tat die Wolle auch schon gerne beim Aufwickeln und es war meine Aufgabe, mit Engelsgeduld alles wieder auseinander zu dröseln, bis man wieder weiter aufwickeln konnte.

Oft wurden auch abgelegte Kleider von älteren Kindern geerbt und umgeändert. Unsere Nachbarin war gelernte

Schneiderin. Zu ihr ging Mutter rüber, wenn es schwierig wurde, und fragte um Rat. Stundenlang stand ich dort auf dem Tisch, während die Frauen um mich herumgingen, Nadeln

Wohnzimmer bei Ulrike zu Hause 1955

hierhin und dorthin steckten, den Rock unten mit Kreide bestäubten, mit dem Maßband hantierten und Abnäher besprachen, das Schnittmuster, die Länge, den Schnitt, den Kragen und die Bündchen. Stecknadeln im Mund und Fingerhüte. In der Wohnung war es muffig und warm. Das Anprobieren dauerte entsetzlich lange. Manchmal habe ich das Gefühl, als hätte ich meine ganze Kindheit dort auf dem Tisch verbracht.

Wenn ich mal das Bett hüten musste, war mein Lieblingsspielzeug die blaugrüne Dose mit den Knöpfen. Große, kleine, bunte, schwarze, schokoladenbraune, weiße, dicke, längliche, kugelige, Perlmuttknöpfe und Wäscheknöpfe, alles musste sortiert, geordnet und bewundert werden, immer wieder, so viele verschiedene, es war die reine Wonne.

Mein größter Wunsch damals, wenn ich von einer Ferienreise oder einem Besuch nach Hause zurück kam oder wenn wir später mit dem Auto in die Straße einbogen, es möge sich etwas verändert haben, vielleicht ein Haus gestrichen worden sein, jemand ausgezogen, irgendetwas anders sein als vorher. Aber nie war etwas anders, alles blieb, wie es war, die Baulücken wuchsen zu, die Bäume wurden größer, aber die Straße sieht heute noch fast genauso aus wie damals.

Vor einigen Jahren, als ich eine Zeit lang allein lebte,

hätte ich einmal eine kleine Wohnung unterm Dach in dem Haus bekommen können, in dem wir damals gewohnt haben, bis ich sechzehn war. Unvorstellbar! Diese Atmosphäre der gegenseitigen Beobachtung, diese Enge, die Kontrolle, diese Kleingeistigkeit und Intoleranz, dies Festgenagelte. Wahrscheinlich stimmt es nicht, aber ich stelle mir vor, selbst wenn inzwischen völlig andere Menschen als damals dort leben, die Stimmung ist dieselbe. Man kennt sich zu gut, man vergleicht sich, man belauert, beneidet, befeindet sich. Ich wollte die Großstadt, die Freiheit der Anonymität. Auch heute noch misstraue ich jedem dörflichen, kleinstädtischen Idyll, wittere sofort die versteckten Tragödien und Quälereien, wenn es zu gemütlich wird.

CAMILLA WILL

Als Großfamilie im bürgerlichen Wohnviertel

Meine Eltern hatten Ende März 1950 geheiratet, im Januar 1951 wurde ich geboren. Ich war zwar das erste Kind dieser Ehe, aber da waren schon vier Buben zwischen sechs und elf Jahren aus der vorherigen gescheiterten Ehe meines Vaters, die bei uns lebten. Weitere Kinder, die nicht mehr am Leben waren, hatte mein Vater aus seiner ersten Ehe gehabt. Nach mir bekamen meine Eltern im Abstand von einem bis zwei Jahren noch fünf Kinder. Bis Ende der 50er Jahre wuchsen wir zehn lebenden Geschwister — von insgesamt 14 — zusammen auf. Die älteren Brüder verließen dann nach und nach das Haus.

Mein Vater war Jahrgang 1891, 32 Jahre älter als meine Mutter, älter sogar als seine Schwiegereltern. Als ich geboren wurde, war mein Vater im 60. Lebensjahr, meine Mutter Ende zwanzig. Meine Mutter stammt aus einer Arbeiterfamilie eines kleinen Dorfs in der schwäbischen Alb, mein Vater war von Beruf Arzt. Während des Krieges führte er eine Praxis in der benachbarten Kleinstadt, meine Mutter arbeitete bei ihm als Praxishelferin.

Nach dem Ende des Krieges wurde mein Vater aufgrund seiner SS-Mitgliedschaft mehrere Jahre in verschiedenen Lagern inhaftiert, mit der Folge, dass seine Familie kein Einkommen hatte. Meine älteren Brüder und ihre Mutter wurden von einem Bruder meines Vaters finanziell unterstützt und von den Eltern meiner Mutter mit versorgt. Während der Abwesenheit meines Vaters lernte seine damalige Frau einen anderen Mann kennen, was mein Vater nach seiner Rückkehr zum Anlass nahm, sie zu verlassen und von ihren Kindern zu trennen. Seine Affären spielten selbstverständlich keine Rolle. Aus praktischen Gründen heiratete er meine Mutter, sie war ja mit den Kindern schon vertraut. Sie war glücklich, dem engen Dorf zu entrinnen und als künftige Arztgattin einen unerwarteten gesellschaftlichen Aufstieg zu erleben.

Mein ältester Bruder hatte gegen den Widerstand unseres Vaters wieder Kontakt zu seiner Mutter aufgenommen, die auch eine neue Familie mit Tochter hatte; die anderen Brüder haben erst als Jugendliche realisiert, dass meine Mutter nicht auch die ihre ist, ebenso wie ich. Ich lernte die Mutter meiner Brüder bei meiner Großmutter kennen, der sie zeitlebens sehr dankbar war und die sie immer wieder besuchte. Nach dem Tod meines Vaters nahm sie dann mit ihrer Tochter auch an unseren Familienfesten teil. Ich mochte sie gern und habe schon früh heimlich mit ihr über den ungerechten, dramatischen Verlust ihrer kleinen Söhne getrauert.

1950 übersiedelte mein Vater mit meiner Mutter und den vier kleinen Buben nach Kassel und übernahm dort eine Praxis. Zunächst wohnte die Familie zur Untermiete, dann bezog sie eine kleine Dachwohnung, in der auch die ersten drei »neuen« Kinder geboren wurden. Wir waren nun sieben. Die Wohnung bestand aus einem Wohnzimmer, in dem meine Eltern schliefen, einer Wohnküche und zwei kleinen Zimmern, von denen das eine die vier Brüder bewohnten und das andere — trotz der schon herrschenden Enge, die »Tante«, eine ältere Bekannte. Die drei neuen Kinder schliefen aufgeteilt bei den Eltern oder Brüdern. Diese »Tante«, sie wurde die Patentante meiner nach mir geborenen Schwester, wohnte noch viele Jahre mit unserer Familie zusammen. Später konnten meine Eltern ein zusätzliches Zimmer im Keller anmieten, das dann als Schlafraum für die Brüder diente. Das Haus ist heute noch unverändert. Als ich später als Erwachsene einmal die Wohnung anschauen konnte, war es für mich fast unvorstellbar, dass dort tatsächlich mehrere Jahre lang drei Erwachsene mit sieben Kindern gelebt haben.

1954 bezogen wir am Stadtrand in einem gutbürgerlichen Wohnviertel unser neu gebautes Haus, in das auch die Arztpraxis integriert war. Das Haus war eingeschossig mit ausgebautem Dach- und Souterrain-Geschoss. Dahinter erstreckte sich ein großer Garten. In meiner Erinnerung ist das Haus riesig — trotz seiner tatsächlichen Größe wirkte es aber kleiner als die meisten Häuser in der Nachbarschaft, die überwiegend zweigeschossig waren.

Wir waren in vielerlei Hinsicht eine aus dem Rahmen fallende Familie. Mein Vater wäre zwar als Arzt und gebildeter, wieder gut situierter, auch stattlicher und gut aussehender Mann durchaus vorzeigbar gewesen. Aber er hatte sich auf Homöopathie spezialisiert und behandelte ausschließlich Privatpatienten. Homöopathie war damals noch kein anerkanntes Heilverfahren, sodass mein Vater eher als Quacksalber angesehen denn als Arzt respektiert wurde. Als Anthroposoph hatte er zudem eine andere Philosophie und Denkweise als die Verwandten, die zu verschiedenen Sekten und christlichen Kreisen gehörten, oder als die Bekannten und Nachbarn.

Wegen der vielen Kinder wurde die ganze Familie zudem als asozial betrachtet. Da nützte auch das gute Einkommen nichts. Ich spürte dies vor allem daran, dass ich als Kind fast nirgendwo in der gutbürgerlichen Nachbarschaft herzlich aufgenommen wurde. Ich stand, wenn ich ein Nachbarskind besuchen wollte, oft vor verschlossenen Türen, die auch auf mehrmaliges Klingeln hin nicht geöffnet wurden. Mir war das peinlich und ich schlich gedemütigt nach Hause. Da nützte es auch nichts, dass meine Mutter intensive Kontakte im Sinne einer guten Nachbarschaft pflegte. Obwohl wir in der Hierarchie der Nachbarschaft nicht gerade weit oben rangierten, gab es dennoch andere Familien — ärmere, nicht genügend gebildete oder unkonventionelle, zu denen uns Kindern der Kontakt verboten war. Denn das wichtigste war doch, sich an die gesellschaftlichen Regeln zu halten — »was könnten denn die Nachbarn denken...«.

Unser Haushalt war relativ modern ausgestattet. Meine Mutter hatte eine Waschmaschine, später eine amerikanische Geschirrspülmaschine, einen riesigen Kühlschrank und eine Bügelmaschine. Auch den Einkauf erledigte meine Mutter hochmodern: Da wir kein Auto hatten, ließ sie sich die Bestellungen nach Hause liefern. Für Kleinigkeiten wurde ich schon relativ früh zu Fuß oder mit der Straßenbahn in den alten Dorfkern unseres Stadtteils geschickt.

Trotz des offensichtlichen Wohlstands wurde noch lange so viel wie möglich selbst gemacht. Das Obst aus dem Garten sowie zugekaufte Früchte wurden als Kompott und Marmelade eingekocht. Die bei uns Kindern begehrtesten Produkte wie Quittengelee oder eingekochte Erdbeeren wurden in einem Stahlschrank verschlossen aufbewahrt. Wunderbare schwarze, zuckersüße Kirschen, Himbeeren, Stachelbeeren, Pflaumen, Erdbeeren, Äpfel und Birnen: An die vielen Früchte im Garten habe ich herrliche Erinnerungen, auch wenn wir manche eigentlich nicht vor der offiziellen Ernte essen durften und deshalb nachts im Schlafanzug heimlich auf die Bäume kletterten. Die Ernte allerdings war mühsam. Himbeeren zu pflücken habe ich gehasst, nicht nur der verkratzten nackten Beine und Arme wegen, sondern auch wegen der vielen kleinen Maden, die wir nicht aussortieren durften — »stell' dich nicht so an...«. Quark mit Himbeeren aß ich zwar gern, aber darauf krabbelten die Maden... In den ersten Jahren hielten wir im Garten sogar noch Hühner. Es war toll, durch die Luke in das Hühnerhaus zu klettern; vor den, meist von meiner Mutter, geschlachteten Tieren, die im Keller an einem Eisengestell zum Ausbluten hingen, hat mich jedoch gegraust.

Meine Brüder mussten nur selten bei der Gartenarbeit, beim Ernten oder Vorbereiten zum Einmachen helfen. Sie waren meistens irgendwo unterwegs, während wir älteren Mädchen schon früh überall anpacken mussten. Haushalt war natürlich Frauenarbeit, auch wenn dies teilweise schwere Arbeit wie umgraben war. Alle Arbeiten waren wegen der für uns erforderlichen Mengen ungemein zeitaufwändig. Stundenlang saßen wir vor riesigen Wannen mit Erdbeeren oder Kirschen,

Camilla (re) mit Geschwistern

die geputzt und entsteint werden mussten. Nur manchmal war diese Arbeit auch genussvoll, wenn zum Beispiel eine Tante oder eine schon erwachsene Kusine da waren, die sich dabei auch mal im Badeanzug in den Garten setzten und wir, als ich schon größer war, miteinander »richtig« reden konnten.

Mein Vater verzog sich überwiegend in seine Praxis. Er erschien nur zu den Mahlzeiten, nach dem Abendbrot legte er sich auf das Sofa im Esszimmer und hörte Nachrichten oder las. Dabei durfte er auf keinen Fall gestört werden. Er mochte seine Kinder ganz gern, solange sie noch Babys waren. Als ich ganz klein war, durften wir manchmal mittags bei ihm im Bett liegen und er sprach uns den ›Struwwelpeter‹ oder ›Max und Moritz‹ vor — er kannte die Bücher auswendig — und wir lernten die Verse. Später, wenn die Kinder größer und anstrengender wurden, wollte er mit ihnen möglichst nichts mehr zu tun haben. Die gewichtigen Entscheidungen und schwereren Strafen blieben aber selbstverständlich seine Angelegenheit.

Wir bewohnten das Erdgeschoss und das Untergeschoss unseres Hauses. Im Erdgeschoss waren neben der Praxis meines Vaters die Küche, ein Wohnzimmer, ein Esszimmer mit einer riesigen Eckbank und einem extra angefertigten, mehrmals ausziehbaren Esstisch sowie das Schlafzimmer meiner Eltern untergebracht, außerdem ein Bad und eine extra Toilette. Das Untergeschoss war unser Reich, in dem wir toben und Verstecken spielen konnten. Lange Zeit schliefen wir sechs kleinen Kinder in einem Zimmer in Etagenbetten, die älteren Brüder hatten ebenfalls ein gemeinsames Schlafzimmer. Ein Zimmer wurde als Spiel- und Musikzimmer eingerichtet. Dort wurden die Wände mit Lack bestrichen, sodass wir ungehemmt auf der Wand malen konnten. Ich nehme an, dass dies eher eine Verzweiflungstat als ein Ausdruck liberaler Erziehung war, um unserem ständigen Geschmier in allen Räumen vorzubeugen. Ab und zu mussten wir die Wände dann wieder abschrubben.

Zweimal wurden wir in unseren großzügigen Bewegungsmöglichkeiten zu Hause stark eingeschränkt, nachdem mal wieder ein finanzielles Abenteuer meines Vaters schief gegangen war. Das Erdgeschoss wurde in der Folge bis auf die Praxisräume vermietet und wir bewohnten nur noch das Souterrain. Als es uns dann finanziell wieder besser ging, zogen meine Eltern wieder nach oben. Diese Zeiten waren für alle nervlich ziemlich belastend, denn die meisten Prügelszenen bei Tisch erinnere ich im unteren Esszimmer.

Samstags war Badetag. Nachmittags kam eine andere »Tante« aus der Nachbarschaft. Da sie kein Badezimmer hatte, war sie die Erste, die ein Bad nehmen durfte. Die Wanne war maximal 20 Zentimeter hoch voll Wasser, aber das Wasser wurde nach der Benutzung nicht abgelassen, sondern wir kleinen Kinder wurden gemeinsam als Nächste in das Badewasser gesetzt. Wir saßen dicht hintereinander, sodass gerade noch der Waschlappen eingetaucht werden konnte. Die »Tante« half dann beim Baden und Trocknen der Kinder. Wochentags wurden wir normalerweise nur gewaschen, tägliches Duschen war nicht üblich.

In den ersten Jahren in Kassel, als wir noch in der kleinen Dachwohnung wohnten, unternahmen wir sonntags gemeinsam Ausflüge in die Umgebung. Da mein Vater kein Auto wollte, wanderten wir mit Kinderwägen und Rucksäcken los, oder fuhren ein Stück mit dem Bus. Soweit ich mich erinnern kann, hat sich mein Vater später nie wieder an gemeinsamen Unternehmungen beteiligt. Nachdem wir das Haus bezogen hatten, machten wir nur noch selten gemeinsam Ausflüge — wir hatten ja jetzt den Garten.

Wenn es irgendwie ging, wurden wir zum Spielen rausgeschickt in den Garten mit den zwei Schaukeln und einem Sandkasten. Im Sommer wurde dort sogar ein Planschbecken aufgestellt, das allerdings keinen Sommer heil überstand. Eine riesige Tanne bildete das Zentrum des Gartens; manchmal traute ich mich, das Kletterverbot zu missachten. Hoch oben in der Spitze des Baumes stehend konnte ich dann herrlich weit über den Stadtteil hinaus blicken und mich mit dem Wipfel im Wind biegen. In den Garten durften wir auch andere Kinder mitbringen, im Haus waren sie nicht erwünscht. Wenn wir zum Essen gerufen wurden, hieß es, »alles, was Will heißt, reinkommen...«, und wir mussten unsere Spielkameraden nach Hause schicken.

Viel größeren Freiraum hatten wir jedoch außerhalb des Grundstücks. Wir wohnten am Stadtrand. Hinter dem benachbarten Wirtshaus begann der Habichtswald, der sich kilometerweit in das Mittelgebirge erstreckt. Wir bauten Höhlen im Wald, stauten den Bach, fuhren im Winter halsbrecherische Schlittentouren. Wir liefen weit den Wald hinauf, dann schnürten wir alle Schlitten hintereinander, ein »Großer« legte sich bäuchlings auf den ersten Schlitten und lenkte mit in den zweiten Schlitten eingehakten Füßen. Die lange Fahrt der Schlittenschlange durch den verschneiten Wald, manchmal bis vor die Haustür, war wunderschön. Draußen spielen bedeutete weitgehend unkontrollierte Bewegungsfreiheit, sofern wir die Essenszeiten einhielten. Im Großen und Ganzen war mein Radius, in dem ich mich ums Haus bewegte, eher klein. Aus dem Stadtteil kam ich als Kind nicht raus.

Während meine kleineren Geschwister später in den Kindergarten gehen durften, kam dies für mich nicht in Frage — zu meiner Zeit wurden wir von einem der Hausmädchen betreut. In Zeiten finanzieller Hochkonjunktur waren gleichzeitig mehrere Hilfskräfte angestellt, sodass oft eines der Mädchen mit uns spielen konnte: Kreis- und Ballspiele, »Reise nach Jerusalem« oder Ähnliches. Wir hatten Puppenwägen, Puppenstuben und einen Kaufmannsladen. Ohne Erwachsene tobten wir durch die Zimmer, sprangen von Schränken auf Betten, spielten Verstecken im ganzen Haus — nur den Vater stören durften wir nicht — und in ruhigeren Minuten die üblichen Rollenspiele wie »Mutter und Kind« mit unseren Puppen oder bei genügend anwesenden Kindern mit unter uns verteilten Rollen. Der Vater war wie auch im richtigen Leben nicht da. Meist waren wir Mädchen unter uns. Denn die Brüder hatten Roller und Fahrräder und waren unterwegs. Für kurze Zeit hatte auch ich später ein Fahrrad. Aber meine Brüder brauchten immer Ersatzteile, das hat mein Fahrrad nicht lange überlebt.

Erst spät in den 60er Jahren bekamen wir einen Fernseher, den wir dann nur zu ausgewählten Sendungen anschalten durften. Durch Kassels »Zonenrandlage« konnten wir DDR-Fernsehen empfangen. Das Sandmännchen von dort war viel interessanter als das westdeutsche — die Anfangsmelodie habe ich immer noch im Ohr. Oder wir sahen die wunderschönen tschechischen Märchenfilme, die ich besonders liebte, weil sie die Märchen so spielten, wie ich sie mir vorstellte: »richtige« Prinzessinnen in herrlichen Kleidern, schöne Prinzen, hässliche Bösewichte — und nach vielen harten Prüfungen wurden die Guten erlöst und belohnt.

Bis ich mit 16 Jahren zu einem dreiwöchigen Schüleraustausch nach Frankreich fahren durfte, habe ich — außer einem einmaligen Besuch bei Verwandten in München — keine anderen Orte als die Heimatdörfer meiner Eltern kennengelernt. Meine fünf jüngeren Geschwister durften einmal meine Mutter in ihren Sommerurlaub nach Italien begleiten, den sie jedes Jahr ohne meinen Vater mit einigen Nachbarn in Cattolica verbrachte. Ich musste daheim bleiben, um meinem Vater den Haushalt zu führen. Damals war ich 12 Jahre alt — ich war die »Große«, die vernünftig zu sein und zurückzustehen hatte. Ich empfand es als Gemeinheit, allein zurückbleiben zu müssen. Andererseits hat mir die Übertragung der Verantwortung durchaus auch geschmeichelt. Eine Annäherung an meinen Vater fand aber auch in dieser Zeit nicht statt, ebenso wenig wie ich jemals Lob, Anerkennung oder irgendeinen Ausgleich für diese Zeit erhielt. Ich machte den Haushalt so gut ich konnte, mein Vater verhielt sich so wie immer, distanziert und nur auf die Einhaltung seines Rhythmus und die Berücksichtigung seiner Interessen bedacht.

Als wir größer waren und das Geld durch die abenteuerlichen finanziellen Unternehmungen meines Vaters immer knapper wurde, verließen die letzten Angestellten das Haus. Es wurde richtig überschaubar: Wir waren nur noch sechs Kinder zu Hause, auch die vielen Gäste und Verwandten, die in den turbulenten, mit vielen Provisorien verbundenen 50er Jahren das Haus bevölkert hatten, kamen nur noch selten. Die »Tanten« zogen in eigene Wohnungen, den Verwandten war es nach und nach möglich, auch andere, kostspieligere Urlaubsorte zu besuchen.

Statt mit Gästen wurde unser Haus nun mit amerikanischen Familien bevölkert. Hessen war amerikanische Besatzungszone und meine Eltern konnten die neu ausgebauten Dachwohnungen immer gut an Amerikaner vermieten. Auch die Mieter gingen bei uns ein und aus und meine Mutter unterstützte sie — mit wenigen Worten Englisch und vielen Gesten — mit allem, was ihr möglich war. Die damalige Kontaktfreude und Offenheit meiner Mutter stand im Kontrast zum Verhalten meines Vaters, der mit all dem möglichst wenig zu tun haben wollte.

CLAUDIA SEIFERT
Seid nett zueinander!

»Wir wollen doch nur dein Bestes!« Bis sich die Girlies dagegen wehrten und den wohlmeinenden Eltern ein entschiedenes »Das kriegt ihr aber nicht!« entgegensetzten, mussten Jahrzehnte ins Land gehen. In den 50er Jahren war solches Verhalten in den meisten Familien einfach undenkbar. Nach den harten Jahren des Krieges und den Irritationen und Entbehrungen der Nachkriegszeit war die Wiedervereinigung der Familie wichtiger als die Wiedervereinigung Deutschlands. Das allgegenwärtige Motto hieß: »Seid nett zueinander!« – und nervte die Kinder bis zum Auszug. In dieser harmonischen Scheinwelt war alles geregelt. Man hatte sich so und so zu verhalten, man tat dies nicht, man tat das nicht. Benimm-Bücher hatten Hochkonjunktur. Die 50er Jahre waren eine »Zum-Fisch-nur-Weißwein«-Epoche, eine Tanzstundengesellschaft im strengen Benimm-Kurs bei Erica Pappritz als Oberlehrerin der Etikette im Deutschen Bundestag. Ihre Regeln bildeten bis in die 60er Jahre hinein das Orientierungssystem für die weltkriegtraumatisierten Deutschen. Und die Hausmeister der Nation bauten das Regelwerk aus: Das Betreten des Rasens war verboten, die Kehrwoche outete Nachlässige in der Hausgemeinschaft, der feste Waschtag regelte den wöchentlichen Rhythmus und im Garten gab's nur Kännchen.

Anstandsregeln, Prinzipien und Kalendersprüche – die Welt war festgefügt, und an den Grundsätzen durfte nicht gerüttelt werden. Die Furcht, wieder in dem grenzenlosen Chaos der Kriegs- und Nachkriegsjahre zu versinken, war zu groß. Im Osten dienten feste innerfamiliäre Regeln zudem als Schutzwall gegen die durchpolitisierte Außenwelt. Die Familie bildete den sicheren Hafen in unsicheren Zeiten. Die Familie als Keimzelle der Gesellschaft stand in Ost und West auch im Mittelpunkt staatlicher Förderung. Im Osten wurden Männer wie Frauen in die Arbeitswelt integriert und die Kinder ins staatliche Erziehungssystem übernommen, der Westen führte 1952 das Mutterschutzgesetz und 1954 das Kindergeldgesetz ein.

Mariannes Einschulung April 1960

In der DDR prägen nicht Benimmregeln, sondern das Pathos des antifaschistischen Gründungsmythos mit ganz eigenem Regelwerk diese Anfangsjahre. Die junge Elterngeneration, die politisch relativ unbedenklichen 20- bis 30-Jährigen, profitierten am stärksten vom wirtschaftlichen und sozialen Umbau und besetzten bald die entscheidenden Stellen in der Verwaltung, in den politischen und staatlichen Institutionen und in der öffentlichen Erziehung. Beim Aufbau der sozialistischen Zukunft kam es auf jeden an. Projekte wie das Eisenhüttenkombinat Ost, das EKO in Stalinstadt, später Eisenhüttenstadt, waren Vorzeigeobjekte und der junge Facharbeiter am schwerindustriellen Arbeitsplatz wurde zum Leitbild dieser Jahre.

> »Im übrigen liegt Würze nur in der Kürze. Wird durch die Rede eine der anwesenden Personen gefeiert, so folgt ein Zutrunk, wobei sich der Redner auch zu dem Gefeierten hinbegeben und mit ihm anstoßen kann; die anderen folgen dem Beispiele. Nach einer Pause, etwa nach dem folgenden Gang, dankt der Gefeierte in kurzer Gegenrede. Damen danken nicht mit einer Rede und nicht erst nach dem nächsten Gang, sondern sogleich mit einigen wenigen Worten. Eine Dame soll eben – das ist ein Grundsatz der guten Lebensart – nie hervortreten. Die Zier der Dame ist ihre Zurückhaltung.«
>
> ›Der gute Ton von heute‹, Gesellschaftlicher Ratgeber für alle Lebenslagen

Die Krux allerdings war, dass es dem normalen Bürger dieser Generation in der DDR kaum möglich war, wirklich aufzusteigen, selbst wenn er noch so willig war, sich in die neue Zeit einzubringen. Auch die einflussreichste Position vor Ort war der Macht der Zentrale unterworfen, der gegenüber man fortwährend verantwortlich und rechenschaftspflichtig blieb. Und als Spätgeborener trug man schwer an der Last, für immer in der Schuld der antifaschistischen Kämpfer zu stehen, auf denen sich der Mythos der DDR-Gründung aufbaute. Die Schuld einzulösen, konnte nie gelingen und das kam einem permanenten Scheitern gleich. Was blieb, war der Rückzug ins Private. Viele lebten fortan zwei Leben – eines öffentlich, im Betrieb, im Kader, und eines zurückgezogen in der Familie, in der Wohnungs- oder Kleingartenidylle. Doch um nicht anzuecken, setzten die meisten auch hier auf die Sicherheit der Ordnung. Hielt man sich an die Regeln, fiel man am wenigsten auf. Und darin ging dann die Rechnung der Parteiführung wieder auf: Der Wunsch einer besseren Zukunft für die Familie und die Kinder stimmte zusammen mit dem allgemeinen Willen zum Aufbau des Staates, der sozialistischen Gesellschaft.

Die eigene Erziehung prägt entscheidend und ist für lange Zeit Gesprächsstoff noch unter Erwachsenen. In der Auseinandersetzung mit dem eigenen Nachwuchs müssen Väter und Mütter ihre Standpunkte überprüfen und, sofern sie sich darauf einlassen, Erziehungsziele, Ideale und Erwartungen ständig hinterfragen. Verhalte ich mich wie mein Vater, meine Mutter, oder finde ich einen anderen, einen eigenen Weg? Die primäre Quelle der Orientierung bleibt die eigene Familie, die eigene Kindheit. Unsere Sicht der Kindheit ist gekoppelt an unser Verständnis von Familie. Bevor die Familie im 15. Jahrhundert ins allgemeine Bewusstsein trat – davor waren wirtschaftliche, soziale und nachbarschaftliche Beziehungen  genauso wichtig, wenn nicht wichtiger als ausschließlich verwandtschaftliche Verhältnisse –, lebten Kinder in der Erwachsenenwelt mit, lernten durch Anschauung und Nachahmung. Kindheit, so wie wir sie hier und heute verstanden wissen wollen, ist ein nicht widerspruchsfreies Ideal von Kindheit: ist Spiel- und Lernzeit, möglichst frei von jeglichem Beitrag zum Familienunterhalt, ist das Aufwachsen in einer separaten, aber von Kontrolle und Einflussnahme seitens der Erwachsenen nicht freien Kinderwelt in Kindergarten und Schule, ist das Lernen von Verantwortung in der Befreiung von Verantwortung.

In den 50er Jahren griff man im Umgang mit Kindern auf altbewährte Maximen zurück: Ordnung, Disziplin und Gehorsam. Die wenigsten Eltern verfügten über so viel Reflexion und Distanz zu

Gegenwart und jüngster Geschichte, um das Wagnis eingehen zu können, alles anders machen zu wollen. In den allermeisten Fällen siegten der Griff in die Mottenkiste der Pädagogik und der Pragmatismus des Alltags über eventuell vorhandene Zweifel.

Unsere Eltern waren in die fatalen Abhängigkeiten der faschistischen Erziehungsdiktatur geraten – die jüngeren früher, die älteren biografisch später. Entsprechend dem Leitsatz Adolf Hitlers: »Meine Pädagogik ist hart. Das Schwache muss weggehämmert werden«, entmachtete er die herkömmliche Schule und die Familie und verordnete den Kindern eine staatlich durchorganisierte Erziehung. Sie sollte deutsch sein, völkisch und war streng hierarchisiert nach Altersgruppen und Geschlecht in Deutschem Jungvolk, Hitlerjugend und Mädelverbänden. Bereits die Sechs- bis Zehnjährigen waren, in der Obhut der NS-Frauenschaft, organisiert.

Von klein auf stand die Vorbereitung auf Krieg auf ihrem Stundenplan, sie lernten in Kameradschaften ihre Gefühle zu verleugnen und im Takt der Marschmusik ihre Eigenständigkeit abzulegen. Sie entwickelten in der Illusion der Gleichheit das Bewusstsein, etwas Besonderes zu sein. Und sie kamen dem System nicht aus. Es folgten Arbeitsdienst, Arbeitsfront, BDM-Werk »Glaube und Schönheit« oder Wehrmacht. »Sie werden nicht mehr frei ihr ganzes Leben«, schwärmte der allgewaltige »Führer« und befand: »Mit Wissen verderbe ich mir die Jugend.« Die körperliche Schulung, die Kinder zu »stählen« stand wieder einmal im Vordergrund der Erziehung. Die geistige oder gar seelische Ausbildung wurde bewusst vernachlässigt. Die jungen Volksgenossen sollten ertüchtigt und abgehärtet werden zu kerngesunden, rassisch einwandfreien Menschen. »Leibesübungen« wurden aufgewertet, die intellektuellen Anforderungen zurückgestuft.

Diese Elterngeneration lernte früh zu funktionieren, ihre eigenen Wünsche und Ängste zu ignorieren. Sie sollten sich aufgeben und wurden Teil eines Ganzen. Sie sollten brave Kinder sein und waren es auch. Während des Krieges waren sie potentiell und real ständig mit dem Tod konfrontiert. Sie ertrugen alles. Erst die umfassende Bevormundung und später Leid und Tod, Hunger und Elend. Allzu früh mussten sie die Rolle von Erwachsenen übernehmen. Sie erlebten die Trauer der Mütter um Väter, Brüder oder den eigenen Vater mit. Trauer war in den Kriegsjahren etwas Allgegenwärtiges, irgendjemanden in der Umgebung hatten die Nachrichten immer getroffen – Tanten, Oma, Nachbarinnen, Freundinnen der Mutter oder die Familie selbst. Was zählten da die eigenen kleinen Tragödien, etwa der Verlust eines geliebten Spielzeugs oder die Niederlage bei einer Rauferei, die plötzliche Ablehnung durch die beste Freundin? Die Welt um sie herum zerbarst und sie hatten früh lernen müssen, dass sie nicht versagen durften. Sie durften keine Schwäche zeigen, nicht zu Hause, wo sie ja mithelfen mussten und stark sein sollten, schon gar nicht draußen, wo sie eingeteilt waren, Brände zu löschen nach Bombenangriffen oder auf der Lauer zu liegen gegen den allgegenwärtigen Feind. Sie mussten den Anblick von Leichenbergen wegstecken, sie sollten im Schulalter feindliche Flugzeuge ab-

1956 Erste Freiwillige für 12 Monate zur Bundeswehr eingezogen. Franz Josef Strauß, vormals Minister für Atomfragen, wird Verteidigungsminister. +++ Aus Verbänden der Volkspolizei werden erste Einheiten der Nationalen Volksarmee rekrutiert. DDR tritt Warschauer Pakt bei. +++ Chruschtschow verurteilt Personenkult und Machtmissbrauch der Stalin-Ära. +++ Ungarn-Aufstand. +++ 45-Stunden-Woche mit vollem Lohnausgleich in Metallindustrie West durchgesetzt. +++ Erste italienische Gastarbeiter in BRD. +++ BRD verbietet KPD – verfassungsfeindlich. +++ Suez-Krise endet mit Blockade des Suezkanals durch 46 versenkte Schiffe. +++ Olympische Spiele in Melbourne mit einer gesamtdeutschen Mannschaft. Sowjetunion erringt – zum Ärger der USA – die meisten Medaillen. +++ Deutscher Fernsehfunk (Ost) beginnt offiziellen Programmbetrieb. +++ ›Tagesschau‹ (West) wird täglich ausgestrahlt. +++ Erste Sendung von Bernhard Grzimek ›Ein Platz für Tiere‹. +++ Durchbruch für Friedrich Dürrenmatt mit ›Der Besuch der alten Dame‹. +++ FDJ in Berlin bestimmt Jazz und Musik von Hanns Eisler als Gefahr für die Jugend. +++ Erster Selbstbedienungsladen der DDR in Halle. +++ Modemagazin (Ost) ›Sybille‹ und Jugendmagazin (West) ›BRAVO‹ kommen heraus. +++ Micky-Maus-Comics erscheinen 14-täglich. +++ Erste Kinderzahnpasta Deutschland West: Blendi. +++ Miele bringt ersten Waschvollautomaten heraus. +++ Antibaby-Pille wird in groß angelegtem Feldversuch an Frauen in Puerto Rico getestet.

schießen und auf Versagen stand schon mal der Tod. Die elterliche Kontrolle wie deren Schutz hatten nicht mehr funktioniert. Die Eltern, häufig die Mutter oder die Großmutter allein, hat-

Hümpelkästchen ohne Autos auf der Straße

ten das nicht mehr leisten können. Den Kindern wurde Heldenmütiges abverlangt – und sie werden es von sich selbst gefordert haben, die eigenen Möglichkeiten weit überschätzend.

Was kam, war im Schock des Kriegsendes ein trauriger, ein dramatischer Übertritt ins Erwachsenenalter mit einer alles ergreifenden Entwurzelung. Die zuvor gemachten Erfahrungen, die tief verunsichernden Gefühle, die bleischwere Angst, die umfassende Orientierungslosigkeit haben viele dann innerlich begraben und eingefroren. Niemand wollte über das Erlebte reden, alle hatten das Gleiche durchgemacht – wer hätte sich Klagen, Jammern, Beichten, Berichte anhören sollen? Während der ersten Nachkriegsjahre ging es zuallererst wieder ums Überleben.

Wer sich seiner Haut wehren musste, gegen Kälte und Hunger oder Übergriffe der Sieger, hatte nur begrenzt Energien übrig für die Seelennöte von Kindern oder Jugendlichen. Das neue Motto lautete »Wir sind noch mal davon gekommen« und »Es hätte noch schlimmer kommen können« – und jeder wollte es gern glauben.

Ostdeutschland gab sich durch die entschiedene Abgrenzung zum Faschismus und das Projekt Zukunft im Sozialismus ein neues, sehr moralisches, allen Widerstand ausgrenzendes Korsett. Die Gesellschaft in Westdeutschland war gleichermaßen moralisch verwahrlost wie autoritätsfixiert. Es galt zwischen der Regellosigkeit des Nachkriegszustands und der sich durchsetzenden Normalität Anfang der 60er Jahre gegen alle Orientierungslosigkeit und Unsicherheit wieder Ordnung ins Leben zu bekommen. Nachdenklichkeit und inneres Aufarbeiten wurden vertagt – nicht selten für Jahrzehnte.

Liebe junge Freunde!

Seid ihr bereit, für ein glückliches Leben der werktätigen Menschen und ihren Fortschritt in Wirtschaft, Wissenschaft und Kunst zu wirken?
Ja, das geloben wir!

Seid ihr bereit, für ein einheitliches, friedliebendes, demokratisches und unabhängiges Deutschland mit eurem ganzen Wissen und Können einzutreten?
Ja, das geloben wir!

Seid ihr bereit, im Geiste der Völkerfreundschaft zu leben und restlos eure Kräfte einzusetzen, um gemeinsam mit allen friedliebenden Menschen den Frieden zu verteidigen und zu sichern?
Ja, das geloben wir!

Aus einer Jugendweihe-Urkunde 1957

Der Umgang mit Kindern in den 50ern lässt sich pauschal auf einen Nenner bringen: Um die Erziehung wurde nicht viel Aufhebens gemacht. Die zehn Jahre früher, noch in den letzten Kriegsjahren Geborenen gerieten in eine Zeit hinein, die wenig Atem für ihre Kinder übrig hatte. Sie mussten aktiv zum Familienunterhalt beitragen und ihre Mütter in ihrer Rolle als Familienoberhaupt tatkräftig unterstützen. Manche waren als Ersatz-Vater, als Freundin, als zu junge Vertraute gebraucht, vielleicht auch missbraucht, worden und wurden respektiert in der Welt der Erwachsenen, gab es doch keinen Unterschied mehr zwischen Kinder- und Erwachsenenwelt. Und sie hatten daraus auch eine Portion Selbstbewusstsein bezogen. Die Kinder und Jugendlichen, die ein Jahrzehnt später auf die Welt kamen, unsere Generation, sollten sich wieder in die Rolle des behüteten Kindes fügen. Sie wurden zwar in den Pflichtenkanon der Familie eingebunden, mussten sich aber nicht mehr an der Sicherung des Lebensunterhalts beteiligen. Die bescheidenen Lebensumstände erforderten jedoch einen resoluten Pragmatismus. Viele Eltern beharrten gegenüber ihren Kindern auf einer Erziehung, die auf dem Grundsatz des Gehorsams basierte. Für die Kinder waren autoritäre Erziehungsmuster in einer patriarchalen Familie wieder der Normalfall. Die hierarchische Denkweise von Hitlerjugend, BdM und Partei war den meisten Erwachsenen so vertraut, dass nur die wenigsten sie hinterfragten. Dazu kam, dass nicht wenige der Väter Soldat gewesen waren. Sie hatten im hierarchisch geordneten Militär weitere prägende Erfahrungen gemacht. Statt Erklärungen und Partnerschaft war der Umgang miteinander in den Familien nun geprägt durch Gehorsam und Unterwerfung. Es brauchte keine Erklärungen oder Begründungen, das elterliche Verbot genügte. Die Kindheit in den 50ern war folglich mehrheitlich sprachlos, die Eltern waren die Sender von Regeln, Normen und Pflichten, die Kinder fungierten als die Empfänger, waren ganz Ohr.

»*Ein liebes Wort am frühen Morgen, erfreut dein Herz den ganzen Tag*«

Erst im Übergang von den 50ern auf die frühen 60er gab es pädagogische Reformen in den Schulen, kamen reformierte Erziehungsratgeber auf den Markt. Mit dem wirtschaftlichen Aufschwung setzte sich eine allgemeine gesellschaftliche Lockerung durch. Durch sie wurde der Umgang der Eltern mit ihren Kindern entspannter, und die Kinder erhielten selbstverständlicher das Recht auf das eigene Wort.

Die Kinder waren der manifestierte Wille zur Normalität, auch in der DDR. Im täglichen Leben bekamen sie den Mangel dieser schwierigen Jahre zu spüren, wurden, im Osten wie im Westen, in die familiären Arbeiten eingespannt und mussten früh lernen, auf manches zu verzichten. Die DDR begriff Erziehung darüber hinaus als eine der zentralen Aufgaben des Staates. Private Interessen, Vorlieben und Hobbys sollten dem Gemeinwohl zugute kommen, die Erziehung des Menschen darauf abzielen, das eigene Interesse hinten anzustellen. Die Kinder bildeten erneut das »menschliche Material«, das es zu beackern galt. Und wieder war das Ziel, den neuen Menschen zu gestalten. Kinder und Jugendliche wurden in das dogmatische staatliche Erziehungssystem eingegliedert, das in seinem umfassenden Welterklärungsversuch und den verschiedenen Institutionen der Freien Deutschen

Junge Pioniere bei der 1. Mai-Parade 1959 in Ost-Berlin

Jugend weit über die Schule hinausging. Sie, die nie durch Nationalsozialismus und Kapitalismus verbildet worden waren, sollten die neuen Menschen sein, mit deren Hilfe endgültig die Zukunft aufgebaut werden sollte. Das Opfer der kommunistischen Helden, die den DDR-Staat erst möglich gemacht haben, wurde auf immer und ewig in Herz und Kopf dieser Generation verankert. Denn sie hatten durch ihren heldenhaften Kampf den Faschismus besiegt und die Bedrohung durch Krieg und Elend von den Nachkriegsgeborenen dauerhaft abgewendet. Die Nachgeborenen sollten dankbar sein, aktiv mitarbeiten und sich fügen.

Anfangs war das Erziehungssystem jedoch noch nicht ausschließlich sozialistisch dominiert, nicht alle Lehrer auf Linie und die Kirchen noch nicht gänzlich ohne Einfluss. Erst mit dem Beginn der 60er Jahre waren die Kinder weitgehend lückenlos in der Organisation der »Jungen Pioniere« erfasst. Wer allerdings nicht von den »Jungen Pionieren« über die »Thälmannpioniere« in die FDJ gehen wollte oder sollte – weil die Eltern generell skeptisch gegenüber aller staatlichen Lenkung oder, was wohl häufiger vorkam, aktive Mitglieder einer Kirchengemeinde waren, riskierte Isolation und verbaute sich seine beruflichen Aufstiegschancen.

> Wer hat vollbracht all die Taten
> Die uns befreit von der Fron?
> Es waren die Sowjetsoldaten,
> Die Helden der Sowjetunion.
> Dank euch, ihr Sowjetsoldaten,
> Euch Helden der Sowjetunion!
>
> Ernst Busch, ›Dank euch, ihr Sowjetsoldaten!‹

Aufgrund der massiven bevölkerungs- und familienpolitischen Einflussnahme durch die Nazis galt Bevölkerungspolitik nach dem Ende des Krieges in der BRD als nicht opportun, alle darauf bezogenen Maßnahmen wurden gestrichen. Familie sollte nie wieder in die Mühlen einer staatlichen Verplanung geraten, sollte Privatangelegenheit sein. Sie war es natürlich nicht ausschließlich. Nahm sich der neue westdeutsche Staat der Familie an – im Grundgesetz mit dem Schutz von Ehe und Familie und in der Ausrichtung der die Familie unterstützenden und schützenden Familienpolitik –, so orientierte er sich am traditionellen Idealbild der Hausfrauen-Familie. Vater, Mutter und ein bis drei Kinder. Diese romantisierte Familie implizierte jedoch immer bestimmte Rollenbilder.

Die Familie, die Ehefrau, der Gatte, die Kinder, das behagliche Zuhause boten Schutz in schwierigen Zeiten. Der Zusammenbruch des 12-jährigen totalitären NS-Staates und der verlorene Krieg stellten trotz aller Verdrängungsversuche und zusätzlich zur Notwendigkeit, die aktuellen täglichen Probleme zu meistern, für viele Deutsche noch für Jahre eine erhebliche psychische Belastung dar. Die Aufarbeitung der jüngsten Vergangenheit, wie auch immer sie für den Einzelnen aussah, fand in der Öffentlichkeit nur sehr begrenzt und in der Familie so gut wie gar nicht statt. In der DDR dagegen sollte Privates wieder öffentlich sein. Die Reaktion war in beiden Fällen oft ein taktischer Rückzug. Man war gegenüber Fremden, sprich Nicht-Familienmitgliedern, vorsichtig und prüfte genau, mit wem man es in der jeweiligen Situation zu tun hatte. Nicht wenige Familien bildeten eine Wagenburg gegenüber der Außenwelt, schotteten sich nach außen ab und zogen sich in sich selbst zurück.

Solch eine dauerhaft praktizierte Einigelung hatte allerdings Konsequenzen: Probleme wurden ausschließlich in diesem kleinen Kreis von vertrauten Personen behandelt. Das hieß, alles, was die Familie betraf, hatte seinen Platz nur innerhalb der Familie. Die Kinder lernten kaum das Innenleben einer anderen Familie kennen. Eine relativ natürliche Erweiterung ihres Bezugsrahmens kam für sie nicht in Frage.

*Lerne dulden, lerne tragen,
lerne erringen und entsagen,
lerne vergessen und vergeben
und du hast gelernt zu leben.*

Zur steten Erinnerung an deine Mutter

Poesiealbum

Die im Idealfall zur Auswahl stehenden anderen Erwachsenen fielen als wichtige Gesprächs- und Beschwerdepartner, aber auch als erzieherische Regulatoren weg. Den Kindern fehlten durch diese ausschließliche Konzentration auf die eigene Familie Möglichkeiten zum Vergleichen. Für sie war es nur schwer vorstellbar, dass es anderswo anders zugehen könnte als zu Hause. Für Kinder war so die Welt klein, bisweilen den Atem nehmend eng. Und nicht selten fielen sie später aus allen Wolken oder fühlten sich spät bestätigt, als ihnen klar wurde, dass ihre Eltern nicht immer in allem Recht gehabt hatten.

Die Kinder wuchsen damals im Allgemeinen unbeobachteter auf als heute – zumindest außerhalb des Gesichtsfelds der Eltern. Beim Spielen draußen konnten sie dem Einflussbereich der Erwachsenen leicht entkommen. Nischen zum unbeobachteten Spielen gab es auf noch nicht bis zum letzten Winkel bebauten Grundstücken zuhauf. Und die Eltern waren zu beschäftigt, um ihre Nachkommen ständig im Auge zu behalten. Notwendig war dies darüber hinaus ja auch nicht: Die Gefahren draußen waren nicht so vielfältig wie heute. Verkehr gab es kaum, die Kinder konnten gefahrlos auf den Straßen spielen und Altersgenossen waren immer und überall verfügbar. Ziemlich konträr dazu verhielt es sich in der familiären Situation innerhalb der Wohnung, innerhalb des väterlichen oder mütterlichen Radius'. Zu Hause hieß im Allgemeinen das Motto: »Da muss durchgegriffen werden!« Draußen drohten die Kinder doch zu verwildern. Möglicherweise verspürten die Eltern auch ein schlechtes Gewissen, dass sie sich zu wenig um den Nachwuchs kümmern konnten. Jede Handlung, jede Weigerung hatte vorsorglich eine Konsequenz: »Wenn du das (nicht) tust, dann...« Eigentlich Erpressung, unter Erwachsenen verpönt, ja strafbar, gegenüber Kindern völlig normal – bis heute.

1957 Bundestag verabschiedet Gesetz zur Förderung der Gleichberechtigung von Mann und Frau; der Mann verliert das Recht, das Arbeitsverhältnis seiner Ehefrau zu kündigen, und behält letztes Entscheidungsrecht in Fragen der Kindererziehung. +++ Einigung mit Frankreich: Saarland wird 10. Bundesland der BRD. +++ »Sputnik-Schock«: Mit Start des »Sputnik-1«-Satelliten in UdSSR beginnt Wettrennen in der Weltraumfahrt und löst in Deutschland hitzige Diskussion über Effizienz des deutschen Schulwesens aus. +++ Erich Mielke wird Chef des MfS, Ministerium für Staatssicherheit. +++ DDR macht »Republikflucht« zum strafbaren Vergehen. +++ UdSSR erprobt erste Langstrecken-Rakete mit Reichweite von über 5000 Kilometern. +++ Deutsche Atomforscher fordern in »Göttinger Erklärung« Verzicht auf Atombewaffnung der Bundeswehr. +++ CDU/CSU, Adenauer gewinnt Bundestagswahlen mit absoluter Mehrheit – Slogan: »Nur keine Experimente«. +++ Adenauer kommentiert Einführung des Umlagesystems in gesetzlicher Rentenversicherung mit: »Kinder kriegen die Leute immer«. +++ Kürzung der Wochenarbeitszeit auf 45 Stunden – in beiden deutschen Staaten. +++ Einführung einer einjährigen Arbeitsdienstpflicht für Studienbewerber in DDR. +++ Schlafmittel »Contergan« kommt auf den Markt. +++ Großbritannien zündet erste Wasserstoffbombe. +++ Produktion von Trabant P50 beginnt. +++ Hündin »Laika« startet in »Sputnik 2« ins All – erster »bemannter« Weltraumflug. +++ ›Schlösser und Katen‹ von Kurt Maetzig in DDR-Kinos. +++ Erstes politisches Fernsehmagazin ›Panorama – Worüber man spricht – worüber man sprechen sollte‹ (NDR) geht auf Sendung. +++ Millionstes Fernsehgerät wird in BRD angemeldet. +++ Peter Kraus erreicht Hitparade (Deutschland West) mit ›Susi Rock‹. +++ Micky-Maus-Comics erscheinen in BRD wöchentlich. +++ Nitribitt-Affäre: Zahlreiche Namen aus Politik und Wirtschaft tauchen in Tagebuch von ermordeter »Lebedame« in Frankfurt/Main auf. +++ Erfindung des Lasers.

»Gegessen wird, was auf den Tisch kommt« – den Satz kennt wohl jeder zur Genüge, und er verbot jeden Widerspruch. Vorlieben und Wünsche hießen schnell »Extra-Wünsche« und »Extra-Würste« wurden beinahe nirgends »gekocht«. Essen war generell ein wichtiges Thema der 50er Jahre. Hatte es doch zuvor permanent zu wenig von allem gegeben. Nun war fast alles wieder zu bekommen. Auch wenn anfänglich noch Schmalhans Küchenmeister war, allmählich eroberten Säfte, Limonaden und die ersten Knabbereien die Küchen. Aber musste man den Kindern nicht beibringen, dass es etwas Besonderes, etwas Großartiges ist, überhaupt zu essen zu haben? Sollten Eltern ihren Kindern nicht Ehrfurcht, Demut und Dankbarkeit beibringen? »Sei froh, dass du das essen darfst. Was wir haben essen müssen ...!« Die schlechten Aufstriche, die dünnen Suppen, die miesen Marmeladen aus Rüben haben die Nachgeborenen nie probieren müssen, aber quasi nachschmecken sollen. Stattdessen gab es mehr oder weniger meisterliche Küchenimprovisationen für den kleinen Geldbeutel. An ein Gericht bei uns zu Hause erinnere ich mich: gekochte Kartoffeln mit einer Soße aus einer braunen Einbrenne, die mit Zucker und Essig süß-sauer abgeschmeckt wurde. Da hinein kam pro Person ein Ei. Früher mochte ich diese weich und gelb verlaufenden »Russischen Eier«, wie sie bei uns hießen, sehr. Ich habe sie irgendwann einmal nachgekocht, aber außer süß-säuerlichem Geschmack konnte ich daran nichts mehr finden.

In der Kindererziehung wurde möglichst nichts dem Zufall überlassen. Die Gebote waren so vielfältig wie die Techniken des Strafens. Und die Begründung lautete nicht selten: »Wir tun das nur zu deinem Besten«. Körperlich zu strafen war noch so selbstverständlich in den Schulen und in den Familien, als läge die Berechtigung dafür tief im sündigen inneren Wesen des Kindes. Mal eben mit der Hand, mit dem Gürtel, dem Rohrstock, Teppichklopfer, dem verniedlichend »Stöckchen« genannten und immer griffbereiten, biegsamen und deshalb besonders schmerzhaften Stock. Die Strafecke im Kindergarten oder Klassenzimmer war so angesagt wie Stuben-, oder schlimmer, Kellerarrest, zusätzliche Hilfsarbeiten im Haushalt oder später der Fernsehentzug.

Die Eltern mussten doch Rückgrat, Konsequenz zeigen. Wenn schon nicht im eigenen Leben, so doch unbedingt beim Nachwuchs, um dem Schlimmsten von vornherein vorzubeugen, um die Küken fit zu machen für ein Leben voller Härten. Pflicht, Disziplin und Ordnung – daraus bestand der Bausatz der Kindererziehung in den Fünfzigern. Allenfalls draußen war Freiheit.

Mein Bruder hatte in der zweiten Klasse der Volksschule plötzlich Angst, in die Schule zu gehen. Er ist zwei Jahre älter als ich und ich war gerade eingeschult worden. Unsere Lehrerin war eine mütterliche Dame, der ein Amulett vorm Busen baumelte. Ich mochte sie. Sie war nett zu uns. Sein Lehrer jedoch liebte ein dünnes feines Stöckchen und schlug damit seinen Schülern, wenn sie unachtsam, faul oder »dumm« waren, gern ganz vorn auf die Fingerkuppen. Oder er zwirbelte die Haare, die bei den ohnehin Igelkopf tragenden Jungen so dünn vor den Ohren wuchsen, so lange auf, bis die Gequälten sich den Schmerzen entgegenkrümmten. Die Mädchen bekamen Kopfnüsse ab, mal eben im Vorbeigehen. Dieser Herr Schuster mit seinen freundlichen Augen hinter den Brillengläsern war Volksschullehrer und misshandelte beiläufig seine Schüler. Zum Besten der Kinder – so dachten zumindest viele in der Elternschaft, vermutlich auch einige in seinem Lehrerkollegium – durften er und andere aus dem amtlich bestallten Lehrkörper in den 50er Jahren ihre Ohnmacht ausleben, ihrer persönlichen Willkür nachgeben, ihren Sadismus stillen. »Sie wissen sich ja anders gar nicht zu helfen« und »Geschadet hat das noch niemandem«, lauteten die landläufigen Entschuldigungen. Der pädagogische Schlag mit dem Stock diente ja schließlich auch in vielen Familien als Worte wirksam unterstützende erzieherische Maßnahme. Aber alle waren wohl nicht dieser Meinung, denn Herr Schuster wurde bald darauf vom Dienst suspendiert. Eines Tages war er einfach weg. Die Prügelstrafe wurde in Deutschland West erst 1973 unter Strafe gestellt.

Nach dem Krieg war das Schulsystem mit enzyklopädisch orientierter Wissensvermittlung und autoritär-patriarchalischem Stil wieder installiert worden. Die Schule benotete Betragen und Fleiß, Linkshänder wurden auf die rechte, die »schöne« Hand umdressiert und Legasthenie war noch ein Fremdwort: Kinder, die einfach nicht schreiben und lesen lernten, waren schlicht faul oder dumm und gehörten in die »Sonderschule«. Der Lehrer vermittelte im Frontalunterricht via Monolog das nötige Wissen, eine lebendige Auseinandersetzung zwischen Lehrer und Schülern über den Stoff fand von wenigen Ausnahmen abgesehen nicht statt.

Viele Lehrer waren aus dem Krieg nicht zurückgekehrt, eine neue Generation war nicht ausgebildet worden. Also wurden Lehrer nach dem Krieg dringend gesucht, und eine Anstellung bekam, wer eine einigermaßen saubere Vita vorweisen konnte und verfügbar war. Viele ehemalige Frontsoldaten waren darunter.

Mach dem Vater keine Sorgen, mach der Mutter keinen Schmerz, denn du weißt nicht, ob schon morgen du verlierst ein Elternherz.

Deine Cousine Manuela

Poesiealbum

Nicht selten verwechselten sie dann den Schulhof mit dem Kasernenhof, versuchten mit eiserner Hand und Disziplin die ihnen Anvertrauten zu beherrschen und waren oft überfordert. Die neuen Lehrer bekamen Richtlinien an die Hand, wie der moderne Unterricht zu gestalten sei, aber half ihnen das über ihre eigene Unsicherheit hinweg, wie sie den ihnen anvertrauten Kindern am besten zu begegnen hätten?

Die leichteste Lösung war es vermutlich, autoritär aufzutreten. Damit hielt man die Schüler zumindest auf Distanz. Nicht umsonst ist ein Ursprung der Schule, wie wir sie kennen, das Militär. Eine moderne Armee war auf die Kommunikation mittels Schrift und Lesevermögen angewiesen. Und als ob er es direkt unter Beweis stellen müsste, brüllte ein Lehrer unsere Jungs damals im Turnunterricht zusammen: »Aus euch mach ich Männer ...!« Selbstverständlich waren nicht alle ehemaligen Frontsoldaten, die im Schuldienst landeten, eine Katastrophe. Ich erinnere mich an einen Lateinlehrer, der durch eine Verletzung im Krieg erblindet war und nun zusammen mit seiner Frau engagiert den Unterricht abhielt. Aber andere kamen als unverbesserliche Nazis zurück und drangsalierten ihre Schüler oder warben unverblümt für ihre Sache. Die wurden nicht selten erst abgelöst durch eine neue Generation endlich junger Lehrer Ende der 60er, Anfang der 70er Jahre.

Eine andere Quelle für unsere heutige Schule ist die protestantische Kirche. Die Gläubigen sollten nicht nur in der Messe die Botschaft Gottes vernehmen, sondern selbst in der Lage sein, die Heilige Schrift zu studieren. Dafür war lesen und schreiben zu können Grundbedingung. Man war der Meinung, die Zöglinge lernten am besten durch Wissensvermittlung von oben nach unten. Zweihundert, dreihundert Jahre später stand in den meisten unserer Klassenzimmer noch immer ein Katheder – der hölzerne Kasten, auf dem hinter einem Pult in gehörigem Abstand zur Klasse der Lehrer thronte.

Die meisten Schulen, Kindergärten, selbst manche Spielplätze waren in den 50er und 60er Jahren konfessionell gebunden. Die

1958 DDR: Abschaffung der Lebensmittelmarken. +++ Mehr und mehr Bauern fliehen in den Westen, Druck zur Kollektivierung in DDR wächst. DDR baut Grenzsperren weiter aus. +++ Abnahme im deutsch-deutschen Reiseverkehr um fast 400 000 Anträge im Juli (im Vergleich zum Vorjahr). +++ V. Parteitag der SED. Parteiführung erklärt, dass bis 1961 der Lebensstandard der Bundesrepublik übertroffen werde. +++ Chruschtschow fordert entmilitarisierte »Freie Stadt Berlin« und löst Berlin-Krise aus. +++ Bundestag beschließt Bewaffnung der Bundeswehr mit Atomwaffen im Rahmen der NATO, falls es nicht zu einer allgemeinen Abrüstungsvereinbarung kommt. +++ »Kampf dem Atomtod«: Massendemonstrationen in Deutschland gegen Ausstattung der Bundeswehr mit Atomwaffen. +++ Ludwigsburg: »Zentrale Stelle der Landesjustizverwaltungen zur Aufklärung nationalsozialistischer Verbrechen« wird gegründet. +++ Straßburg: Konstituierung des Europäischen Parlaments als gemeinsames Organ von Montanunion, EWG und Europäischer Atomgemeinschaft. +++ Ministerium für Kultur (DDR) befiehlt Kampf gegen »westliche Dekadenz« in Tanz- und Unterhaltungsmusik der DDR. 60 Prozent aller öffentlich gespielten Musik muss aus sozialistischen Ländern kommen. +++ USA bringen ersten Satelliten »Explorer 1« in Erdumlaufbahn. +++ Fernsehen West: Start der Krimiserie ›Stahlnetz‹. +++ Kino West: ›Wir Wunderkinder‹ (von Kurt Hoffmann mit Wolfgang Neuss u. v. a.), ›Es geschah am hellichten Tag‹ (Drehbuch Friedrich Dürrenmatt, mit Gert Fröbe und Heinz Rühmann), ›Dracula‹ (mit Christopher Lee) und Charlie Chaplins ›Der große Diktator‹. +++ Günter Grass erhält für erste Kapitel seines Romans ›Die Blechtrommel‹ einen Preis der »Gruppe 47«. +++ Wolf Vostell veranstaltet in Paris erstes Straßenhappening. +++ Elvis Presley wird als GI in Friedberg/Hessen stationiert. +++ Ehe von Soraya und Schah Reza Pahlewi wird wegen Kinderlosigkeit geschieden – größtes Mitgefühl der Deutschen für »Prinzessin mit den traurigen Augen«.

Katholischen machten um die Evangelischen einen Bogen und die wiederum hatten für die Katholiken nur Verachtung übrig. Glaubenskriege, die unkriegerisch, aber akribisch die Kinderwelten, die Dörfer spalteten.

In meiner frühen Schulzeit hießen die Herbstferien noch Kartoffelferien und erinnerten an andere als die schulischen Belange. Wenn der familiäre oder landwirtschaftliche Betrieb es verlangte, wurden die Schüler selbstverständlich vom Unterricht freigestellt. In der staatswirtschaftlichen Organisation DDR wurde das von Erwachsenen und Kindern noch bis zum Ende der 60er Jahre erwartet.

Viele Familien konnten sich eine teure Ausbildung für ihre Kinder nicht leisten. Die meisten Jungen wechselten noch während des ganzen Jahrzehnts nach der Volksschule in eine Lehre und mussten einen Teil ihres Lohns zu Hause abliefern. Und für Mädchen bildete die höhere Schule in manchen Gegenden noch bis Anfang der 60er Jahre die große Ausnahme. Ein Studium war nur unter großen finanziellen Belastungen möglich.

Aufruf zur Feldarbeit per Postkarte in der DDR

MARIANNE TROLL

Das brauchen wir nicht
Wir haben geistige Werte

Auf mir als erstem Kind von vier geplanten Geschwistern lagen die höchsten, noch nicht von Erfahrung geschmälerten Erwartungen und Hoffnungen meiner Eltern. Ich war gewünscht, auch willkommen, aber ich machte nichts richtig. Ich wurde erzogen. Das war not-wendig im Wortsinn. »Willst du wohl lieb sein!«, lautete ein häufig gehörter Befehl in meiner Kleinkinddressur, der zwei Erziehungsziele kombinierte: dass ich lieb, also gehorsam sein sollte und dass ich es selber sein wollen sollte. Die wichtigste elterliche Pflicht hieß Erziehung, und damit war in unserer Familie die absolute Gestaltungshoheit über das Leben von Kindern gemeint. Kontrolle und Verfügungsgewalt waren nach Möglichkeit lückenlos und reichten bis in winzigste Details. Strafen durch Schläge, Hausarrest, Verpflichtung zu unangenehmen Arbeiten, Entzug geliebter Nahrungsmittel waren geboten. Aus Kindern, die nicht bestraft wurden, konnte nichts Rechtes werden. Stillen nach der Uhr, unendliche Topfsitzungen: Wir konnten gar nicht früh genug damit anfangen, Disziplin und Ordnung zu lernen. Der Teller wurde leer gegessen, und wenn ich drei geschlagene Stunden mit voll gestopften Backen, ohne zu kauen, geschweige denn zu schlucken, vor meinem Rübenkraut-Schwarzbrot am Frühstückstisch saß.

Als kleines Mädchen begehrte ich nicht auf, weil ich damit niemals erfolgreich sein konnte. Ich selber fand mich meistens brav. Ich war gerne brav. Ich wollte es auch wirklich sein. Abends fragte ich meine Eltern: »War ich heute lieb?« Vorm Einschlafen betete ich darum, am nächsten Tag wieder brav zu sein. Wenn ich nicht brav war, schämte ich mich und versprach, »es« nie wieder zu tun. Aber jedes Vergehen wog gleich schwer. Ob ich Zucker aus der Dose naschte, mich vor der quabbeligen Dickmilch mit Zimt ekelte oder meinem kleinen Bruder insgeheim den Tod wünschte — nichts blieb unentdeckt, und alles hatte Folgen. Am spuckenassen Löffel überführte mich der klebende Zucker. Für das Leugnen setzte es Schläge auf den Po, für den Zuckerdiebstahl Schmalzbrot zum Frühstück, das ich noch weniger mochte als Rübenkraut. Ekel vor nahrhaftem Essen wurde mir mit ganz viel von diesem Essen abgewöhnt. Ich war sicher, meine Mutter sieht alles und weiß alles, sogar, was ich denke. Ich hatte das verschiedentlich überprüft. Weil sie zum Mittagsschlaf so lange an meinem Bett sitzen blieb, bis ich einschlief, schloss ich die Augen und sah mich, wie ich schlafe, aber sie durchschaute meine geschlossenen Lider und ging nicht aus dem Zimmer. Den Klumpen Kuchenteig, den ich zum Essen bekommen hatte, aber lieber zum Kneten und Matschen benutzen wollte, holte ich erst ganz hinten im dunklen Flur, wo mich niemand sehen konnte, aus dem Mund. Doch prompt kam aus der Küche die gerufene Aufforderung, ihn gleich wieder rein zu stecken.

Abends kam mein Vater, er war Chemiker in einem Reinigungsmittelwerk, mit seiner Aktentasche von der Arbeit. Er nannte mich manchmal Mäxchen, als wenn ich ein Junge wäre, was mich stolz machte. Nach der Geburt meines Bruders brachte er in dieser Aktentasche eine rote, in Kristallzucker gewälzte Marzipanerdbeere mit grünem Papierstielchen für mich mit. Die erschien mir so kostbar, dass ich sie nie, nie aufessen, sondern für immer aufbewahren wollte. Nur ein ganz kleines Stückchen wollte ich probieren, dann legte ich die Erdbeere wieder auf die Küchenfensterbank. Bis zum Schlafengehen hatte ich die seltene Frucht bis auf ein ganz kleines Stückchen probiert, und das schenkte ich meinem Vater zurück. Denn wenn ich etwas geschenkt bekommen hatte, sollte ich es mit anderen teilen.

Sonntags und abends spielte mein Vater mit uns, wenn er Lust hatte. Wir gingen in den Grafenberger Wald, Eichhörnchen beobachten, oder an den Hofgarten-Weiher zum Entenfüttern. Wir tobten vorm Schlafengehen durch die Betten, was meine Mutter nicht ausstehen konnte, und turnten akrobatisch auf dem Wohnzimmerteppich oder auf Sommerwiesen. Dabei durften wir nackt sein. Bis zur Grundschulzeit fühlte ich mich damit großartig. Nackt auf und ab hopsen war wie fliegen. Wir wollten auch immer gekitzelt werden, und mein Vater schien selber großen Spaß daran zu haben. Aber wir konnten das Spiel nie umdrehen oder zu unseren Bedingungen beenden. Wir durften ihn nicht kitzeln, und er hörte nicht auf, wenn wir genug hatten. Am Ende weinte mindestens einer von uns, meine Mutter schimpfte, und mein Vater verzog sich. Wir waren ja Spielverderber!

Die Arbeitsteilung zwischen meinen Eltern war auch in jeder anderen Beziehung streng traditionell, nicht nur beim Spielen, das meine Mutter nicht gern mochte und nicht konnte. Später hörte ich sie oft sagen: »Dafür bin ich nicht zuständig.« Zuständig war sie für das Versorgen mit Essen, für Sauberkeit, für Erziehung. Sie erzog uns nach evangelischen Regeln, obwohl sie bis zu ihrer Heirat gläubige Katholikin gewesen war. Mein Vater hatte ihren Wechsel zum Protestantismus zur Bedingung für die Heirat gemacht. Wenn meine Mutter von diesem Handel erzählte, klang es nach Erpressung. Mein Vater wollte keine katholische Enge in seiner Familie und hatte freizügige Ideale für sein Leben, die zumindest theoretisch auch für seine Kinder gelten sollten. In unserem Alltag blitzten die nur hin und wieder mal auf, wie in der Freiheit, nackt zu sein. In Wahrheit musste er sich selbst dazu überwinden, je älter und gehemmter wir wurden. Das Abschließen von Türen, auch der Klo- und Badezimmertüren, war verboten, uns dort nackt zu bewegen, wurde angeordnet. Wir spürten immer die Mühe, die es beiden bereitete, schamlos zu sein, und je älter wir wurden, desto peinlicher waren uns unsere nackten Eltern im Bad und unsere eigene Nacktheit. Sich daraus ergebende Themen und Fragen waren in dieser von geleugneten Schamgefühlen bestimmten Atmosphäre nicht ansprechbar.

Als Kleinkind erlebte ich es als selbstverständlich, dass ich bei jedem Schritt an Grenzen stieß. Mit dem Erscheinen meines ersten Geschwisters änderte sich mein Gefühl dieser universellen Begrenztheit. Ich verglich meine Möglichkeiten mit denen meines Baby-Bruders und wollte mich in meinem eigenen Rhythmus bewegen, meine Schritte selbst bestimmen, und mit diesem Wunsch geriet ich sogleich mit meiner Mutter über Kreuz. Nicht freier sollte ich sein, sondern vernünftiger, sollte mich zurücknehmen, großzügig über Einschränkungen und Übergriffe hinwegsehen, die mir durch meinen kleinen Bruder zugemutet wurden und möglichst keine Mühe mehr machen. Das war die einzige erlaubte und erwartete Selbstständigkeit. Meine Grenzen blieben dieselben wie bisher: tun, was man mir sagte, reden, wenn ich gefragt wurde, Kinder sollte man sehen, nicht hören. Ich zog mich also selber an, aß manierlich, was mir vorgesetzt wurde, duschte abends kalt wegen der Abhärtung und ging aufs Klo, jedenfalls meistens. Dass ich hin und wieder auf meinen rollenden Hund »Fox« pinkelte, blieb mein erstes erfolgreiches Geheimnis, obwohl er höllisch gestunken haben muss.

Zu meinem Glück kam ich mit gut zwei Jahren — Aufnahmekriterium war vor dem Alter das »Saubersein« — in den Kindergarten. Er war katholisch und von Nonnen geführt, es war kein anderer in Fahrrad-Reichweite. Dort gefiel es mir außerordentlich gut. Ich war überwältigt von der unerschöpflichen Vielfalt an Spiel-, Bastel- und Gemeinschaftsangeboten. Darauf durften wir Kinder natürlich nicht selbstständig und nach Belieben zugreifen, aber ich war daran gewöhnt, immer an alles herangeführt, zu allem aufgefordert zu werden und selbstverständlich ja dazu zu sagen. Leider gelang es mir trotz heftiger Bemühungen nicht, Fehler zu vermeiden. Ich ertränkte mein Blumenkörbchen aus buntem Papier in Klebstoff und trank das Wasser in den Flöten-Vögelchen aus, anstatt kleine gurgelnde Triller damit zu musizieren. Dann fürchtete ich, nicht mehr wiederkommen zu dürfen. Ich war gehorsam und eckte kaum an, schon gar nicht, wenn ich mich ausnahmsweise an katholisch-religiösen Verrichtungen beteiligen durfte — obwohl ich evangelisch war. Ich liebte Schwester Maria Hildburg, deren schwarzer Nonnenhabit mit weißer Schürze immer so gut nach frischer Wäsche roch, weshalb ich sie oft und gern umarmte. Sie interpretierte meinen eingestandenen Wunsch, lieber katholisch sein zu wollen, fälschlich als religiös motiviert, und das rührte sie zu besonderer Fürsorge für mich armes Heidenkind. Ich sang vierjährig das ergreifende Lied »Maria breit den Mantel aus« mit solcher Inbrunst, dass mir die

Tränen kamen. Nur meine Mutter reagierte mir absolut unverständlich sehr ärgerlich, als sie von der Nonne über meine »Frömmigkeit« aufgeklärt wurde.

1. Volksschulklasse von Marianne (vorletzte Reihe, 2. v. r.)

Die traditionelle Rollenverteilung meiner Eltern spiegelte sich in strenger Arbeitsteilung wider. Geldverdienen und Spaßhaben war den Männern, so auch unserem Vater vorbehalten. Das mit dem Geldverdienen wunderte uns nicht weiter, wer sollte denn einer Frau Geld fürs Kinderversorgen und Essenkochen geben, wir Kinder hatten ja keins. Sein reglementierendes Eingreifen war vor allem Grenzziehung, wenn seine Bequemlichkeit oder seine Autorität durch unser Verhalten unmittelbar tangiert waren. Seine gelegentlichen Versuche, mir Mathematik zu erklären, mussten daher auch scheitern. Seine notorische Ungeduld und meine Blockierung mündeten auf schnellstem Weg in einen Zornesausbruch auf seiner und verzweifelte Tränen auf meiner Seite. Wenn er uns ohrfeigte, rausschickte, anbrüllte, gab er dazu weiter keine Erklärungen oder Begründungen. Wir sollten einfach tun, was er uns sagte. Wie sehr ich nach Begründungen hungerte, sehe ich daran, wie ich die wenigen ausdrücklichen geschmacks- und moralbildenden Interventionen meines Vaters, an die ich mich erinnere, in das Gold der »einzigartigen, wahrhaften Erinnerung« gefasst habe. Er wies bei einem Waldausflug auf verschieden schattierte Laubbäume und den Sommerhimmel hin und überzeugte mich davon, dass Blau mit Grün eine der schönsten Farbkombinationen sei, die er kenne — entgegen der mir vertrauten Kleidungs-Vorschrift, niemals blau und grün zusammen anzuziehen. Eine andere Preziose ist seine Antwort auf meine Frage als fünfjähriges Kindergartenkind, während wir Hand in Hand zum Schwimmbad gingen. Ich wollte wissen, warum man nicht lügen darf, und er sagte: »Man darf nie jemanden anlügen, den man lieb hat, sonst glaubt der einem später nicht mehr, auch wenn man die Wahrheit sagt.« Dabei bog mein Vater sich die Wahrheit zurecht, wie er sie brauchte, und ich wusste das auch als Fünfjährige schon ganz gut. Aber die Begründung war überzeugend, und die Einschränkung auf die, die man lieb hat, schloss mich ja nicht aus, bedrohte mich daher auch nicht. Der Umkehrschluss war auch sehr hilfreich: Er hatte mich lieb, und wenn ich ihm glaubte, konnte er nicht gelogen haben.

Die alltägliche »Kinderarbeit« fiel also in die Zuständigkeit unserer Mutter. Sie hatte im Gegensatz zu unserem Vater wenig Spaß, jedenfalls sahen wir davon nicht viel. Dass sie eigenes Vergnügen, Freizeitnischen, selbstständige Freuden gehabt hätte, habe ich nie erlebt, als wir klein waren. Zum Lesen nahm sie sich keine Zeit. Zum Spielen mit uns auch nicht, konnte es auch kaum als eine Möglichkeit zum Kontakt mit Kindern annehmen. Damit geht es mir heute ähnlich: Spielen macht mir keinen Spaß, ich finde es langweilig. Ausnahmen waren das Singen von Gutenachtliedern und das Vorlesen vor dem Schlafengehen, aber auch das delegierte sie gern an unseren Vater, wenn es irgendwie ging. Sie nahm ihre Pflichten über die Maßen ernst und genau, erlaubte sich keine Nachlässigkeit, vermied Fehler und Regelaufweichungen und legte diesen strengen Maßstab auch an uns Kinder an. Wir konnten diesen Ansprüchen nicht genügen. Ich war als ihr erstes Kind ohne Vergleichsmaßstäbe noch so willfährig, unterordnungsbereit und beeindruckbar, dass ich die Anforderungen selten in Frage stellte und auch auf Schläge nur mit Angst, nicht mit Widerstand und Flucht reagierte, sondern still hielt, damit es schnell vorbei war. Die Demütigung, die ich empfand, erweiterte ich auch auf meine Mutter. Ich schämte mich für sie, dass sie mich schlug. Mein Bruder war viel mutiger als ich, riskierte Strafen und folgte seinen natürlichen Instinkten, wenn es irgend möglich war, indem er davonlief. Meine Mutter vertrat lange Zeit: »Schläge gehören zur Erziehung. Es fällt uns schwer, euch zu schlagen, aber es ist unsere Pflicht. Aus Kindern, die nicht geschlagen werden, werden Verbrecher.« Ich war vor allem gehorsam. Wenn wir uns über prügelnde Lehrer empörten, sagte sie, »die wissen sich nicht anders zu helfen«.

Auch wenn unsere Eltern mit ihren Erziehungsprinzipien und -zielen sicher für die 50er und 60er Jahre repräsentativ waren — bei uns wurde immer noch ein bisschen genauer kontrolliert, ein bisschen strenger erzogen, ein bisschen unerbittlicher gestraft. Sie waren der Überzeugung, dass alle Senderechte auf ihrer Seite lagen. Wir waren ausschließlich Empfänger, und es bekam uns nicht gut, wenn wir das gelegentlich in einer übermütigen Situation vergaßen. Wir wurden selbstverständlich ausgeschimpft, auch beschimpft und mit Spottnamen bedacht und kritisiert, in Gesprächen mit anderen Erwachsenen wurde über uns berichtet — alles ganz normal, aber kein Verhalten, das uns zustand. Unsere Anrede für die Eltern war »Mama« und »Papa«, jede andere Benamsung galt als respektlos oder, wie »Mutti« und »Vati«, als lächerlich. Persönliche Grundsätze unserer Mutter entsprachen ihren pädagogischen Kernsätzen, die lauteten »Erst die Arbeit, dann das Vergnügen.« »Hast du nichts mehr zu tun?« »Das bleibt in der Familie, das gehört nicht nach draußen!«

Unser Vater hat uns andere Möglichkeiten, andere Freiheiten vorgelebt. Die galten ausdrücklich nicht für uns. Sie prägten uns aber im Verborgenen und hatten insgeheim Vorbildcharakter, waren sie doch eindeutig attraktiver. Er definierte unsere und seine Lebensqualität. Er hatte jedes Recht, das er sich nahm. Er konnte tun, was ihm beliebte, und sich der häuslichen Kontrolle und Enge jederzeit entziehen. Für uns kam eine echte, eigene Wahl zwischen zwei oder mehreren Möglichkeiten im Erziehungskonzept unserer Eltern nicht vor. Aber beide Vorbilder haben mich als Kind geformt wie die zwei verschiedenen Hälften des Metallmodels den Teig, aus dem unser Osterlamm gebacken wurde. Heute kann ich diese Prinzipien als Maßstab für Handeln entweder akzeptieren oder verwerfen und mir weitere Möglichkeiten dazu aussuchen. Wirklich unabhängig davon verhalten kann ich mich vermutlich nie.

EVA ZIEBERTZ

Mädchen, die pfeifen, und Hühnern, die krähn, denen soll man beizeiten die Hälse umdrehn

Ich war ein fröhliches Kind. Bei uns wurde viel gesungen, Instrumente gespielt, Musik gemacht. Deshalb war es mir auch wichtig, so früh wie möglich pfeifen zu lernen. Nicht auf zwei Fingern, das habe ich zu meinem großen Leidwesen nie gelernt, sondern richtig Melodien pfeifen. Und als ich das endlich konnte und es voller Stolz meinen Großmüttern vorführte, klatschte die Mutter meines Vaters und summte das betreffende Lied mit. Die Mutter meiner Mutter sagte nur: »Mädchen, die pfeifen, und Hühnern, die krähn, denen soll man beizeiten die Hälse umdrehn.« Ich habe das nicht verstanden, ich habe nur mitgekriegt, dass das Pfeifen meiner Großmutter überhaupt nicht zusagte, und fand das ziemlich unfair. Belastet hat es mich nicht, konnten wir uns doch immer aussuchen, was wir bei wem machten und wo wir uns für unsere Fähigkeiten Lorbeeren abholten. Wir lernten dadurch sehr genau einteilen: das für den und jenes für die, das eine unterlassen bei der Oma und das andere bei der Tante.

Das meiste durften wir bei unserer Oma mütterlicherseits nicht: am Essenstisch reden, dazwischen quatschen, wenn Erwachsene sich unterhielten, breitbeinig oder mit übereinander geschlagenen Beinen sitzen, Widerworte geben, Fingernägel sauber machen – »Wenn du denkst, du bist allein, mache dir die Nägel rein.« Schmutzige Fingernägel waren natürlich noch viel schlimmer, ließen sich aber nicht vermeiden bei einem Hof aus gestampfter Erde und einem kohlestaubbedeckten Weg hinter den Häusern.

Schlimm wurde es nur, wenn sich alle einig waren. »Sei wie das Veilchen im Moose, sittsam bescheiden und rein, nicht wie die stolze Rose, die immer bewundert will sein.« Bekam ich jedes Mal zu hören, wenn ich dabei ertappt wurde, wie ich vor dem Spiegel stand, wenn ich stolz auf etwas war, wenn ich mehr als andere wusste und es auch sagte, oder wenn ich mich über ein neues – nicht bereits getragenes – Kleid freute, wie schrecklich ich auch immer darin aussehen mochte. Oder wenn ich andere daran zu erinnern wagte, dass ich Geburtstag hatte ... »Nur eitle Mädchen schauen in den Spiegel.« Und eitel sein lag direkt neben der Hölle und gehörte mit Sicherheit zu den Todsünden, auch wenn ich natürlich mitbekam, wie lange alle Frauen brauchten, um sich zurechtzumachen, und sei es auch nur um in die Kirche zu gehen.

Es hat bis zu meinem vierzigsten Geburtstag gedauert, bis ich mir klar machen konnte, wie ich wirklich aussehe, was mir steht, was mir nicht steht, welche Kleidung ich an mir mag und welches Make-up. Das lag natürlich auch daran, dass ich als Kind und Jugendliche nie eine Auswahl hatte. Es gab nur Sachen, die von Cousinen oder Tanten geschenkt oder von einer der vielen Schneiderinnentanten genäht wurden, wobei auch die Stoffe immer schon irgendwie da waren: aus alten Kleidern oder vermutlich irgendwo aus dem Sonderangebot.

Zu Hause trugen wir alle Lederhosen, die ganze Grundschulzeit hindurch. Das heißt, wenn wir von der Schule nach Hause kamen, zogen wir uns selbstverständlich um und die Lederhosen an. Was ja auch ganz praktisch war. Zum einen konnten wir sie wirklich kaum schmutzig machen, zum andern wurden sie durch die ganze Familie weitergegeben. Alle hatten Lederhosen, im Sommer kurze, im Winter lange. Und das waren nicht so schöne weiche Ziegenlederhosen, wie es sie heute gibt. Sie waren schwarz und robust, mit Trägerteil zum sicheren Sitz und Bändern an den Beinen zum Festzurren. Allenfalls hatten sie eine kleine grüne Bordüre am Träger.

Ich weiß noch genau, wie stolz ich auf meine erste rote Lederhose war, deren Trägerteil in Herzchenform geschnitten und mit weißen Punkten besetzt war. Die war so schick, dass ich sie sogar in die Schule angezogen habe und das im vierten Schuljahr. Ich hatte sie von einer Schwester meiner Mutter, die in dem Jahr geheiratet hatte. Und zwar einen Mann, der ziemlich viel Geld hatte. Das war das erste Mal, dass jemand richtig Geld hatte in der Familie. Diese Tante war die Patin meiner Schwester und ab ihrer Heirat hat sie das Einkleiden und alles Notwendige für die Schule für ihr Patenkind komplett übernommen. Manchmal fiel dann auch für mich etwas ab, wie eben diese rote Lederhose. Helfen mussten wir alle im Haushalt, aber ich als ältestes Mädchen am meisten. Auch wurde bei den Jungen nicht so genau darauf geachtet, ob sie ihre Aufgaben denn wirklich erledigten. Mein älterer Bruder zum Beispiel besorgte seine Sachen nie oder so schlampig, dass wir mehr Arbeit hatten, hinterher alles wieder in Ordnung zu bringen, als wenn wir es gleich selbst gemacht hätten. Mir dagegen wurde nicht verziehen, wenn ich das Geschirr nicht weggespült hatte, es blieb einfach stehen und das neue kam dazu. Oft hat meine Mutter auch gespült und ich abgetrocknet. Ich kam nie nach, immer war sie viel schneller als ich. Mit meiner Mutter zusammen machte das Spülen meistens Spaß, denn wir haben dabei fast immer gesungen: ›Wenn alle Brünnlein fließen‹, ›Horch, was kommt von draußen rein‹, ›Lustig ist das Zigeunerleben‹ ... Ich kann heute noch alle Strophen auswendig, auch oder gerade die selbst getexteten aus der Region wie »ein solches Mädchen find'st du nur, bei uns am Niederrhein« anstatt: »ein solches Mädel find'st du nur wohl unterm Sonnenschein«. Mir ist der Unterschied erst aufgefallen, als ich bei den Georgspfadfinderinnen mit Mädchen aus anderen Städten zusammentraf und die einen anderen Text sangen.

Spülen, aufräumen, auf die kleinen Geschwister aufpassen, für die Großmütter einkaufen gehen, Omas Küche, Flur und Badezimmer putzen, Müll wegbringen, den Hof harken, samstags die Straße fegen, alles das war völlig selbstverständlich und meine Arbeit. Ebenso selbstverständlich war, dass ich allen Cousinen und Cousins, falls nötig, bei den Hausaufgaben half oder ihnen Nachhilfe erteilte. Wozu ging ich schließlich aufs Gymnasium? Da spielte es dann keine Rolle mehr, dass das ja eigentlich absolut überflüssig und nur ein Spleen meiner Eltern war. Aber ich hatte nicht das Gefühl, übermäßig viel zu arbeiten. Meine Freundin im Nachbarhaus musste noch mehr arbeiten. Oft half ich ihr noch, damit wir überhaupt Zeit zum Spielen fanden. Sie hatte keine Großtante, die selbstverständlich die tägliche Portion Kartoffeln für die gesamte Familie schälte, die Schuhe putzte und Ähnliches, was sie noch konnte in ihrem hohen Alter.

Kartoffeln schälen musste ich nur in der Zeit, in der diese Großtante im Sterben lag. Wochenlang schlichen wir auf Zehenspitzen an ihrem Zimmer unten neben der Eingangstüre vorbei, minderten selbstverständlich die Lautstärke unserer Auseinandersetzungen, denn Tante war krank und würde sterben. Das wussten wir und es war uns nicht fremd. Tante Mine starb zu Hause ebenso wie meine beiden Großmütter. Das gehörte selbstverständlich dazu, die Pflege zu Hause und das Sterben. Das Aufbahren im eigenen Zimmer, die Nachbarn, die zum Rosenkranzbeten kamen, die Blumen, die wir jeden Tag frisch in den Wiesen pflückten und um den Sarg stellten, das Einsargen und die Männer aus der Nachbarschaft, die den Sarg zur Beerdigung abholten und auch auf dem Friedhof trugen. Mit weißen Handschuhen, die eigentlich mit ins Grab gehörten, aber doch wieder mitgenommen und gewaschen wurden, weil es zu teuer war, jedes Mal neue zu kaufen.

Was ich wirklich hasste, war die Arbeit in unserem großen Garten, einem Schrebergarten, zu dem wir Eimer, Schaufeln, Gießkannen immer mitnehmen mussten. Der große Garten machte uns mitsamt den Tieren auf dem Hof quasi zu Selbstversorgern: Kartoffeln, Gemüse, Obst, aber auch Erdbeeren und Spargel, alles wuchs und gedieh und musste sauber gehalten und geerntet werden. Das bedeutete immer Arbeit in der Hocke oder gebückt, Reihe für Reihe Unkraut jäten oder abernten und nur ja nichts vergessen. Wie endlos lang waren die Reihen.

Spaß dagegen machte das gemeinsame Vorbereiten der Lebensmittel zum Einkochen. Alle saßen zusammen in Omas großer Küche unten: meine Großmutter, meine Großtante, meine Tante, meine Mutter, meine Schwester und oft genug noch die eine oder andere Schwester meiner Mutter. Ob Johannisbeeren abgezogen, Bohnen geschnippelt oder Erbsen »gedöppt« werden mussten, immer waren die riesigen Wannen und Körbe schneller leer, als wir vermutet hatten, und immer verging die Zeit mit Singen, Erzählen, Lachen wie im Fluge. Manches Mal haben wir uns in den Finger geschnitten, wurden verarztet mit dem Kleinkindgesang: »Heile, heile Gänschen, wird alles wieder gut, heile, heile Mausespeck, in hundert

Jahren ist alles weg«, auch als wir längst viel zu groß dafür waren, aber niemand mochte das Ritual missen. Eingekocht haben dann die Erwachsenen, das war für uns zu heiß, zu gefährlich und der entweichende Druck aus dem Einkochkessel machte mir lange Angst.

ULRIKE SPECKMANN

Kinder, die was wollen, die kriegen was auf die Bollen

Dieser Reim hatte einen tiefen Wahrheitsgehalt, denn ein eigenständiges, eigensinniges Kind galt als schlecht erzogen und wurde streng gemaßregelt. Kinder sagten nicht »Ich will«, sondern »Ich möchte bitte« und grundsätzlich hatten Kinder wenig zu wollen. Wenn ich als Kleinkind in irgendeiner Sache nicht nachgeben wollte, ging meine Mutter mit mir zum Fenster und sagte: »So, jetzt werfen wir mal das Böckchen zum Fenster raus«, da sah ich es dann fortfliegen und gab nach.

Der ›Struwwelpeter‹ war ein sehr beliebtes Kinderbuch, das sich in jedem Haushalt fand, in dem Kinder erzogen wurden. Die fatalen Folgen kindlichen Fehlverhaltens werden dort bunt bebildert und drastisch vorgeführt, ›Der Suppenkaspar‹, der die Suppe nicht essen mochte, wird fadendünn und stirbt, ›HansguckindieLuft‹, der Träumer, fällt ins Wasser und ertrinkt, der ›Fliegende Robert‹ schwebt mit dem Schirm weit in die Welt und findet nicht mehr zurück, Paulinchen bleibt allein zu Haus, fängt an zu zündeln und muss elendig verbrennen, der ›Zappelphilip‹ reißt das Tischtuch herunter und stürzt mitsamt Tisch und Stuhl zu Boden, »und die Mutter blicket stumm, auf dem ganzen Tisch herum«, Max und Moritz werden vom Müller zu Schrot gemahlen. Das war deutlich.

Mädchen hatten hübsch und niedlich zu sein, Jungen waren kleine Kavaliere. »Gib das schöne Händchen«, die Jungen machten einen »Diener« zur Begrüßung, die Mädchen einen »Knicks«. Vorlaut und altklug zu sein war verpönt. »Sprich nur, wenn du gefragt wirst.« »Quod licet iovi, non licet bovi« war die Antwort auf empörte Einwände wie: »Aber du hast doch auch...« Der Ochse war ich, in jedem Fall. Es war irgendwie tabu, beim Grübeln erwischt zu werden. Man musste immer in Aktion sein, beschäftigt sein, »Was sitzt du herum, hast du nichts zu tun?« Stimmungen, Probleme, Befindlichkeiten oder gar Launen waren nicht der Rede wert: »Man trägt seine Gefühle nicht spazieren.«

»Zeige mir deine Freunde, und ich sage dir wer du bist«, das war eine goldene Regel zu Freundschaften und Vorlieben, die nicht in die Vorstellungen der Eltern passten. Wer schlechte Freunde hat, ist selbst nichts wert. »So kannst du mit deinesgleichen reden, nicht mit uns.« Meinesgleichen, das waren andere Kinder, andere Jugendliche, jedenfalls solche, deren Wert weit unter dem der Eltern lag. Lange zerbrach ich mir den Kopf darüber, was an den anderen und an mir wohl schlechter sei als an den Eltern, warum wir nicht gleich waren.

»Aber das ist doch meins!« — »Mach die Augen zu, was du dann siehst, das ist deins.« Das klang in meinen Ohren wie: dir gehört nichts, du kannst auf nichts Anspruch erheben, wir haben alles in der Hand, dein Einwand zählt nichts, du zählst nicht. Dieses Gefälle, dieser Unterschied zwischen den Generationen galt als selbstverständlich, war nicht zu hinterfragen und führte zu einer geringschätzigen Haltung gegenüber Kindern. Gehorchen war das Schlüsselwort.

Oft dachte ich, aber die Erwachsenen waren doch auch mal Kinder, waren sie da auch weniger wert? Wann wird sich das umkehren? An welchem Punkt werde ich auch so viel wert sein wie die Erwachsenen? Was muss ich tun? Ich erlebte meine Gefühle, Empfindungen, Zu- und Abneigungen als eine zu vernachlässigende Größe. Das war nicht so wichtig, darüber wurde hinweggegangen. Ich wurde nicht gefragt und nicht gehört, sondern es wurde mir versichert, so wie wir — die Eltern — das sehen, ist es richtig. Anders kann man das nicht sehen, andere Ansichten gelten nicht.

Als junge Frau setzte ich diese Geringschätzung meiner inneren Stimme fort. Ich achtete selten auf das, was ich empfand, sondern handelte und entschied sehr stark nach von außen gegebenen Bedingungen. Auch wenn meine innere Stimme mich vor Entscheidungen warnte, hörte ich sie nicht. Ich übertönte sie mit Vernunftargumenten, Pflichtgefühlen und Angst vor Ablehnung. Es kostete mich viele Jahre und sehr viel Mühe, diese innere Stimme schätzen zu lernen, sie deutlich wahrzunehmen, ihr zu vertrauen.

Ulrike Speckmann mit Mutter und Großmutter

Genau das aber ist aus meiner Sicht der Unterschied zur Erziehung heute. Unsere Kinder werden gehört. Wir nehmen sie ernst und versuchen, ihnen entgegen zu kommen, soweit das möglich ist. Es gilt nicht, einem Ideal nachzustreben, das theoretischer und zukünftiger Natur ist, sondern die vorhandenen Gegebenheiten, die Talente, Interessen und Stärken der Kinder möglichst ideal zu entwickeln und auszuformen.

CLAUDIA DAHLKE

Ein Klaps auf den Hintern hat noch keinem geschadet

Um die Erziehung wurde nicht viel Gewese gemacht. Vieles war einfach so und wurde so gehalten, weil es sich so gehörte. »Das gehört sich nicht« war ein Standardsatz, der auch nicht zu hinterfragen war. Wenn Erwachsene reden, den Mund halten, bis man gefragt wird. Es wird gegessen, was auf den Tisch kommt. Gerade sitzen, ordentlich lernen, in der Schule nicht auffallen, die Leute grüßen und so weiter. Für die Erziehung waren überwiegend die Frauen zuständig. Die Männer hatten das Geld zu verdienen und wurden vom Alltagskram verschont. Jedenfalls war das bei uns so. Mutter verwaltete auch das Geld. Mein Vater wurde nur in die Erziehung einbezogen, wenn es brenzlig wurde. »Das erzähle ich heute abend aber Vati.« Dann kriegten wir es schon mit der Angst zu tun, obwohl meist nichts passierte. Vater schloss sich in der Regel Mutters Meinung an und war froh, wenn er in Ruhe seine Zeitung lesen konnte.

Da sich die Väter in ihrer Rolle sehr zurücknahmen, war es für uns um so eindrucksvoller, wenn sie mal heraustraten. So erinnere ich mich an meinen ersten Kinobesuch mit meinem Vater im so genannten »Flohkino«, an den Film allerdings nicht mehr. »Flohkino«, weil es uralte Polstersessel hatte, auf denen man angeblich von Flöhen gebissen wurde.

Mein Vater war Biologe und arbeitete in einem Institut für Medizinische Mikrobiologie, das sich mit Forschung, Lehre und Diagnostik beschäftigte. Manchmal hatte er sonntags Dienst in seinem Institut, dann durften wir Kinder ihn nach dem Kirchgang dort abholen. Wenn er noch etwas zu erledigen hatte, stöberten wir überall herum und waren ganz glücklich dabei. Besonders gern sind wir in den Tierstall gegangen, wo Meerschweinchen, Mäuse und Kaninchen für Versuchszwecke gehalten wurden.

Sicher waren wir pflegeleichte Kinder. Weder in der Schule noch sonst gab es größere Probleme. Ich wurde jedoch oft wegen meiner schlechten Schrift kritisiert. Tatsächlich hatte ich von Anfang an Probleme mit dem so genannten sauberen Schreiben. Im ersten Schuljahr brauchte ich alle paar Wochen einen neuen Füllhalter, weil ich die Federn immer verbog. Einmal, als unter einer Arbeit von mir wieder ein entsprechender Text zu lesen war, wurde es meinem Vater doch zu bunt und er verkündete, ab sofort jeden Sonntag zwei Stunden Schönschrift mit mir üben zu wollen. Das hat er jedoch nur einen Sonntag durchgehalten. Außerdem war ich da schon im achten Schuljahr und es war sowieso alles zu spät. Dazu kommt, dass mein Vater selber eine Handschrift hatte, die außer ihm kaum jemand lesen konnte.

In den 50er und 60er Jahren war es noch nicht anstößig, Kinder zu schlagen. Ohrfeigen wurden bei uns nicht ausgeteilt, aber ein paar Klapse auf den Hintern machten keinen Schaden. Ich weiß noch, einmal durfte ich nicht nach draußen, weil es regnete. Ich wollte aber gern zu meiner Freundin Iris. So dachte ich mir einen schlauen Trick aus: Ich warf ein Bilderbuch aus dem Fenster und sagte, es sei mir heruntergefallen und ich wolle es schnell holen. Dann lief ich zu Iris und sagte ihrer Mutter, meine hätte erlaubt, dass ich bei ihnen bliebe. Als ich Stunden später wieder nach Hause kam, setzte es was und Stubenarrest wurde obendrein angeordnet.

1961 kam ich in die Schule. Zur Einschulung hatte Tante Martha, eine ehemalige Schneiderin und Verwandte meines Vaters, mir ein Kleid genäht. Als der Tag herankam, war das Kleid aber noch nicht da. In allerletzter Minute kam Tante Martha damit angerannt. Aber leider passte es nicht richtig und so musste es mit Sicherheitsnadeln festgesteckt werden. Meine Mutter war fuchsteufelswild. Diese Tante Martha wohnte in einer Straße, die an meinem Schulweg lag, und ich durfte sie nach dem Unterricht trotzdem oft besuchen.

In der Schule war ich immer sehr schüchtern. In meine Klasse gingen auch etwa acht Kinder »aus dem Heim«, Waisenkinder. Die wurden immer irgendwie von oben herab behandelt, keiner wollte richtig mit ihnen zu tun haben, obwohl wir neugierig waren, warum sie keine Eltern hatten oder nicht bei ihnen lebten. Aber darüber erfuhren wir nichts. Sie wurden nicht absichtlich ausgegrenzt, aber sie bewegten sich vorwiegend in ihrer Gruppe, kamen zusammen in der Schule an und gingen auch gemeinsam nach Hause, so dass ein enger Kontakt gar nicht leicht entstehen konnte. Nachmittags hatten sie begrenzte Ausgehzeiten und wir durften sie auch nicht im Heim besuchen.

Wir waren katholisch. Mit Schulbeginn nahm ich dann auch am Religionsunterricht in der Kirche teil. Ich sollte nach dem Willen meiner Eltern auch zuerst nicht Pionier werden. Erst nachdem meine Lehrerin mit meinen Eltern geredet hatte, durfte ich eintreten. Ohne dass es mir jemand befohlen hätte, sprach ich in der Schule nicht darüber, dass wir sonntags in die Kirche gingen. Das war irgendwie eine andere Welt. Peinlich war mir jedes Jahr die Fronleichnamsprozession, bei der wir Kinder Blumen streuen mussten. Wenn mich da einer von meinen Klassenkameraden gesehen hätte!

Claudia zur Erstkommunion 1964

Die Kirche spielte besonders im Leben meiner Großeltern eine bedeutende Rolle. Wenn wir bei den Eltern meines Vaters zu Besuch waren und sonntags nicht in die Kirche konnten, weil das Wetter für den weiten Weg zum Bahnhof zu schlecht war, um mit dem Zug in die Stadt zu fahren, mussten wir den Heimgottesdienst aus dem Gesangbuch beten. Oma Anna hatte derweil in der Küche oder im Hof zu tun. Dann waren wir oft in Windeseile mit unseren Gebeten fertig. Wenn sie uns erwischte, durften wir noch mal von vorn anfangen. Einmal haben wir aus Wut gleich noch die Sterbegebete, die sich im Gesangbuch an den Heimgottesdienst anschlossen, mitgebetet.

Meine Eltern nahmen es mit der Kirche nicht ganz so streng. Aber bestimmte Regeln wurden schon eingehalten wie der Besuch des Sonntagsgottesdienstes, der Religionsunterricht, das Tischgebet am Sonntag oder das Fleischverbot am Freitag. Am Karfreitag gab es zum Mittag immer Hering in Sahnesoße mit Pellkartoffeln. Das schmeckte uns allen so gut, dass von Fasten eigentlich keine Rede sein konnte. Mein Vater meinte dann auch gelegentlich dazu, es sei eigentlich eine Sünde, sich am höchsten Fastentag den Bauch so vollzuschlagen.

Eine Episode wird in unserer Familie immer wieder erzählt: Zur Erstkommunion eines meiner Geschwister hatten wir eine richtige Familienfeier mit vielen Verwandten, wie das zu diesen Anlässen gebräuchlich war, ausgerichtet. Zum Abendessen gab es Kaninchenbraten. Nun war es üblich, dass der Pfarrer nachmittags und in den frühen Abendstunden die Familien der Kommunionkinder aufsuchte. Wir wussten aber nicht, ob und wann er wirklich kommt. Jedenfalls waren wir schon fast mit dem Abendessen am Ende, als er plötzlich doch noch auftauchte und einen Bärenhunger mitbrachte. Also wurde ihm aufgetischt. Das Kaninchenfleisch lobte er über alle Maßen und erkundigte sich, was das denn sei. Ehe meine Mutter den Mund auftun konnte, um ihm zu antworten, sagte meine Oma Hedwig: »Das ist Pute, Herr Pfarrer!« Meine Mutter erstarrte vor Schreck, widersprach aber nicht. So verspeiste Hochwürden eine gehörige Portion des Kaninchenragouts als Pute. Nachher stellte meine Mutter ihre Mutter zur Rede und sagte: »Wie kannst du als so fromme Frau dem Pfarrer frech ins Gesicht lügen?« Oma Hedwig darauf: »Was soll denn der Pfarrer von uns denken, wenn wir Karnickel essen wie arme Leute? Außerdem hat die Pute sieben Sorten Fleisch, es ist also nicht richtig gelogen. Der Herrgott wird's schon verzeihen.« Ob Oma Hedwig das Vergehen in ihrer nächsten Beichte zur Sprache brachte, haben wir natürlich nie erfahren.

URSULA WONNEBERGER

Ich war Mutterersatz

Meine Geschwister kamen wie die Orgelpfeifen auf die Welt. Ab fünf Uhr am Nachmittag öffnete täglich die Gaststätte, sonntags bereits um zwei und meine Eltern mussten arbeiten. Also fungierte ich als Große bald als Mutterersatz. Ich bereitete meinen jüngeren Geschwistern das Abendessen, schmierte für meine Eltern Schnitten und brachte sie ihnen rüber in die Gaststätte. Davor war ich schon im Stall gewesen, hatte die Tiere versorgt, die Kuh gemolken, die Hühner und Enten gefüttert. In den Sommerferien stand die Getreideernte an. Die konnte man wegen zu großer Hitze nur in aller Frühe erledigen, daher musste ich in meinen Ferien um fünf Uhr in der Früh aufstehen, mich aufs Fahrrad setzen und ungefähr sieben Kilometer Richtung Oder fahren. Mein Vater war schon um vier Uhr mit Pferd und Wagen losgefahren, mähte mit Opa Bresching den Weizen, Hafer oder Gerste, je nach dem, was stand, mit der Sense. Meine Mutter, Oma

Bresching und ich rafften die Halme auf, banden sie zu »Puppen« und stellten sie zum Trocknen auf dem Feld auf. Meine Oma trieb mir die Schamesröte ins Gesicht, wenn sie dann zu mir sagte: »Ja, ja, so kratzen die Männer mit ihren Bärten.« Gegen neun Uhr wurde aufgehört zu mähen, dann war es bereits zu heiß und ich durfte zum Baden an die Oderlöcher radeln, Freundinnen und Freunde treffen. Der Sprung ins kühle Wasser war die Krönung nach der Arbeit.

Die beliebten Kinderstars ›Meister Nadelöhr‹ und ›Meister Briefmarke‹ beim Deutschen Fernsehfunk

Im Vereinszimmer der Gaststätte stand schon seit 1959 ein Fernsehapparat, den die FDJ-Gruppe des Dorfes von der FDJ-Organisation bekommen hatte. Es war solch ein Ungetüm mit einem Riesengehäuse drumherum und sehr kleinem Bildschirm. Als mein Vater die Gaststätte übernahm, bekam der Fernseher einen Ehrenplatz. So konnte jeder gucken kommen. Ansonsten hatte nur noch eine Familie in unserem Ort einen eigenen Apparat.

Wir Kinder mussten helfen, die Gaststätte zu putzen und oft die Theke mit Sidol reinigen. Eine fürchterliche und stinkende Arbeit, aber danach waren wir stolz, wenn sie glänzte. Wir drei Großen legten uns die Arbeit möglichst so, dass wir dabei die Kindersendungen im Fernsehen verfolgen konnten. Am Samstagnachmittag liefen ›Meister Nadelöhr mit seiner langen Elle‹ und ›Meister Briefmarke‹, danach kamen noch ›Pitti Platsch mit Schnatterinchen‹ und ›Struppi‹. Wenn wir uns beeilten, konnten wir uns hinsetzen und uns in Ruhe die halbe Stunde gönnen. Wir wohnten ja nicht im »Tal der Ahnungslosen«, konnten also Westfernsehen empfangen und fanden doch die Kindersendungen vom DDR-Fernsehen viel schöner als die aus dem Westen.

Natürlich blieb es auch meinen Lehrern nicht verborgen, wie viel ich gerade in den Ferien arbeitete. Und nach heftigen Kämpfen mit meinen Eltern setzte nach der dritten

Klasse meine damalige Unterstufenlehrerin durch, dass ich ins Ferienlager der Pioniere nach Bad Saarow fahren durfte. Das waren für mich die schönsten Ferien! Viele Kinder hatten Heimweh, ich nicht. Denn so ungezwungen Ferien zu verleben, einfach nur zu toben und Kind sein zu dürfen, das kannte ich nicht. Für mich hätten diese vierzehn Tage viel länger dauern können. Geschlafen wurde, fein säuberlich nach Geschlecht getrennt, in einem großen Zelt. Wir Mädchen haben den Jungs die Trainingsanzüge zusammengenäht, als Revanche haben sie uns Putzi-Zahnpasta in die Trainingsanzüge gespritzt. Wer damals in der DDR groß geworden ist, kennt Putzi-Zahnpasta. Die war in den Geschmacksrichtungen Erdbeere oder Himbeere auch zum Naschen köstlich. Und sicherlich auch deshalb, weil wir sonst mit Süßigkeiten kurz gehalten wurden.

Wir Thälmannpioniere lieben und achten unsere Eltern.
Wir wissen, dass wir unseren Eltern viel verdanken.
Wir befolgen ihren Rat und helfen ihnen immer.
Wir wollen bewusste Gestalter der sozialistischen Gesellschaft werden.
...
Wir Thälmannpioniere halten unseren Körper sauber und gesund, treiben regelmäßig Sport und sind fröhlich.
Wir stählen unseren Körper bei Sport, Spiel und Touristik.
Wir interessieren uns für die Schönheiten unserer Heimat und wandern gern.
Wir rauchen nicht und trinken keinen Alkohol.

Auszug aus den ›Gesetzen der Thälmannpioniere‹

MARIANNE TROLL

Himmel und Erde

Ein-, zweimal im Jahr einige Tage und später viele Ferien verbrachte ich bei meiner Oma im Ruhrgebiet. Auf ihrem Sofa bekam ich ein Bett gerichtet und zum Frühstück Brötchen, die ich mit abgezählten, in den Einkaufszettel eingewickelten, Geldstücken im Sparladen unten im Haus einkaufen durfte, allein! Bei uns zu Hause gab es keine Brötchen mit guter Butter unter der Leberwurst und schon gar nicht so viel, wie ich wollte. Es gab keinen Fernseher mit Kinderstunde donnerstags um drei und Testbild vorher. Morgens las meine Oma eine Tageszeitung, deren Geruch sich in meiner Nase mit dem der Leberwurst-Brötchen auf das Appetitlichste mischte. Bei meinen Eltern galt die Tageszeitung als Verschwendung, illustrierte Zeitschriften und Comics waren Schund. Sie lasen den ›Spiegel‹ oder ein gutes Buch, aber niemals beim Essen. Meine Oma ging mit mir auf den Markt und fragte mich, was sie für uns zu essen kaufen sollte: ein ganzes Huhn vielleicht, gerupft, aber mit Kopf und Beinen, aus dem Suppe und Frikassee zubereitet wurden. Das hatte beim Aufschneiden nach dem Kochen ganze Trauben aus großen und kleinen Eigelben im Bauch. Oder Schichtkäse, den ich schon wegen des Namens viel vornehmer fand als Magerquark. Sie kaufte die »gute Butter«, die von einem riesigen goldgelben Klumpen geschnitten und in Pergamentpapier eingeschlagen wurde, und Zungenwurst mit echten Kuhzungenstücken drin, die meiner Zunge begegneten. Apfelkompott und Kartoffel-Püree auf einem Teller vereint hießen Himmel und Erde. Und Pü-ree – das war die Stimme des entweichenden Dampfes aus dem heißen, gelben Berg im Topf, wenn man den Löffel hineinstieß und einen Krater öffnete. Grob zerdrückte Pellkartoffeln hießen Stampfkartoffeln und bekamen einen Buttersee in die Mitte. Ich schlemmte mich durch eine bunte Reihe kulinarischer Höhepunkte, musste mit niemandem teilen und »mich nicht bremsen«, wie es zu Hause genannt wurde, wenn ich mehr aß, als mir »zustand«. Außerdem reichte es, wenn ich mir vor dem Schlafengehen nur den Hals und die Ohren mit einem Waschlappen abrieb, Katzenwäsche hieß das und die kalte Brause hatte Pause. Meine katholische Oma nahm mich mittwochs mit ins Dom-Café zu ihrem Kaffeekränzchen zu Torte und Kakao und ging – gegen den Willen meines Vaters – sonntags mit mir in die Kirche. Ich freute mich am festlichen Glockengeläut, berauschte mich am Weihrauchduft und fand die Messe im ausgeschmückten Altarraum und mit lateinischer Messliturgie viel aufregender als die protestantische Kargheit. Bei meiner Oma wurden alle meine Sinne satt. Wieder zu Hause, hörte ich: »Hat die Oma dich wieder schwer verwöhnt? Jetzt müssen wir dich erstmal wieder auf Normalmaß stutzen.« Dabei kniff man mich in meinen Taillenspeck.

Freilich erwartete die Oma durchaus brave Kinder und strengen Gehorsam. »Kinder, die was wollen, kriegen was auf die Bollen« schallte mir unweigerlich entgegen, wenn mir die zwei Worte »ich will« entschlüpften. Ich ersetzte durch »ich möchte bitte«, bedankte mich artig mit Knicks, zu dem ich zierlich den Schürzenrand mit zwei Fingern etwas anhob, und erhielt die freundliche Antwort »Dafür hast du es.« Meine innige Beziehung zu meiner Oma war eine ständige Kränkung für meine Mutter, die sich nicht gut mit ihr verstand und ihr viele Dinge wohl nie verziehen hat. Meine Mutter hatte unter den Einschränkungen und Nöten ihrer Kindheit, der unvermeidlichen Sparsamkeit bis zum Hungern und Frieren während des Krieges sehr gelitten und sie später als charakterbildend verinnerlicht und zu etwas Wertvollem umgedeutet. Dank Selbstdisziplin, Bescheidenheit und ihrer katholischen Neigung zur Selbstkasteiung hatte sie die »schlechte Zeit« überstanden und wollte diese hohen Ideale natürlich nun an ihre Kinder weiter geben. »Das brauchen wir nicht. Wir haben geistige Werte«, sagte sie, wenn wir uns modische Kleider, neue Möbel, eine »hübsche Mutter«, schick und geschminkt wie andere Mütter, wünschten. Sie hungerte und verzichtete auch weiter, als es genug zu Essen gab, und nahm es uns übel, wenn wir Wünsche hatten, die sie als maßlos empfand.

Wir aßen also nur zu den Mahlzeiten, nie zwischendurch, und nur das, was sie uns zubereitete. Sie selbst aß meistens nicht mit. Wenn wir über das Essen meckerten, waren wir nicht anspruchslos genug und undankbar. Sie verbat sich Kritik. »Seid froh, dass ihr genug zu essen habt! Wir hatten nichts in der schlechten Zeit!« Die Geschichten meiner Mutter vom Verzichten waren oft bitter, aber sie beinhalteten immer die Moral, dass es einen guten Menschen auszeichnet, weniger für sich zu verlangen, als er haben könnte. »Egoist« war eine ihrer schärfsten Herabsetzungen. Erst als wir schon lange erwachsen waren, erzählte sie auch, wie sie sich als junges Mädchen danach gesehnt hatte, sich einmal satt zu essen.

Mein Vater lebte auch in mageren Zeiten gerne gut und sorgte dafür, dass seine Wünsche erfüllt wurden. Er war zwar auch dafür, dass seine Kinder Bescheidenheit und Disziplin lernten, eine allgemeinverbindliche Ideologie machte er daraus jedoch nicht. Er bekam sein eigenes besonderes Essen, um das wir ihn glühend beneideten. Aber schließlich hatte er gearbeitet, wir nur gespielt. Sich zu beklagen war unverschämt: »So kannst du mit deinesgleichen reden!« Er kaufte sich, was er brauchte oder wollte — schließlich verdiente er ja auch das Geld. Wie viel, das durften wir nicht wissen. Seine verschiedenen Maßstäbe galten auch in der Beziehung zu seiner Frau. »Du kannst machen, was du willst, nur dick werden darfst du nicht.« Der erste Teil des Satzes war natürlich gelogen.

Das Essen war in unserer Familie immer viel mehr als Nahrungsaufnahme, aber selten sinnlicher Genuss. Generell wurde natürlich gegessen, »was auf den Tisch kommt«, das erlebte ich überall so ähnlich. Aber das »was« unterschied sich auf unserem Tisch erheblich von dem, was woanders üblich war, und das »wie« gab es in dieser Ausprägung nur bei uns. Weil mit dem Essen Sparsamkeit praktiziert, Bescheidenheit trainiert, Bedürfnislosigkeit zum Ausdruck gebracht und Strafe oder Belohnung exerziert werden sollten, war nahezu jede Mahlzeit mit zusätzlicher Bedeutung aufgeladen und belastet. Besondere Wünsche wurden zum Geburtstag erfüllt, sonst eher nicht. Frühstück, Schulimbiss und Abendessen waren im Alltag für uns Kinder ausgesprochen stullenlastig. Tagaus, tagein bekamen wir Margarine mit Marmelade oder Schmelzkäse auf Graubrot geschmiert. Wenn wir selber schmierten, wurden wir ermahnt, nicht zu viel zu nehmen. Dazu tranken wir Leitungswasser oder Milch, der halbe Liter pro Tag war obligatorisch wegen des Kalziums für die Knochen. Mittags kochte unsere Mutter für uns: dicke Gemüsesuppe, dicke Nudelsuppe, dicke Milchsuppe, Eintöpfe aller Art. Abends kochte sie für unseren Vater: gebratenes Fleisch, gefüllte Eierkuchen.

Sie machte sich endlos viel Arbeit mit dem riesigen Berg Spinat, der zigmal in der Badewanne entsandet, dem Dutzend Weißkohlköpfen, die zu Spänen gehobelt und als Sauerkraut eingelegt wurden. Sie ging tagelang unter in Fluten von Linsensuppe, Birnen oder Brechbohnen, die sie in Gläser einweckte. Ich mochte fast alles gern, aber ich hasste das Einteilen, das Vorrechnen des Essens. Ich bekam zwar auf Wunsch ein zweites Brot, aber um den Preis der Scheinfrage, ob ich nicht selbst fände, dass ich eigentlich genug hätte, und ohnehin sei ich zu dick. Wegen der Kosten und Mühen, und weil nicht das kleinste Restchen guten Essens weggeworfen werden durfte, auch nicht, wenn das Brot schon ein »bisschen schimmelig« war, die Suppe bereits »einen kleinen Stich« hatte, wurde alles immer wieder für uns aufgewärmt. Richtig gut durchgekocht, konnte die saure Suppe nicht schaden. Schließlich hatte man so etwas während des Krieges auch ohne schlimme Folgen gegessen und war sogar dankbar dafür gewesen. Wenn meine Geschwister später heimlich das Mittagessen ins Klo kippten, schwitzte ich Blut und Wasser.

*Blitzendes Geschirr und volle Schüsseln.
Familienfeier 1955 mit Marianne*

Gäste bescherten uns eine hochwillkommene Unterbrechung des Einerleis. Wenn Geschäftsfreunde meines Vaters zum Abendessen kamen, nahmen wir natürlich nicht an der Mahlzeit teil, freuten uns aber über Übriggebliebenes von sagenhaftem Luxus und ungekanntem Wohlgeschmack. Verwandtschaftseinladungen bewirkten Ähnliches. Wir bekamen am Kindertisch das Gleiche wie die Gäste. Einmal antworteten mein Bruder und ich den zu Besuch weilenden Onkeln und Tanten auf ihre Frage, ob wir uns denn über ihr Kommen freuten, unbefangen: »Ja klar, da kriegen wir endlich auch mal was Besonderes wie Kuchen und Saft!« Süffisantes Lächeln, Blicketauschen der Gäste. »Und was esst ihr sonst?« »Heute Mittag gab's Bratkartoffeln ohne was, die waren schon dreimal aufgewärmt.« Das Schweigen, mit dem unsere Mutter uns strafte, ergänzte sie später mit einer Predigt, die sie uns über unseren unverzeihlichen Verrat hielt. Ihre Metapher dafür, wenn wir sie mit Familiengeheimnissen bloßstellten — »jemanden in die Pfanne hauen« — hat für mich bis heute eine ganz besondere Strahlkraft.

Auch am Samstagabend kam es häufiger zu Abweichungen von der Regel, dass Essen keinen Spaß machte, denn dann kochte unser Vater. Er liebte exotische Speisen und experimentierte mit immer neuen Rezepten aus der asiatischen und der europäischen Küche. Das hatte freilich eine gewisse Küchenverwüstung zu Folge, für deren Beseitigung wir Kinder sorgen sollten. Bei diesen Familienzusammenkünften, die im Wohnzimmer mit »gutem« Geschirr und in festlicher Stimmung stattfanden, fiel zu unserer Erleichterung die sonst beim Abendessen obligate Inquisition aus. Keine Beichte alltäglicher Missetaten und Abfragen der Schulkatastrophen, die mit Gebrüll und auf den Tisch geschlagener Faust sowie erschrocken klirrenden Teetassen quittiert wurden.

CAMILLA WILL

Der Erste ist Kaiser

Die Essenszeiten waren streng geregelt. Mittagessen gab es um Punkt 12 Uhr, nachmittags um drei Uhr Kaffee und oft Kuchen, Abendessen war um 18 Uhr. Diese Zeiten, darauf achtete mein Vater, mussten strikt eingehalten werden, ebenso wie unbedingte Disziplin beim Essen. Mein Vater thronte am Kopfende des Tisches, daneben meine Mutter. Vor und nach dem Essen sprach eines der Kinder die immer gleichen Tischgebete, dazwischen wurde so schnell wie möglich das Essen runter geschlungen: wer als Erster fertig war, wurde »Kaiser«. Die Bestrafungen bei Missachtung der Regeln waren nicht zimperlich. Meckern oder Frechheiten wurden oft mit Prügeln auch während des Essens bestraft, manchmal mit spontanen Hieben auf einen Kopf — ob es den richtigen traf, war nicht so wichtig — oder indem der Kopf in die heiße Suppe gedrückt wurde. Für die Prügel hatte mein Vater an mehreren Stellen im Haus kleine Kunststoffschläger deponiert. Am meisten bekamen meine Brüder ab. Essen war damit bei uns nur selten ein angenehmes, geselliges Ereignis.

Als wir klein waren, durften wir uns nicht selbst bedienen oder auswählen, was wir essen wollten; meine Mutter verteilte das Essen und die aufgezwungenen Portionen mussten gegessen werden. Wenn es etwas gab, das ich liebte, dann schielte ich während des Runterschlingens mit vollem Mund, in ständiger Konkurrenz vor allem mit den wesentlich gefräßigeren Brüdern, auf die verbliebenen Reste in der Hoffnung, vielleicht noch etwas zusätzlich zu bekommen. Aber wenn ein Kind nicht essen konnte oder wollte, musste es allein sitzen bleiben, bis der Teller leer war — gedemütigt von den Erwachsenen, gehänselt von den Geschwistern. Manches Mal konnte ich nur noch mit vollen Backen würgend zur Toilette rennen. Heute noch esse ich zu schnell und verpasse oft den Zeitpunkt der Sättigung.

Faschingsprinzessinnen, Camilla (re)

Meine Mutter ist Schwäbin. Die schwäbische Küche bestimmte unseren Speiseplan. Das Mittagessen bestand immer aus einer Suppe, außer wenn es Eintopf gab, einem Hauptgericht und Nachtisch. Die Suppen wurden meistens aus den Resten des Vortages gekocht und schmeckten mir immer gut. Fleisch gab es lange Zeit nur am Sonntag, während der Woche aßen wir Kartoffelbrei mit Apfelmus, Makkaroni mit Tomatensoße, Pfannkuchen, Spätzle mit Soße, vielerlei Eintöpfe, freitags manchmal langweiligen gedünsteten Fisch mit Senfsoße und Salzkartoffeln. Am Samstag gab es immer das gleiche: Linseneintopf mit Spätzle und ein kleines Stück heiße Fleischwurst für jeden. Das Gericht wurde von allen geliebt und ist noch heute das erklärte Lieblingsessen aller Familienmitglieder. Als Nachtisch gab es meistens eingemachtes Kompott.

Zum Frühstück bekamen wir kleinen Kinder beinahe täglich Hafer- oder Grießbrei und Kakao. Das Abendessen bestand wie überall in Deutschland aus belegten Broten. Mein Vater aß helles Brot mit Butter, während wir dunkles Brot mit Margarine bestreichen mussten. Wir bekamen auch nie frisches Brot zu essen; beim Bäcker wurde extra für uns älteres Brot vorbestellt, weil »viel gesünder«. Es war verboten, zwischen den Mahlzeiten etwas zu essen und sich im Kühlschrank oder in der Speisekammer selbst zu bedienen. Kekse oder Süßigkeiten bekamen wir nur sehr selten, was mich für lange Zeit sehr gierig darauf machte, wenn ich in anderen Familien zu Besuch war.

> *Wie der Herr die zarten Blüten*
> *immer schützt vor Frost und Schnee,*
> *so möge er auch dich behüten,*
> *vor des Lebens bittrem Weh.*
>
> Zum Andenken an deine
> Mitschülerin Petra Gellert
>
> Poesiealbum

Unser Haus war immer voll mit Gästen. Verwandte und Bekannte gaben sich die Klinke in die Hand. Und es war üblich, dass die Kinder in den Ferien auf die Verwandtschaft verteilt wurden. Ich war meistens bei den Eltern meiner Mutter im schwäbischen Dorf. Da wir bei den Verwandten auch in den Alltag eingebunden wurden, der nicht wesentlich anders war als unserer zu Hause, sind meine stärksten Erinnerungen an die anderen Aufenthaltsorte mit dem verbunden, wodurch es sich hauptsächlich unterschied: dem Essen. Zum Beispiel das frische! helle schwäbische Bauernbrot und die zusätzliche »Vesper« zwischen Frühstück und Mittagessen. Das war in den Sommerferien ein Salat aus Rettich, Gurken und Tomaten mit einem Stück Wurst und dem frischen Brot. Der sonntägliche selbst gezüchtete Kaninchenbraten meiner Oma, die mit Vorliebe das Fleisch aus dem Kopf kratzte, oder die frischen Heidelbeeren. Diese Mahlzeiten sind mir so deutlich in Erinnerung, weil sie für mich ohne Druck und Belastung verliefen. Alle griffen zu und auch ich konnte in Ruhe essen, bis ich satt war.

ULRIKE SPECKMANN

Das geheimnisvolle Zimmer

Das Weihnachtsfest war eine schöne und aufregende Sache. Morgens wachte ich auf und an der Tür zum Wohnzimmer fehlte die Klinke. Zu sehen war nur noch ein seltsamer, gespaltener Metallstab und die Tür ließ sich nicht mehr öffnen. Die Vorhänge der Fenster waren zugezogen und durch das matte Glas der Tür schimmerte das geheimnisvolle Halbdunkel des Zimmers. Ich konnte den halben Tag lang durchs Schlüsselloch spähen

Ulrike mit Großeltern, Weihnachten 1955

und einen kleinen Teil von Papas Schreibtisch erkennen. Eine weiße Decke war darauf ausgebreitet und offensichtlich lag dort allerhand, Päckchen, Zweige und rätselhafte andere Dinge, die ich nicht so genau erkennen konnte. Weil wir Parterre wohnten, konnten wir von außen am Gitter des Wohnzimmerfensters hochklettern und versuchen, durch einen Spalt zwischen den Vorhängen einen Blick in das geheimnisvolle Zimmer zu werfen. Eigentlich konnte man nie etwas erkennen, aber fast den ganzen Tag lang klebten wir von außen am Fenster und spekulierten.

Wenn es dann nachmittags langsam dunkler wurde, saß die Familie am Küchentisch bei Kerzenschein und Keksen und wartete. Und ich weiß nicht wie, aber irgendwie schaffte Vater es immer, unauffällig hinauszugehen, und plötzlich hörte man das zarte Läuten des Weihnachtsglöckchens, die Tür zum Wohnzimmer war offen und der Weihnachtsbaum stand strahlend und leuchtend im Glanz der Kerzen. Dann las Vater die Weihnachtsgeschichte aus der Bibel vor und wir sangen schief und schräg die Weihnachtslieder. Erst dann durfte der reich gedeckte Gabentisch näher in Augenschein genommen werden.

Unter dem Baum stand ein Eimer mit Wasser. Einige Male passierte es, dass die trockenen Nadeln des Baums anfingen zu brennen, da wurde schnell das Fenster aufgerissen und der ganze Baum brennend aus dem Fenster gekippt.

CAMILLA WILL

Apfelsinen und Plätzchen

Weihnachten war die Zeit der Ausnahmen. Wir bekamen Geschenke, jeder einen gezackten Pappteller mit einer Apfelsine, selbst gebackenen Plätzchen und anderen Süßigkeiten. An Heiligabend gab es einen immer gleichen Ablauf, den ich zumindest für meine frühe Kindheit als sehr schön in Erinnerung habe — vielleicht wegen all der Pracht und des Luxus, die es sonst für uns Kinder nicht gab. Am Nachmittag des Heiligen Abends wurden wir irgendwie beschäftigt; zur Not wurden wir in die Straßenbahn gesetzt. Die letzte Haltestelle vor der Endstation war direkt vor dem Haus. Wir fuhren bis zur anderen Endhaltestelle und zurück, das dauerte zwei Stunden. Hinten rechts vom Einstieg und etwas erhöht saß der Schaffner in seiner Kabine und verkaufte die Fahrscheine. Wir kannten die meisten Fahrer und die Schaffnerinnen und diese uns und wir durften helfen und Fahrscheine herstellen, indem wir den Preis einstellten und an der Kurbel drehten. Oder wir saßen hinter dem Fahrer, den wir mit Fragen löcherten. Nachdem es dunkel war, zogen zu Hause alle ihre Sonntagskleidung an. Wir Kinder stellten uns der Größe nach in einer Reihe hintereinander auf. Dann klingelte mein Vater mit einer kleinen Glocke und wir durften in das Weihnachtszimmer kommen. Das war ein wunderschöner Moment: Dort leuchtete ein großer, bunt geschmückter Christbaum neben dem langen Tisch. Darauf lagen — für die vielen Kinder und die immer auch zusätzlich anwesenden Verwandten oder Gäste — Berge von Geschenken und Plätzchentellern. Es war eine unglaubliche Fülle. Dann sangen wir drei Weihnachtslieder mit je drei Strophen, mein Vater begleitete uns am Klavier. Da wir alle musikalisch waren und auch mehrstimmig singen konnten, klang das sehr schön. Mein Vater war ein ausgezeichneter Musiker. Als junger Mann hatte er sogar ein Orchester gegründet und geleitet. Aber wir bekamen nur an Weihnachten eine kleine Ahnung davon, da er sonst nie musizierte. Die Lieder hatten wir vorher mit meiner Mutter geübt, die wunderschön singen konnte.

Camilla Will

Die Adventszeit ist mit der Erinnerung an die wenigen innigen Momente mit meiner Mutter verbunden: Meine Mutter sitzt an der Heizung und flickt Wäsche, wir kleinen Kinder sitzen auf dem Boden um sie herum und wir singen gemeinsam — ein Moment voller Hingabe und familiärer Vertrautheit.

Anschließend las mein Vater aus einer großen Bibel die Weihnachtsgeschichte vor. Als wir Kinder größer waren und selbst Instrumente — Klavier, Geige, Flöte — spielten, musste jedes etwas vorspielen. Dafür mussten wir vorher üben und der Druck war ziemlich groß. Das sinnliche Erlebnis der früheren Weihnachtsfeste ging damit verloren, und obwohl ich ganz gut Klavier spielen konnte, habe ich seitdem nie gern etwas vorgespielt. Nach dem gemeinsamen Programm durften wir die Geschenke auspacken und es gab Abendessen, immer Kartoffelsalat mit Hering und roten Beten, dazu Wiener Würstchen. Als ich größer war, zehn oder elf Jahre alt, musste ich meiner Mutter bei den Vorbereitungen im Weihnachtszimmer helfen. Damit war die Zeit der Überraschungen vorbei.

CLAUDIA SEIFERT
Aus Jungen werden Leute, aus Mädchen werden Bräute

Die patente, allen Anforderungen gewachsene Frau in einer nahezu männerlosen Gesellschaft wurde zum Synonym der Nachkriegsjahre. 1946 bestand die Bevölkerung in den besetzten Zonen zu drei Vierteln aus Frauen und Kindern. Als die Männer gebrochen, als Verlierer aus dem Krieg und der Gefangenschaft zurückkamen, hatten viele Frauen längst gelernt, ohne sie auszukommen. Sie hatten während der langen Kriegsjahre alles allein in die Hand nehmen müssen, Kindererziehung, Haushalt und Unterhalt der Familie. Sie hatten Bombennächte in Bunkern überlebt, die Flucht und Vertreibung aus den ehemaligen deutschen Ostgebieten bewältigt, ihre Eltern, ihre Kinder durchgebracht und die elenden ersten Friedensjahre überstanden. Sie hatten mühsam aus Ruinen bewohnbare Unterkünfte gebaut, unter extrem schwierigen Bedingungen Nahrungsmittel beschafft und hatten dafür ein Höchstmaß an Organisation und Ausdauer entwickeln müssen. Sie waren rein zahlenmäßig als Arbeitskräfte überall stärker vertreten als die Männer, selbst in ländlichen Gebieten in der Forst- und Landwirtschaft. Die Folge waren Anerkennung und gesellschaftliche Aufwertung gewesen. Die Frauen hatten die Rollen der Männer übernommen und waren ganz selbstverständlich zum Familienoberhaupt geworden.

Mit der Rückkehr der Männer wendete sich das Blatt und das Bild der Gesellschaft. Mit zunehmender Rückkehr zu Normalität und Alltag setzten sich auch die alten Moral- und Rollenvorstellungen wieder durch. Die Fünfziger kamen mit Restauration und Patriarchat. Die Frauen gaben ihre Kompetenzen und Rechte an die zurückgekehrten Männer ab. Vielleicht freiwillig und gerne, um die Last der Verantwortung endlich wieder loszuwerden. Sie waren müde, sehnten sich möglicherweise nach einem starken Mann an ihrer Seite, mussten ihn zunächst aber erst wieder aufbauen. Denn die Männer waren nicht stark. Sie waren gebro-

»Gummischlüpfer aus Zweizug Perlon-Tüliette
mit Atlaspatte«: Reklame für Büsten- und
Hüftformer von »Felina« 1952

chen, ausgelaugt und kaputt gemacht durch Krieg und Gefangenschaft, und sehnten sich ihrerseits nach einem behaglichen und friedlichen Ehe- und Familienleben. Zu Kriegsende kamen auf einen Mann zweieinhalb Frauen. Vermutlich musste der eigene Mann auch umschmeichelt werden, da ja der Apfelkuchen der verwitweten Nachbarin ebenfalls ganz vorzüglich schmeckte.

Anfangs gestaltete sich das neue Zusammenleben durchaus schwierig. Viele Ehen wurden bis Anfang der 50er Jahre geschieden. 1950 erreichte die Scheidungsquote auf beiden Seiten der Grenze einen Spitzenwert; paradoxerweise in der SBZ aber auch die Zahl der Eheschließungen. Die Männer waren konfrontiert mit selbstbewussten Frauen, die gelernt hatten, alles alleine zu meistern. Und die Frauen hatten Anpassungsschwierigkeiten an die tradierte Rolle als Ehefrau. Doch bald fügten sich die Frauen wieder in die alten Rollen als Hausfrau und Mutter und die Zahl der Eheschließungen stieg rapide an.

Nur sechs Jahre liegen zwischen Wegräumen von Trümmern...

In den ersten Nachkriegsjahren hatten sich Frauen politisch noch sehr engagiert. Der Anteil der weiblichen Parteimitglieder war in der SPD im ersten Nachkriegsjahrzehnt auf fast 20 Prozent angestiegen. In der CDU waren es sogar 25 Prozent, und selbst bei der CSU lag der Frauenanteil im Jahr 1947 bei immerhin 16,8 Prozent. In den ersten Legislaturperioden des Deutschen Bundestages, in den Jahren 1949 bis 1957, wuchs bei jeder Wahl die Zahl der in das Bonner Parlament entsandten Frauen. 1947/48 amtierte Louise Schröder als Oberbürgermeisterin in Berlin – als einzige Frau in einer langen Riege von Männern. Und auch im parlamentarischen Rat saßen vier Frauen, um ab 1948 das Grundgesetz mitzugestalten. Aber in viele Entscheidungsgremien drangen die Frauen schon bald nicht mehr vor.

Der Familiengeldbeutel verlangte von vielen Ehefrauen, berufstätig zu sein. Ohne diesen Zusatz-Verdienst waren die Einkommen der Männer zu niedrig, um das, was im Krieg an Hausstand zerstört worden war, wieder anzuschaffen. Die Zahl der arbeitenden Frauen nahm im Westen zwischen 1950 und 1962 um beinahe zwei Millionen zu. Der Arbeitsmarkt jedoch war bis Mitte der 50er Jahre noch nicht so weit wieder hergestellt, um den hohen Bedarf an Arbeitsplätzen befriedigen zu können. Zumal auch der Zustrom der Flüchtlinge aus den ehemaligen Ostgebieten und der »Ostzone« nicht abriss. Obwohl die DDR, allen voran Walter Ulbricht, die Grenze quer durch Deutschland immer dichter schloss, gelang noch Tausenden über das Nadelöhr Berlin die Flucht in den Westen und damit auf den längst gesättigten westlichen Arbeitsmarkt.

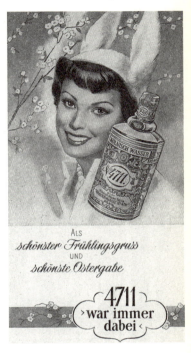

... und Rausputzen 1952.

Vor allem die jungen Mädchen, deren Schullaufbahn oder Ausbildung durch den Krieg ohnehin bereits einen Knick erhalten hatten, fanden keine Lehrstellen und blieben ohne Berufsausbildung. Von den Frauen, die um 1930 herum geboren waren, hat mehr als die Hälfte überhaupt keine Ausbildung. Eine schlechte Ausbildung zog jedoch unattraktive und mies bezahlte Arbeitsplätze nach sich und das prägte sich langfristig im allgemeinen Bewusstsein ein. Dazu kam, dass viele Frauen in Frauenlohngruppen zu Niedriglöhnen arbeiteten, bis Gewerkschafterinnen im Jahr 1955 endlich erfolgreich dagegen prozessierten. Noch für lange Zeit galten Frauen dennoch als die billige Arbeitsreserve, als die sie nach dem Krieg ihre berufliche Laufbahn begonnen hatten. Dies erklärt wohl zu einem guten Stück das fehlende

Besen-Gymnastik empfahl ›Das Blatt der Hausfrau‹ 1950

Rollenverständnis und Selbstbewusstsein vieler Frauen unserer Elterngeneration.

Die meisten Frauen gaben Umfragen zufolge an, für besondere Anschaffungen arbeiten zu gehen. Die Entlastung der Frau im Haushalt war auch dringend notwendig: Eine Untersuchung ergab 1953, dass eine voll berufstätige Frau allein für den Haushalt noch 68 Stunden in der Woche benötigte – die Arbeitszeit in Fabrik oder Büro noch nicht mitgerechnet. An erster Stelle stand der Kauf notwendiger Möbel, dann der dringend benötigte Kühlschrank, anschließend ein Auto, der Hausbau, ein Fernsehgerät. Mit wachsendem Wohlstand stiegen die Ansprüche und die Frage, was Notwendigkeit und notwendiger Luxus ist, musste ständig neu beantwortet werden. Elektrische Haushaltsgeräte rangierten ganz oben auf den Wunschlisten – auch wenn sich die so lang ersehnte herrlich blitzende Küchenmaschine im täglichen Dienst dann als unpraktisch und pflegeintensiv erwies und deshalb die meiste Zeit im Schrank blieb.

Mit dem einsetzenden Wirtschaftswunder entfiel in der zweiten Hälfte der 50er Jahre in vielen Ehen der materielle Zwang zur Berufsarbeit der Frau und es setzte sich wieder die traditionelle Arbeitsteilung durch. Denn Gleichberechtigung, so hieß es nun in der Bundesrepublik, wirke sich zerstörerisch auf das Familienleben aus. Folglich war die berufstätige Frau allenfalls für kurze Zeit gesellschaftlich angesehen – und nur, wenn sie keine Kinder zu versorgen hatte. Für die Frauen mit schlecht bezahlten Arbeitsplätzen bedeutete die Rückkehr in den familiären Haushalt unter Umständen also eine gesellschaftliche Aufwertung.

Schenk deiner Frau doch hin und wieder rote Rosen.
Bring ihr Blumen, die ihr Herz erfreu'n.
Schenk ihr auch Anemonen, Nelken und Mimosen,
und sie wird dir dafür sicher dankbar sein.
Denn jede Frau weiß ganz genau,
dass Blumen ihr nur schenkt,
wer gerne an sie denkt.
Drum schenk deiner Frau doch hin und wieder einen Strauß,
denn mit den Blumen bringst du dir das Glück ins Haus.

Eddie Constantine, ›Schenk deiner Frau doch hin und wieder rote Rosen‹

Der Rückzug in die Familie geschah auffällig oft dann, wenn das Familieneinkommen gestiegen war, die notwendigsten Dinge und einiges darüber hinaus angeschafft waren, und schließlich noch einmal vermehrt im allgemeinen Wirtschaftsaufschwung der 60er Jahre.

Die Heere der verwitweten Frauen mit Kindern wurden ausgegrenzt und diskriminiert – von asozial bis kriminell reichten die Verdächtigungen, Flittchen oder »so eine« hießen sie nun. Mit einem Mal sollten diese allein erziehenden Mütter, auf deren Leistung in Krieg und Nachkriegszeit eine ganze Nation so stolz gewesen war, nicht mehr fähig sein, ohne Mann ihre Kinder großzuziehen, und bekamen einen amtlichen Vormund an die Seite gestellt. Das sollte sich erst Jahrzehnte später wieder ändern. Zu stark hatte das Schicksal dieser Frauen und Kinder die »normalen« Familienoberhäupter wohl an den verlorenen Krieg erinnert.

1958 trat das vom Bundestag verabschiedete Gleichberechtigungsgesetz in Kraft, nach dem die tatsächliche Durchsetzung der Gleichberechtigung von Frauen und Männern gefördert werden sollte. »Unter Würdigung der Leistungen der Frauen in der Kriegs- und Nachkriegszeit« wurde den Männern die Möglichkeit genommen – auch ohne deren Einverständnis, das Arbeitsverhältnis ihrer Ehefrauen zu kündigen. Das letzte Wort in Sachen Kindererziehung blieb jedoch weiterhin per Gesetz beim Vater. Gleichzeitig wurde die Rolle der Ehefrau wiederum eindeutig definiert, indem ihr die Aufnahme der Berufsarbeit nur dann gestattet wurde, wenn sie mit ihren Aufgaben in Haushalt und Familie zu vereinbaren war.

Seitens der Politik bemühte man sich redlich, den Gleichberechtigungsartikel des Grundgesetzes zu ignorieren. Der stärkste

1959 BRD: »Kuppeleiparagraph« droht Eltern mit Strafe, wenn sie unverheirateten, selbst erwachsenen, Kindern Gelegenheit zu »schwerer Unzucht« geben. +++ Sowjetunion verzichtet auf Zahlung der Stationierungskosten für ihre in der DDR befindlichen Truppen. +++ Wettbewerb um Titel »Brigade der sozialistischen Arbeit« beginnt. +++ Entwurf eines sowjetischen Friedensvertrags für Deutschland wird veröffentlicht. Ulbricht erneuert Vorschlag einer Konföderation zwischen beiden deutschen Staaten. +++ SPD-Vorschlag: Schaffung einer entmilitarisierten, atomwaffenfreien »Entspannungszone« in Mitteleuropa. +++ Bundesverteidigungsministerium bestellt in USA 96 »Starfighter«. +++ Bundesverfassungsgericht hebt Vorrechte des Vaters bei Kindererziehung auf. +++ Adenauer verzichtet auf Kandidatur, Heinrich Lübke wird Bundespräsident. +++ Romane ›Billard um halb zehn‹ von Heinrich Böll, ›Die Blechtrommel‹ von Günter Grass, ›Mutmaßungen über Jakob‹ von Uwe Johnson, ›Die Entscheidung‹ von Anna Seghers erscheinen. Bertolt Brecht ›Die heilige Johanna der Schlachthöfe‹ wird in Hamburg uraufgeführt (Regie: Gustaf Gründgens). +++ Erste Fluxus-Aktion des koreanischen Künstlers Nam June Paik in Düsseldorf. +++ Im Kino West: ›Hunde, wollt ihr ewig leben!‹ von Frank Wisbar, ›Die Brücke‹ von Bernhard Wicki, ›Rosen für den Staatsanwalt‹ von Wolfgang Staudte +++ Aufschrei in der Republik: Hans-Joachim Kulenkampff spricht in Fernsehsendung von »DDR« und zeigt Landkarte, auf der Grenze zur DDR als Staatsgrenze eingetragen ist. +++ 1. Bitterfelder Konferenz über kulturpolitische Probleme: »Greif zur Feder, Kumpel! Die sozialistische Nationalkultur braucht Dich!« (Bitterfelder Weg; wird später revidiert) +++ »Nun liebe Kinder, gebt fein Acht, ich habe Euch etwas mitgebracht« – DDR Fernsehen zeigt am 22.11. erstes ›Sandmännchen‹. +++ Zeitschrift ›twen‹ erscheint zum ersten Mal (West). +++ Puppe ›Lilli‹ aus Deutschland startet mit neuem Namen ›Barbie‹ in New York Weltkarriere.

Widerstand dagegen kam von den Gewerkschaften, die am Bild des männlichen Familienernährers festhielten – berufstätige Frauen waren auch in bis dato ausschließliche Männerdomänen vorgedrungen, was nun wieder rückgängig gemacht werden sollte. Aber auch die Kirchen machten sich stark gegen eine reformierte Familienideologie. »Mutterberuf ist Hauptberuf (...) und hat höheren Wert als jeder Erwerbsberuf«, so formulierte es der katholische Bundesminister für Familienfragen, Franz-Josef Wuermeling, schließlich 1959 richtungweisend.

Das Interesse der Frauen an gesellschaftlichen Angelegenheiten ging mehr und mehr zurück. In allen Parteien sank der Frauenanteil. In den Landesparlamenten ging der Anteil der Frauen zurück, genauso wie im Bundestag von 9,2 Prozent im Jahr 1957 auf 5,8 Prozent 1972; im Berliner Abgeordnetenhaus gar von 15,1 auf 5,8 Prozent. Selbst bereits gewählte Frauen legten ihre Ämter wieder nieder, andere kandidierten erst gar nicht, um ihre Ehen nicht zu gefährden. Es sei nicht schicklich, dass eine Frau abends allein Versammlungen besuche – und bald waren die Männer in ihren Orts- und Kreissitzungen in gewohnt bierseliger Atmosphäre wieder unter sich.

Die Frauen- und Familienpolitik im anderen Deutschland unterschied sich hier maßgeblich. Der Wettkampf der beiden Systeme wurde nicht zuletzt auf dem Gebiet der Frauen- und Geschlechterpolitik ausgetragen. Die Funktionäre in der DDR warfen der Bundesrepublik vor, sie treibe ihre Frauen in die Familiensklaverei, die westdeutschen Politiker und die Kirchenvertreter konterten, die DDR halte die ostdeutschen Frauen in Berufssklaverei und verstaatliche die Familie.

Tatsächlich wurde die berufstätige Frau in der DDR von Beginn an sehr positiv bewertet. Der Grund hierfür waren aber weniger feministische oder sonstige ideologische Motive als die im ganzen Land spürbare Abwanderung von Arbeitskräften in die Bundesrepublik, die eine Berufstätigkeit auch der Frauen dringend erforderlich machte. Um dem entgegenzuwirken, wurde in breit angelegten Aktionen die Berufstätigkeit von Frauen propagiert. Es wurden Hausfrauen-Brigaden geschaffen, in denen ungelernte Hausfrauen saisonal in der Produktion aushalfen und neben der Erleichterung einer besseren Berufsausbildung und Qualifizierung von Frauen wurde besonders die Ausbildung von Frauen in so genannten »Männerberufen«, wie Kranführer und Ingenieur, gefördert. Um die Wirtschaft anzukurbeln, erfolgte eine allgemeine Idealisierung der Arbeit, die nicht nur den Mann, sondern auch die werktätige Frau heroisierte. In unzähligen Strahle-Bildern wurde die kameradschaftlich zupackende, junge »Frau an der Werkbank« gefeiert – die ganz selbstverständlich auch für Haushalt und Kinder zuständig war. Hierin war sich der Osten mit dem Westen völlig einig. Trotz rapidem Verschwinden der klassischen Arbeitsteilung der Geschlechter blieben die Rollenzuschreibungen in der Familie traditionell und getrennt.

Nicht Schönheit ist des Mädchens Zier, nicht Perlenschmuck und buntes Kleid, ein reines Herz voll Engelswürde, voll Unschuld und Bescheidenheit.

Zur Erinnerung an Roland Hilbert

Poesiealbum

Erst in den 70er Jahren, angesichts sinkender Geburtenzahlen, sollten in der DDR mit der so genannten »Mutti-Politik« umfassende sozialpolitische Reformen eingeleitet werden, die es jungen Eltern ermöglichen sollten, Beruf und Familie zu vereinbaren. In den 50ern konnten viele Frauen von einer Erhöhung des Kindergeldes, einer besseren Versorgung mit Krippen- und Kindergartenplätzen, möglichst innerhalb der Betriebe, oder auch von großzügigen Familienkrediten mit der Möglichkeit des »Abkinderns« allenfalls träumen.

Im öffentlichen Leben war die Stellung der Frau in der DDR jedoch ähnlich marginal wie in der BRD. Auf der Jugendebene wurden zwar Mädchen genauso wie die Jungen mobilisiert, sie drangen aber nur höchst selten in die oberen Kader vor.

Die Ehe schien für Frauen wie für Männer der ersehnte und endlich umgesetzte Lebensentwurf. Die Frauen schickten sich wieder zu Windeln und Herd – und werkelten im Stillen, nach außen unsichtbar, oft überfordert und zunehmend vereinsamt. Die allmählich mächtiger werdende Werbung übernahm die Meinungsbildung und tat alles, die Frau in ihrer Rolle als Hausfrau zu bestätigen. Sie führte ihr vor, wie leicht und wunderbar die Arbeit im Haushalt zu erledigen sei. Statt den Boden mühselig auf den Knien zu schrubben, sollte die moderne Hausfrau, entrückt lächelnd im adretten Kostümchen, mit ihrem blitzneuen Staubsauger ein perfekt aufgeräumtes Wohnzimmer mal eben staubfrei saugen.

Frauenzeitschriften wie ›Constanze‹ bemerkten jedoch mehr und mehr Unzufriedenheit und Zorn bei jungen Frauen. Natürlich ging es ihnen darum, dem Mann ein behagliches Zuhause zu schaffen und die Familie glücklich zu machen. Aber die Schattenseiten dieser vermeintlich heilen Geschlechterwelt zeigten sich eben auch im modernen Haushalt: das Empfinden, Putzfrauen ohne Stundenlohn, unbezahlte Köchinnen und Kindermädchen mit Familienanschluss zu sein.

Aber da wusste der Schriftsteller Walter von Hollander Rat, der in diesen neuen Illustrierten als Ehe- und Lebensberater auftrat:

1960 Bundesvertriebenenminister Theodor Oberländer wird durch oberstes Gericht der DDR (Schauprozess) wegen Beteiligung an Kriegsverbrechen im Zweiten Weltkrieg in Abwesenheit zu lebenslänglich Zuchthaus verurteilt. +++ Oberländer tritt zurück. +++ DDR führt Aufenthaltsgenehmigung für Reisen von Bundesbürgern nach Ostberlin ein. BRD reagiert mit Aufkündigung des Interzonenabkommens. +++ Walter Ulbricht wird erster »Staatsratsvorsitzender«. +++ Auf in der DDR hergestellten Karten und Atlanten darf der Begriff »Deutschland« nicht mehr verwendet werden. +++ Tarifpartner der Metallindustrie (West) einigen sich auf schrittweise Einführung der 40-Stunden-Woche. +++ BRD vereinbart mit Griechenland und Spanien Anwerbung von Gastarbeitern. +++ Neuordnung der gymnasialen Oberstufe (West): Unterrichtsveranstaltungen sollen jetzt freiwillig belegt werden können. +++ US-amerikanisches Hilfsprogramm CARE für Bundesrepublik beendet. +++ Schlagwetterexplosion in Steinkohlebergwerk »Karl-Marx«, Zwickau: Nach siebentägigen Bergungsversuchen müssen 123 verschüttete Bergleute aufgegeben werden. +++ ›Der Schwarze Kanal‹ von Karl-Eduard von Schnitzler erstmals im Fernsehen (Ost). +++ Erste tragbare Fernsehgeräte kommen auf den Markt (West). +++ Erstes Autokino in Frankfurt/Main eröffnet. +++ ›twen‹ zeigt auf Titelbild schwangere Ehefrau des Fotografen Will McBride. Jugendbehörde Hamburg stellt Antrag auf Indizierung, weil »das natürliche Schamgefühl junger Menschen« vom Anblick einer Schwangeren verletzt werde. +++ Einigung über gesamtdeutsche Mannschaft bei Olympischen Winterspielen.

»Die Frau«, so schrieb er, »hat Verantwortung zu tragen gelernt. Man wird ihr die Verantwortung nur abnehmen können, wo man tatsächlich die Kraft zu führen hat. Da freilich werden die Frauen sich gern und leicht wieder anvertrauen.« Viele haben es getan – und diese Haltung an ihre Töchter weitergegeben.

Viele Mütter führten ein eigenartiges Doppelleben: Sie hatten während der männerlosen Kriegs- und Nachkriegsjahre zusammen mit ihren Müttern gelernt, allein zurechtzukommen. Aber nun war der Mann, der Vater wieder der Herr im Haus und nahm bei Tisch selbstverständlich an der kurzen Seite Platz – doch die wirklich wichtigen Entscheidungen für die Familie trafen die Frauen vielfach weiter allein. Die Männer waren aus Krieg und Gefangenschaft heimgekehrt, verwundet an Körper und Seele, nicht wenige für den Rest ihres Lebens krank. Ihre Erlebnisse im Krieg versuchten sie auszublenden und versanken in Schweigen. Und nicht wenige hatten massive Schwierigkeiten, sich in der Gegenwart zurecht zu finden. Die einen waren durch Kriegseinsatz und lange Abwesenheit von zu Hause aus der Bahn geworfen worden, die anderen hätten als Jugendliche im letzten Aufgebot den längst verlorenen Krieg noch gewinnen sollen. Eine normale Schul- und Ausbildung hatten die wenigsten erfahren. Was blieb, war oftmals spätes Notabitur oder Lehr– und Arbeitsplätze, die man notgedrungen akzeptieren musste. Jetzt sollten sie die Rolle des Familienoberhauptes übernehmen. Ihre Frauen haben sie darin unterstützt – und oft im Hintergrund den Laden geschmissen.

»Gillette«-Reklame 1956

Ihren Töchtern vermittelten diese Mütter ein diffuses Rollenbild: eines, das sie lebten, und eines, das sie vielleicht selbst gern gelebt hätten. Nach dem Motto »Du sollst es einmal besser haben als ich, gut heiraten, einfach nur Mutter und Hausfrau sein dürfen!«, sollten die Töchter »typisch weibliche« Verhaltensweisen erlernen: Anpassung, Einfühlung in andere Menschen, Aufopferung und Unterordnung. Also wurden die Mädchen schon früh zur Hausarbeit herangezogen – Saubermachen, Bettenmachen, Kartoffeln- und Gemüseschälen, Backen, Tischdecken, Abspülen etcetera etcetera. Brüder waren und sind dagegen – so platt es klingt, so gültig ist es –, wenn überhaupt, für Besorgungen aus dem Keller wie Kohlen, Öl, Bier oder richtige Männerarbeiten zuständig. Bräuteschulen hatten wieder Konjunktur, wo das junge Fräulein Haushaltsführung und Kinderpflege erlernen sollte. Andererseits zeigen Untersuchungen, welch hohe Bedeutung gerade diese Generation Frauen einer guten Ausbildung ihrer Töchter beimaßen. An eine nur unbeschwerte Zukunft ihrer Töchter mochten sie wohl doch nicht so recht glauben.

Der lieben Renate!
Hast du ein gutes Mütterlein
Streu Blumen um sie her.
Bereite ihr kein Herzeleid,
mach ihr das Herz nicht schwer.
Zum Andenken an deine
Mitschülerin Petra Funke.

Poesiealbum

Die gute 50er-Jahre-Mutter zeichnete sich aus durch einen picobello geführten Haushalt und Kinder, die sie tipptopp im Griff hatte. Der Nachwuchs sollte ordentlich, adrett und sauber sein. Er durfte die Familie nach außen hin auf keinen Fall blamieren, musste artig sein, selbstverständlich einen Diener oder Knicks, die allseits abverlangten Begrüßungs- und Dankesgesten beherrschen und ansonsten nicht auffallen. Jedes Versagen der Kinder genauso wie eine Nachlässigkeit in Haus oder Garten fiel auf die Mutter zurück und stellte sie bloß. Die Mütter standen unter einem enormen Druck und gaben ihn nicht selten an ihre Kinder weiter.

Wer mehr als die übliche Zahl Kinder hatte, setzte sich leicht dem Vorwurf aus, gemeinschaftsunverträglich oder »asozial« zu sein, wie es damals hieß. Die Kleinfamilie hatte Konjunktur in Zeiten knapper Kassen, nicht selten auch aus dem Umstand beengter Wohnverhältnisse heraus. Für ein drittes oder viertes Kind war in den Wohnungen des sozialen Wohnungsbaus der 50er Jahre kein Raum vorgesehen, verhinderten doch die kleinen Grundrisse häufig bereits den Wunsch nach einem zweiten. Oder war die Enthaltung nicht auch eine Reaktion auf die Mütterpolitik der Nazis, als auch das Gebären zum »Kriegsdienst« und die Mutter zur »Soldatin an der Geburtenfront« mutiert war? Die allgemeine Beschränkung führte aber auf alle Fälle dazu, dass für weniger

1961 Wiederaufnahme des Interzonenhandels zwischen BRD und DDR. +++ Politischer Beratender Ausschuss des Warschauer Paktes in Moskau beschließt Erhöhung der Verteidigungsbereitschaft der DDR durch Lieferung modernster Waffen an NVA. +++ Mauerbau in Berlin: Für Bewohner der DDR und Ost-Berlins wird Grenze zur Bundesrepublik Deutschland gesperrt, amerikanische und sowjetische Panzer stehen sich am Checkpoint Charlie gegenüber. +++ Sowjetunion beschließt, Atomwaffenversuche wieder aufzunehmen. Konferenz über kontrollierte Einstellung der Atomwaffenversuche in Genf vorzeitig beendet. +++ Adenauer fordert Ausrüstung der Bundeswehr mit Atomwaffen. +++ Atomwaffengegner nehmen in zahlreichen Städten der Bundesrepublik an Ostermärschen gegen Aufrüstung teil. +++ Erste Zivildienstleistende nehmen in der BRD Dienst in sozialen Einrichtungen auf. +++ Willy Brandt Kanzlerkandidat der SPD, Adenauer gewinnt Bundestagswahl. +++ Ulbricht: durch Massenflucht aus DDR entstand Schaden von rund 30 Milliarden Mark. +++ Adolf-Eichmann-Prozess in Israel: SS-Führer und Hauptverantwortlicher für Deportationen von über 4 Millionen Juden in Ghettos und Konzentrationslager der Nazis zum Tode verurteilt (1962 hingerichtet). +++ Anwerbevereinbarungen für Gastarbeiter zwischen BRD und Türkei. +++ Bundestag beschließt Familienrechts-Änderungsgesetz: Ehescheidung erschwert. +++ Haushaltstag für berufstätige Frauen (Ost) eingeführt. +++ Entstalinisierung: Stalinstadt wird in Eisenhüttenstadt, Stalinallee in Ost-Berlin in Karl-Marx-Allee umbenannt. In der UdSSR wird Stalingrad in Wolgograd umbenannt. +++ Von Anna Seghers erscheint ›Das Licht auf dem Galgen‹, von Christa Wolf Erstlingswerk ›Moskauer Novelle‹. +++ Im Westen erscheint von Günter Grass ›Katz und Maus‹, von Uwe Johnson ›Das dritte Buch über Achim‹. +++ DEFA-Film ›Professor Mamlock‹ von Konrad Wolf Uraufführung. +++ ›Blitz kontra Nato-Sender‹: FDJ-Aktion gegen Fernsehantennen, die auf Westsender ausgerichtet sind. +++ Ost-Berliner Post stempelt mit Aufdruck ›Berlin – Hauptstadt der DDR‹ +++ ›Twist‹ Modetanz des Jahres.

Kinder mehr Zeit und Geld aufgewendet werden konnte, die einzelnen unter Umständen mehr »abbekamen«. Nun erfuhr aber nicht nur die Hausfrau erneut eine strahlende Aufwertung, sondern auch die Mutter. Das traditionelle Mutterbild erlebte in den 50er und frühen 60er Jahren eine neue Blüte.

Berufstätige Frauen, die auf dem Weg zur Arbeit ihre Kinder im Hort »abgaben«, taten das mit schlechtem Gewissen, zumal sich Ärzte fanden, die vor psychischen Folgeschäden für die Kinder warnten. Und noch immer gilt unter den Verfechtern von Kinder, Küche, Kirche die Mutter daheim als das beste, was einem Kind widerfahren könne. Damals wurden die Weichen für eine Entwicklung gestellt, die bis heute nachwirkt. Die Folge war und ist eine miserable Versorgung mit Kinderbetreuungseinrichtungen in der Bundesrepublik im EU-Vergleich.

Plakat zur Bundestagswahl 1957

Der gute Vater war der Ernährer, der viele Stunden außer Haus verbrachte und durch seine Arbeit den Wohlstand der Familie mehrte. Auch auf den Vätern lastete eine schwere Bürde, sollten sie doch das wiederherstellen, was ein totaler Krieg vernichtet hatte. Haushalt und Kindererziehung gehörten nicht zu ihrem Bereich. Die Beschäftigung mit Kindern galt als unmännlich. Die Väter in den 50ern hatten keinen leichten Stand. Ihre natürliche Autorität war schlimm beschädigt, den Krieg hatten schließlich die Männer verloren. Neuen ideologischen Angeboten standen sie jetzt skeptisch gegenüber und ein alternatives Normengerüst konnten sie nicht so ohne weiteres errichten, ohne sich mit dem alten auseinander zu setzen. Es gab wenig, was auf ihrer Seite positiv war. Was für eine Rolle konnten diese Väter spielen, welche gaben sie sich selbst?

Zu allererst war der Vater aus wirtschaftlicher Notwendigkeit und bedingt durch lange Arbeitszeiten, fast ausschließlich ein Mensch im Beruf, mit dem Ziel, die Familie zu ernähren und Vermögen anzuhäufen. Damit verschwanden die Männer weitgehend aus dem gefühlsmäßigen Kreis der Familien. Die Mutter agierte innerhalb, sie war zuständig für die emotionale Bindung zum Kind, der Vater draußen. Sein neues Betätigungsfeld hieß: Beruf, Leistung und Sozialprestige – hier war er notwendig und unverzichtbar. Die Männer arbeiteten zäh und mit großer Selbstverleugnung, Disziplin, Vernunft und Härte.

Rast und Entspannung fanden die Aufbauväter, wenn überhaupt, in den wiedererstandenen Sportvereinen, im Kegelclub, im Schützenverein, im Fußballclub oder in einem der Vertriebenenverbände. Obwohl die Frauen abends wieder eher zu Hause blieben, gab es reine Männer-Domänen, Orte, wo Männer unter sich waren, immer weniger. Die Kneipe an der Ecke war nicht jedermanns Sache. Seelischen Halt und Trost konnten da vielleicht die Kirchen bieten. Konfessionell strikt getrennt erblühte nach den Jahren der faschistischen Gleichschaltung wieder das kirchliche Gemeindeleben. Der Wunsch nach Ruhe, nach Ordnung, nach Bewältigung des Chaos und der Unsicherheit im eigenen Innern fand seine Erlösung möglicherweise auch in der Überschaubarkeit und der hierarchischen Struktur der Kirchen. Politisch besetzte dieses Verlangen Konrad Adenauer, der katholische Kanzler in Bonn. Er war die starke väterliche Leitfigur, pater familias und pater patriae in Personalunion. Die Westdeutschen und er wuchsen gemeinsam und im Jahr 1957 wurde Adenauer mit überwältigendem Ergebnis im Amt bestätigt. Sein Motto: »Nur keine Experimente«.

Wenn ein junges Mädchen Liebe spürt,
wünscht sie manches im Geheimen,
denn wenn sie ihr kleines Herz verliert,
möchte sie nicht nur von Liebe träumen.
Der junge Mann, der ihr gefällt,
scheint ihr das Glück auf dieser Welt.
So stellt sie sich die Zukunft vor
und sie flüstert ihm ins Ohr:
Eine weiße Hochzeitskutsche kommt
am Morgen vorgefahren,
und im hellen Sonnenschein
steigen wir als Brautpaar ein.
Eine weiße Hochzeitskutsche fährt
uns wie vor hundert Jahren,
weil es so die Sitte war, bis zum goldnen Traualtar.
Alle Leute steh'n auf der Straße still
und sie schauen vergnügt nach uns beiden.
Mancher denkt, der uns gratulieren will:
»Ach ihr seid ja zu beneiden!«
Liebe weiße Hochzeitskutsche, komme
recht bald vorgefahren,
denn ich war so lang allein,
wann wird meine Hochzeit sein?

Erni Bieler und Rudi Hofstetter,
›Eine weiße Hochzeitskutsche‹

An ihren Nachwuchs stellten viele Väter hohe Erwartungen und walteten als oberste Erziehungsinstanz nach Feierabend. Der große Abwesende, der Vater als Tyrann, der Vater, der seine Kinder, seine Töchter zu ihrem Glück, so wie er es versteht, zwingen möchte – all diese Väter gleichen unhinterfragbaren Institutionen, nicht realen Menschen. Es waren Väter, die sogar noch in der Liebe das Gleich zu Gleich ausschlossen, wie Heinrich Vormweg es so treffend formulierte. Letztlich steht solch ein Vater auf einem Sockel: hehr, unnahbar – und einsam. Er darf nicht normales Familienmitglied sein, er ist Familienvorstand. Er ist für seine Kinder nicht verfügbar und nicht erreichbar. Er ist oft nicht ansprechbar – aber er spricht. Nicht belanglos, nicht nebenbei. Sein Sprechen lässt den Nachwuchs an der Vernunft der Welt teilhaben. Um seiner Rolle gerecht zu werden, darf der Vater keine Gefühle zeigen, nicht traurig sein, wenn ihm ein naher Mensch stirbt. Er darf keinen Neid empfinden, wenn der Nachbar ein größeres Auto fährt – nein, er kann sich ein noch größeres leisten, er ist besser auf Grund seiner Leistung. Er darf nicht einfach nur sauer, schlecht gelaunt oder gar deprimiert sein – nein, Vater hat Sorgen. Auch sein Verhältnis zu seiner Frau muss perfekt sein. Wenn sie einmal streiten, dann nicht vor den Kindern. Denn streiten tut man nicht; Vati und Mutti streiten nicht, sie sind unterschiedlicher Meinung. Aber haben sie überhaupt ein Verhältnis zu- und miteinander? Zelebrierten diese Ehepaare ihre Ehe nicht auch als Institution, als plakatives Vorzeigeprodukt – seht her, wie perfekt, will sagen wie normal wir sind?

Neue Geräte in modischem Design, 1956

Es gibt in der Literatur, im Theater, im Film wenige Beispiele sich streitender Väter und Töchter. Die ernst genommenen Auseinandersetzungen führten immer die Söhne. Dabei sind die Töchter nicht weniger streitbar. Ihnen jedoch wurde die Würde zur ebenbürtigen Konfrontation gern abgesprochen. Genau dies erfuhren auch die Töchter der 50er und beginnenden 60er Jahre. Ihr Lebensziel sollte sein, ausgleichend zu wirken, nett zu sein. Indem die Töchter dies früh verinnerlichten und sich die Väter im Notfall den Auseinandersetzungen gar nicht stellten, verwiesen sie die Töchter auf ihre Plätze. In den endlosen Disputen mit den Müttern arbeiteten sich die Mädchen über die Jahre – stellvertretend – ab.

1959 flimmerte das erste Sandmännchen über die DDR-Bildschirme

In der Pubertät wurde noch einmal deutlich, dass die bundesrepublikanische Gesellschaft noch bis Mitte der 60er Jahre auf Kinder, auf Jugendliche nicht eingerichtet war. Deren Belange spielten einfach kaum eine Rolle. Wie in den Familien, wo sich schier alles um die Befriedigung der unmittelbaren Lebensbedürfnisse und die Gestaltung der Zukunft drehte, waren auch im öffentlichen Leben die Prioritäten eindeutig gesetzt. Weit vor dem Bau von Spielplätzen, Schwimmbädern oder Jugendzentren rangierte die Notwendigkeit von Wohnungs- und Straßenbau. Eigene Bereiche für Jugendliche außerhalb der elterlichen Wohnung, wie Jugendhäuser, die sich im Westen in den 60ern erst zögerlich entwickelten, oder eine Kneipe zum ungezwungenen und unkontrollierten Treffen gab es nicht. Häufig saßen die Backfische bei den Eltern mit auf dem Sofa – sich in ein eigenes Zimmer zurückziehen zu können, war ein Privileg weniger. Die Eltern hörten am Sonntagnachmittag lieber den ›Donauwalzer‹ als die schmissigen Melodien auf »AFN«, dem »American Forces Network« oder einem anderen, im Osten außerdem verpönten West-Sender. Radio oder das noch neue Fernsehen strahlten nur wenige Sendungen für Kinder und Jugendliche aus. Das Fernsehprogramm begann am Nachmittag immer noch mit einem Testbild, für Kinder gab's das ›Zauberkarussell‹ mit Zebulon, später ›Sport, Spiel, Spannung‹, doch das Ende des Programms am späteren Abend durften die Kids ohnehin nicht erleben. Denn nach der ›Tagesschau‹, die damals noch so staatstragend spröde daher kam, um 20 Uhr ging's ab ins Bett.

In der DDR war der Nachwuchs längst instrumentalisiert und je älter er wurde, desto misstrauischer wurde er in seinem Auftreten von den Erwachsenen in Partei und FDJ beobachtet. Und im Verdachtsfall wurde er möglichst schnell und nachhaltig wieder eingegliedert.

»Die Ehe gleicht einem Keil, der breit anläuft und in einer Spitze endet. Dabei aber sollten die äußeren Seiten dieses Keils glatt und schnurgerade sein. Die spitz zulaufenden Seiten sind die körperlichen Gefühle, die am Anfang breit und wuchtig sind und am Ende nur noch in einer dünnen Spitze sich auf der seelischen Ebene treffen. Sollten sich einmal an den beiden Außenseiten dieses Keiles Wellenlinien oder Ausbeulungen zeigen, so sollten beide Ehegatten gemeinsam den Hobel ergreifen, um die erhabenen Stellen wieder glatt zu hobeln. Es ist nur Sorge zu tragen, dass die Ausbeulungen nicht so hoch werden, dass sie sich nicht mehr glatt hobeln lassen. Denn Berge kann auch der beste Hobel nicht mehr entfernen.«

›Enthüllte Geheimnisse der Liebe und Erotik‹

In diesem Alter wurde die elterliche Welt um die Jugendlichen herum noch einmal sehr eng. Die Mahnungen häuften sich, die Befürchtungen und Ängste gerade um die heranwachsenden Töchter und damit die Drohgebärden. Graduell unterschiedlich verliefen die Auseinandersetzungen mit den Eltern um Rocklänge, Tiefe des Ausschnitts, Schminke und den spätesten Zeitpunkt, abends wieder zu Hause sein zu müssen. Foren, wo sich die Jugendlichen verstanden fühlen konnten, waren rar. Die beste Freundin vielleicht und vermutlich die ›Junge Welt‹ oder die seit 1956 erscheinende ›Bravo‹. Ab 1965 dann sendete das West-Fernsehen die erste Jugendsendung, den ›Beatclub‹. Hier endete – im Westen stärker als im Osten, der Einflussbereich von Eltern, Pfarrern oder Lehrern.

Die Musik von Beatles & Co., die wilden solistischen Tänze, das provozierende Aussehen, lange Haare, lange Pullis, lange Schals genauso wie das »schamlose« Auftreten der Twens wurden nicht nur in der DDR als schädlich für die etablierte Ordnung empfunden. Je stärker dort die SED allerdings bestrebt war, all das, was aus dem Westen kam oder als »prowestlich« interpretiert wurde, auszugrenzen, desto mehr rückten nicht wenige Jugendliche in die Nähe ihrer Eltern. Und fanden dort auch Rückhalt – in der übereinstimmenden Haltung gegen den Staat. Verhältnismäßig viele Eltern hatten sich früher schon, möglichst unauffällig, darauf beschränkt, ihr eigenes und das Familienfortkommen zu sichern und sich, soweit das möglich war, aus dem politisch geprägten öffentlichen Leben zurückgezogen. Im Westen funktionierte eine solche solidarische Nähe zwischen den Generationen häufig nicht. Stattdessen revoltierten die Jugendlichen scharenweise gegen die unerreichbaren Väter, die immer nur vom Erfolg, nie aber von einem Misserfolg in ihrem – beruflichen – Leben berichteten. Und sie lehnten sich auf gegen ihre Mütter und deren indifferentes Rollenverständnis.

»Kleine Mädchen sprechen nicht so! Eine richtige Dame erhebt nie ihre Stimme!« – und welches kleine Mädchen möchte nicht gern eine richtige Dame sein. Mädchen sollten sein wie die in den 50ern aufkommenden Barbiepuppen: hübsch, artig und stumm, adrett und sauber. Mit beginnender Pubertät wurden Äußerungen von Weiblichkeit bei den heranwachsenden Töchtern ängstlich gleichgesetzt mit schiefer Bahn. »Du wirst noch in der Gosse landen!« – die Erinnerung an diesen Spruch eint alle Frauen dieser Generation. Eigene modische Vorstellungen, ein Rocksaum eine Hand breit überm Knie oder Seidenstrümpfe gar, waren bereits ein deutliches Indiz für den entscheidenden Schritt in Richtung Abgrund und zogen zwangsläufig schärfere Beobachtung seitens der Erziehungsberechtigten nach sich. Durften die Brüder abends wegbleiben oder sollten ruhig auch mal über die Stränge schlagen, so war das den »Backfischen« strengstens untersagt.

Mit wachsendem Wohlstand und geheizten Schlafzimmern hielt eine neue Prüderie Einzug in die zwischengeschlechtlichen Verhältnisse. Zumindest nach außen hin. Die berühmte Doppelmoral der 50er speiste sich aus einem relativ locker gehandhabten Sexualverhalten, das seine Wurzeln noch in der Nachkriegszeit hatte, als Fressen wichtiger war als die Moral, und dem wieder erneuerten und eifrig überwachten Anstands- und Moralkodex im Wirtschaftswunderland. Heiratsschulen, Benimmkurse und

1962 DDR: Frauen stellen 46% aller Beschäftigten. +++ Sowjetische Jagdflugzeuge bedrängen Militärtransporter der Westalliierten in Luftkorridoren nach Westberlin. In einem der Transporter sitzt britischer Botschafter. +++ Abzug der in West-Berliner Friedrichstraße stationierten US-amerikanischen Panzer und der in Ost-Berlin Unter den Linden stationierten sowjetischen Panzer. +++ DDR-Regierung führt Reisevisa für Bundesbürger ein. +++ Allgemeine Wehrpflicht für Bürger in DDR und Ost-Berlin. +++ Kuba-Krise: USA und Sowjetunion stehen vor Krieg, Deutsche horten Lebensmittel. Krieg wird abgewendet. +++ Spiegel-Affäre. +++ »Schwabinger Krawalle«: gewaltsame Auseinandersetzungen zwischen Jugendlichen und Polizei. +++ Erste wissenschaftliche Untersuchung in »Contergan«-Affäre: eine »der größten medizinischen Katastrophen« nach Einnahme des Schlafmittels Contergan der Firma Chemie Grünenthal GmbH durch Schwangere. +++ DDR: Gründung der Intershop-Handelsorganisation. Einkaufen dürfen nur Ausländer mit Westgeld. +++ In Zwickau beginnt Produktion des Trabant P 60. +++ Schlagwetter-Explosion in Grube Luisenthal bei Völklingen, Saarland: 300 Bergleute kommen ums Leben. +++ Nacht vom 16. auf 17. Februar: schwerste Flutkatastrophe seit 1855: in Norddeutschland sterben 330 Menschen. +++ ›James Bond jagt Dr. No‹: Beginn der Dreharbeiten zu erfolgreichster Serie der Kinogeschichte. +++ ›Oberhausener Manifest‹: 26 junge Filmemacher erklären »Der alte Film ist tot. Wir glauben an den neuen.« +++ Film-Premieren (West): ›Der Schatz im Silbersee‹ und ›Das Brot der frühen Jahre‹ nach Roman von Heinrich Böll. +++ »The Beatles« Auftritt im Hamburger »Star-Club« erstmals mit Ringo Starr am Schlagzeug. +++ Anti-Baby-Pille kommt in BRD auf den Markt. +++ DDR: Neue Modefrisur »Fleuron«!.

die Betulichkeit der Tanzstunden, wo die pickeligen Jugendlichen unter Aufsicht auf erste Tuchfühlung gehen durften – alles sollte unter Führung Erwachsener vonstatten gehen. Und ein Kuppelei-Paragraph drohte Hoteliers, Vermietern und selbst Eltern mit Gefängnis, sollten sie in ihrem Haus vorehelichen Sex dulden.

Natürlich fanden die pubertierenden Mädchen die Fragen interessant, über die Eltern im Allgemeinen nicht gerne sprechen. Sexualität, der eigene Körper, Aufklärung waren damals nicht nur Tabuzonen, dieses »ganze schmutzige Geheimnis« war ein besonders heikles Thema in diesen prüden Zeiten. Nur wenige Jahre vor Oswalt Kolles ›Schulmädchenreport‹ oder Günther Amendts ›Sexfibel‹, verliefen die Aufklärungsgespräche, meist von der Mutter geführt, ziemlich kryptisch. Aufklärung passierte im Allgemeinen nicht zu Hause, sondern wurde im Osten wie im Westen von Magazinen wie ›Bravo‹ oder ›Die junge Welt‹ und den mehr oder weniger kenntnisreichen Freundinnen geleistet. Bereits Begriffe wie Zungenkuss oder »Petting« verursachten Herzklopfen und wurden manchmal schüchtern leidenschaftlich, häufig nüchtern entzaubert, wenn sie sich zumeist als verdruckste Annäherungen in einem Hauseingang oder unzartes Fummeln im schummrigen Abseits einer Geburtstagsparty verwirklichten. Noch die harmlosesten Befürchtungen vieler Eltern standen in so gar keinem Verhältnis zu dem, was ihre Töchter wirklich wagten. Ab 1961 bescherte die Pille Vätern und Müttern zusätzlich schlaflose Nächte. Aber sie wurde nicht nur von allen

»Greif zu – es ist Dralon«, Werbung 1957

Seiten verteufelt, sondern war zu teuer und für Unverheiratete nur schwer – und für Jugendliche schon gleich gar nicht so ohne weiteres zu bekommen. Die angehenden Backfische holen sich aus den Magazinen die Informationen fürs Leben. Von zu Hause kam die Vorbereitung auf die Zukunft. Für die Vermittlung von Zukunft waren die Mütter zuständig und das Leben im Elternhaus schien am Ende der Jugend fast unausweichlich in der Heirat mit einem ordentlichen jungen Mann zu münden. Die Ehe galt als etwas Hehres, Erstrebens- und Erträumenswertes, sie musste aber nicht unbedingt mit persönlichem Glück verknüpft sein. Die Ehe war als Institution nicht hinterfragbar, man heiratete, weil es von einem erwartet wurde, weil jede und jeder heiratete. Oft genug entsprach die Vorstellung von der Ehe ziemlich exakt dem Bild, das das Zusammenleben der Eltern abgab. Die Mütter hatten ihre Männer längst an Beruf und Karriere verloren. Ihre Ehe glich häufig mehr einer Zweckgemeinschaft zweier mehr oder weniger geschlechtsloser Wesen als einer erfüllten glücklichen Partnerschaft. Die Töchter hatten ihre Mütter folglich nicht selten als asexuelle Hauswirtschaftswesen erlebt und die Männer, dank der Bewunderung aus der Ferne, die dem Vater vorbehalten war, auf einen ziemlich hohen Sockel gestellt. Die Folge war bei vielen jungen Frauen eine recht langwierige Suche nach der eigenen Rolle und nach dem »richtigen« Verhalten gegenüber dem anderen Geschlecht. Sowohl »den« Mann zu finden als auch, eine Vorstellung von sich und der eigenen Zukunft zu entwickeln, unterlag häufig Umwegen.

ULRIKE SPECKMANN

Eine Frau muss den Kopf unter den Arm nehmen

In den 50er Jahren waren die Männer noch schmal und mager, sie trugen dunkle Anzüge mit weiten Hosen und immer einen Hut in der Öffentlichkeit. Die Haare waren kurz im Nacken und wurden streng aus der Stirn gekämmt. Zu den Anzügen trug man Oberhemd und Krawatte. Zu feierlichen Anlässen wurde der Zylinder herausgesucht. Man rauchte und aß nicht auf der Straße. Die Frauen hatten enge Taillen, weite Röcke und spitze Busen. Eine Dame ging nie ohne Hut und Handschuhe auf die Straße. »Eine Dame rennt nicht...«, auch nicht der Straßenbahn hinterher. Unverheiratete Frauen hießen »Fräulein«.

Es war selbstverständlich, dass eine Ehefrau kleiner als ihr Mann zu sein hatte, sie sollte zu ihm aufschauen. Andernfalls wäre er ein »Pantoffelheld«. Für ein Mädchen war es ein großes Unglück richtig »lang« zu werden, 1,80m oder gar 1,85? »Wie furchtbar, sie wird keinen Mann bekommen, dabei ist sie doch eigentlich so hübsch.«

Männer waren in meinen Augen groß, klug, vorausschauend, weise und hatten in jeder Lebenslage den Überblick. Als Kind dachte ich, alle Männer seien stark, abenteuerlustig, über den Dingen des Alltags stehend und ausschließlich mit bedeutenden Entscheidungen beschäftigt. Das andere machten ja die Frauen. Noch heute bin ich ein wenig schockiert, wenn ich beim Einkaufen ein älteres Paar erlebe, bei dem sich der Mann kleinlich nörgelnd und griesgrämig mit Preisvergleichen und rechthaberischem Gemecker hervortut. Immer denke ich: Als Mann hätte er das doch nicht nötig. Dann mache ich mir rasch wieder bewusst, dass nicht alle Männer wirkliche Helden sind.

Damals schien mir die Welt der Männer aufregend, interessant und viel versprechend. Man konnte eine wichtige Stellung im Beruf haben, man erfuhr die Hintergründe der Ereignisse, man konnte Auto fahren und an Sportwettkämpfen teilnehmen, man wusste Bescheid über seine beruflichen Fachgebiete, man wurde gehört und gefragt, man gehörte dazu. Männer folgten ihren Prinzipien und schielten nicht auf den Beifall der Umgebung, sie arbeiteten hart, sorgten für ihre Familie und waren stolz darauf. Das war das Leben. Als kleines Mädchen dachte ich lange Zeit, dies Leben würde ich auch haben können. Auf dieses Leben wartete ich und übte schon mal mit den Zähnen zu knirschen und die Kiefermuskeln anzuspannen wie Old Shatterhand, um meine Entschlossenheit in Auseinandersetzungen zu demonstrieren. Aber dann wurde ich älter und musste feststellen, dass ich ein Mädchen war und bleiben würde und dass Zähneknirschen lächerlich war. Ich würde weder Old Shatterhand noch Winnetou werden, kein großer Erfinder und kein weiser Politiker, ich würde mich nicht mit Zielstrebigkeit und Klarheit im Leben durchsetzen.

Ich würde warten, bis mich jemand wahrnähme, bis jemand mich verwendbar fände, ich würde nur antworten, wenn ich gefragt worden wäre. Bei den langweiligen Schularbeiten motivierte ich mich mit der Phantasie, ich sei Angestellte in einem Büro und hätte vom Chef diese Aufgaben bekommen. Er würde mich loben, wenn ich sie rasch und fehlerfrei erledigt hätte.

Das Gefühl, nicht dazu zu gehören und nur hinter einer Glaswand stehend beobachten zu können, wie andere leben, ist mir lange erhalten geblieben. Ein Frauenleben schien mir nicht so erstrebenswert, wenn ich von dem ausging, was ich täglich in meiner Umgebung wahrnehmen konnte. Das Leben der Hausfrauen, und ich kannte keine berufstätige Frau, war voller häuslicher Arbeiten und fand fast nur zu Hause statt. Ich erlebte nie, dass eine Frau neben der Erfüllung ihrer Hausfrauenpflichten sich das Recht herausnahm, eigene Interessen zu verfolgen, eine Leidenschaft oder ein Hobby zu haben. Wenn meine zahlreichen Onkel von Tennisturnieren, Segelbooten, Ausflügen mit dem Vespa-Roller oder anderen aufregenden Beschäftigungen erzählten, sah ich die dazu gehörigen Frauen nachsichtig lächelnd im Plissee-Rock auf dem Sofa sitzen oder die nächste Mahlzeit vorbereiten. Sicher interessierten sie sich für dies und das, sie gingen auch schon mal zum Sport, ins Kino, ins Theater. Was ich aber von Frauen nicht kannte war, dass sie ihre Interessen wie die Männer in den Vordergrund rücken durften.

Eine Spruchweisheit meiner Großmutter war: »Die Frau muss den Kopf unter den Arm nehmen«, und das hatte meine Mutter sich durchaus auch zu Eigen gemacht. Sie versuchte zumindest, sich danach zu verhalten, und überlieferte mir als Tochter diese Weisheit als Orientierungshilfe.

Ich erinnere mich deutlich, dass zum Beispiel in Filmen fast ausschließlich dieses Frauenbild vorgeführt wurde. Die nette, hübsche, immer muntere Ehefrau, die kindlich und naiv wirkt, ihren Mann wie einen Vater anhimmelt und ihn mit einem hohen Stimmchen umgarnt, um ihre Wünsche durchzusetzen. Ein offenes Gespräch auf gleicher Augenhöhe zwischen Mann und Frau kam nicht vor. Zumindest konnte ich so etwas in den öffentlichen Darstellungen, in Büchern, Filmen, Hörspielen, Zeitungen nicht erkennen.

Die Ehe war das höchste Ziel eines Frauenlebens. Die zahlreichen so genannten Mädchenbücher, ›Pucki‹, ›Nesthäkchen‹, ›Hanni und Nanni‹ und so weiter berichteten davon mit nie erlahmendem Eifer. Ich las sämtliche ›Pucki‹-Bücher, aber mein heimlicher Traum war es, wie Puckis Vater Förster zu werden. Ich konnte mir nicht vorstellen, mit 18 Jahren zu heiraten und drei Söhne zu haben wie Pucki. Es gab in meiner direkten Umgebung keine weiblichen Vorbilder für das Leben, das ich mir wünschte, und so entstand bei mir der Eindruck, es sei nicht richtig, so etwas zu wünschen. Ich erinnere mich nicht, dass ich den Wunsch, Förster werden zu wollen — dabei kam es mir vor allem auf den Wald und die Tiere an —, geäußert habe. Ich glaube, ich habe mich selbst dafür ausgelacht.

Mädchenträume drehten sich um eine Ehe mit einem möglichst attraktiven, wohlhabenden Mann. Das führte zwangsläufig zu einer heftigen Konkurrenz unter den Mädchen. Das Thema Aussehen, Kleidung, Attraktivität stand überall im Mittelpunkt. »Wer schön sein will, muss leiden«, »Wer friert, hat keinen Charakter«, diese und ähnliche Erkenntnisse begleiteten unsere modischen Entscheidungsprozesse. Von klein auf lernten wir, dass es erstrebenswert und unbedingt erforderlich war, den Jungen, den Männern zu gefallen. War das nicht der Fall, entstand eine Leere, die ich in meiner kindlichen Phantasie nicht zu füllen wusste.

Auf meinen empörten Bericht über Straßenarbeiter, die mir nachgepfiffen und anzügliche Bemerkungen gemacht hatten, erhielt ich die Antwort: »Dumme Gans, sei froh, dass sie es tun.« Ich solle das als Kompliment auffassen und froh sein, dass die Männer mich bemerkten. Im Gegensatz dazu stand aber ein gewisser Teil meiner familiären Erziehung, der mir gleichzeitig vermittelte, dass jeder Mensch für sich etwas wert sei, dass man für sich und seine Überzeugungen gerade stehen kann und sollte, dass man argumentieren und diskutieren kann. Dass es gut ist, viel zu lernen und zu lesen und mitreden zu können.

Also dachte ich, es sei gut, viel zu wissen und eine eigene Meinung zu haben. Als ich älter wurde, stellte sich das als Irrtum heraus. Die onkelhaft wohlwollenden älteren Männer fanden es nicht interessant, wenn die Themen ernster wurden und ich eine Meinung äußerte, die ihnen nicht passte. Die jungen Männer meines Alters wollten sich nicht von einem Mädchen irritieren lassen, das anscheinend etwas besser wusste als sie. Ein Mädchen sollte eben hübsch sein, lächeln, schweigen und sich anpassen.

Endlich »Nylons«!

Ein häufig gehörtes Lob war: »Das Kind ist ja so bescheiden.« Eine Frau, die zielstrebig ihre Interessen verfolgt, wurde als kalt und berechnend abgelehnt. Eine allein stehende Frau war entweder lächerlich oder eine moralisch zweifelhafte Person. Eine berufstätige Frau war entweder ein Mannweib oder sitzen geblieben. Eine kinderlose Frau galt als Versagerin ohne Lebensinhalt. Ein Mädchen sollte zwar Männern gefallen, aber nicht den gleichaltrigen »grünen« Jungs, möglichst den älteren. Ein Mädchen sollte lernen, mit eventuellen Kollegen Bier zu trinken, aber niemals aus der Rolle fallen. Ein Mädchen sollte hübsch und gut aussehend sein, aber nicht eitel sein oder sich schminken. Ein Mädchen sollte eine »Dame« werden, aber keine großen Ansprüche stellen. Ein Mädchen sollte aufgeweckt und fleißig sein, aber nicht zu viel Initiative entwickeln. Ein Mädchen sollte seine Interessen vertreten, aber nur, wenn sie niemandem in die Quere kamen. Ein Mädchen sollte große Leistungen vollbringen, aber sich nicht zu sehr für eine Sache engagieren. Ein Mädchen sollte charmant und witzig sein, aber nur über die richtigen Witze lachen, »am Lachen erkennt man den Narren!« Schlussendlich hatte ich das Gefühl nichts richtig machen zu können und niemals den Ansprüchen zu genügen. Allzu schnell war ich bereit, meine eigenen Eindrücke und Wahrnehmungen zu hinterfragen, sie hintenan zu stellen oder ganz für falsch zu erklären.

Tanzstunde: wohlgesittet auf Tuchfühlung

Die Tanzstunde mit 15 Jahren war für mich eine Station der zwiespältigen Gefühle. Ich tanzte zwar gern und gut, aber ich wollte mich nicht zu Beginn des Tanzunterrichts in eine Reihe stellen und von den Jungen aussuchen lassen, wie ein Kohlkopf auf dem Wochenmarkt. Also kam ich immer ein wenig zu spät, damit dieses Ritual schon vorbei war. Ich hätte zwar auch gern einen Freund gehabt, aber ich fühlte mich hässlich und unattraktiv, modisch unzureichend ausgestattet, und gebärdete mich daher zickig und widerspenstig, so dass ich auch niemanden traf, der mich wollte. Ich fand die gleichaltrigen Jungen zwar irgendwie stoffelig und nicht männlich genug, aber gleichzeitig wünschte ich nichts sehnlicher, als dass einer von ihnen mich verehrt hätte.

Als ich einmal von drei Jungen nach Hause begleitet wurde, erdreistete sich einer von ihnen, mich auf der Straße zu küssen. Ich war entsetzt und begeistert und rannte verwirrt nach Hause. Anschließend erfuhr ich, dass er herumlief und jedem, der es hören wollte, berichtete, was ich für eine Schlampe sei, die es mit jedem macht. Ich war zutiefst schockiert.

Es war der erste tiefe Blick in die Gefahren der Frauenidentität, denen ich im späteren Leben noch oft ausweichen musste. Entweder Heilige oder Hure, zwischen diesen beiden Abgründen der christlich-abendländischen Tradition musste ein Mädchen entlang balancieren. Nur der gerade Weg in die Ehe bewahrte die Frau vor Fehltritten und Abstürzen in einen von beiden.

Der Weg aus diesem Dilemma begann mit der Verweigerung modischer Eleganz in den siebziger Jahren. Es war plötzlich unter unserer Würde uns zu schminken. Kein Lidstrich mehr, keine Schuhe mit Absätzen und keine schicken Blüschen mit Faltenröcken oder gar Hosen mit Bügelfalte. Wir trugen nur noch alte Pullover, enge Cord-Jeans, Bundeswehr-Parkas, kilometerlange, selbst gestrickte Schals um den Hals und »Boots« an den Füßen. Auch in der Provinz waren die Auswirkungen der Studentenbewegung in den sechziger Jahren zu spüren und wir, einige Mädchen des Städtischen Mädchengymnasiums, begannen zu erahnen, dass es für uns eine Chance sein würde, sich diesen neuen Gedanken zu öffnen und frischen Wind in die Köpfe und unsere Lebensverhältnisse wehen zu lassen.

Ich las jetzt nicht mehr Karl May, sondern Karl Marx und Friedrich Engels und ging nicht mehr in die Jugendgruppe der katholischen Gemeinde, sondern in den »Club Extern«, um über Politik zu diskutieren. Es brauchte aber noch viele Jahre, die feministische Frauenbewegung und heftige Kämpfe mit mir selbst und der Männerwelt, um irgendwann erleben zu können, dass es möglich wurde, manchmal als Frau ein Gespräch mit einem Mann auf gleicher Augenhöhe zu führen.

Nach dem Abitur fand mein Vater, ein Studium sei nicht nötig, ich würde ja sowieso heiraten. Zum Scherz schloss er eines Tages in meinem Beisein mit einem Bekannten eine Wette ab, wessen Tochter zuerst mit einem Kind nach Hause käme. Wer zuerst Opa würde, hätte verloren. Ich fühlte mich so gedemütigt. Meine Mutter setzte sich aber sehr dafür ein, dass ich studieren konnte. Als berufliche Perspektive wurde mir »Sekretärin« angepriesen, der ideale Beruf für Frauen, bei dem man es sehr weit bringen könne.

MARIANNE TROLL

Einen Mann kriegst du mit der Haltung aber nicht!

Frauen und Mädchen waren die nützlicheren Menschen, Männer und Jungen die wertvolleren. Frauen und Mädchen wurden an ihre Pflichten erinnert, Männer und Jungen nahmen sich Rechte. Mädchen sollten ansehnlich sein, Jungen durfte man auch hören. Aus diesen im Alltag der 50er und 60er Jahre verankerten Werturteilen entstanden für mich Konflikte, die schon deshalb schwer zu lösen waren, weil die Überzeugungen meiner Eltern von ihnen selbst nicht thematisiert wurden. Sie waren auch ihrem ausdrücklichen pädagogischen Credo entgegengesetzt:»Wir lieben alle Geschwister gleich, einerlei, ob Junge oder Mädchen. Wir erziehen kraft Gerechtigkeit.« Und es stimmt, unsere Eltern versuchten tatsächlich, uns alles zu gleichen Teilen zu geben.

Wie kam ich nur darauf, mich gegenüber meinem Bruder, gegenüber anderen männlichen Zeitgenossen benachteiligt zu fühlen? Die Pflichten und Zerstreuungen im durchorganisierten Tagesablauf — »erst die Arbeit, dann das Vergnügen!« — wie die Regeln des Umgangs und der Verständigung, die vor allem anderen das Gefälle von Erwachsenen zu Kindern festlegten — »willst du hier einen Zwergenaufstand machen?«, galten für jedes Kind. Strikter Gehorsam — »Strafe muß sein!« — betraf alle, genau wie verbindende Familienrituale, gemeinsame Unternehmungen und Bildungs- oder Unterhaltungsangebote; auch die zähneknirschende Verdrossenheit, die sich im ganzen Haus ausbreitete, wenn wir zu laut, zu fröhlich, zu unbeherrscht unsere Mutter aus der

Balance gebracht hatten und an die Arbeit geschickt wurden; die fidelen Tobereien mit unserem Vater, die oft so willkürlich endeten, wie sie begannen. Auch die möglichst genaue materielle Gleichwertigkeit von Geschenken zu Festtagen sollte den Eindruck vermeiden, dass ein Kind bevorzugt wurde.

Wir wurden nicht einfach so, aus Freude über unsere Existenz umarmt, geküsst oder herumgeschwenkt. Zärtlichkeiten gehörten als wesentliches Element zur Baby- und Kleinkindversorgung und wurden jedem Kind bei den Begrüßungs- und Verabschiedungsritualen zuteil und abverlangt.

Drei Generationen: Marianne mit Uroma, Oma und Mutter, 1955

Spontane Gefühlsausbrüche bewirkten im besten Fall hochgezogene Augenbrauen und die Feststellung »Dir geht's wohl zu gut!«. Die Freude an einem essbaren Geschenk, das einem von uns von außerhalb der Familie zufiel, wurde schon im Keim gedämpft, weil über allem der Auftrag stand, mit den Geschwistern zu teilen und auch unserer Mutter ein Angebot zu machen, das sie aber meistens ablehnte. Weil ich um jeden Preis etwas für mich allein haben wollte, stopfte ich mir so manches Kuchenstück einer freundlichen Bäckerin, die mir wie eine gute Fee auf dem Heimweg von der Schule gelegentlich unverkäuflichen Bruch in die Hand drückte, schnell und heimlich in den Mund, verschluckte mich an den Krümeln und bestrafte mich mit Gewissensbissen und der Angst, bei diesem Diebstahl an meiner Familie erwischt zu werden. Die offensichtlichen Ungleichheiten, wie ein eigenes Zimmer für den Bruder und ein weiteres für uns drei Schwestern zusammen, verschwanden aufgrund ihrer Übergröße hinter den vielen kleineren Vergleichs- und Kontrollkämpfen, in die wir verwickelt waren.

Jedes Kind hatte seine besondere Milchtasse, eine Kompottschale, ein Frühstücksbrett, ein Sparschwein für gelegentliche Geldgeschenke von Verwandten, über die wir nicht verfügen durften, in »seiner eigenen« irgendwann einmal festgelegten Farbe. Meine Farbe war gelb. In unseren schlimmsten Zeiten durfte ich die Tasse meines Bruders, und er meine, nicht mal anfassen, ohne Protestgeschrei zu provozieren. Auch die Mahlzeiten wurden als Gerechtigkeitszeremoniell inszeniert. Wir wachten eifersüchtig darüber, dass niemand auch nur einen Krümel mehr auf seinem Teller hatte als der andere, ob wir hungrig waren oder nicht. Trotzdem fühlte sich jeder dauernd benachteiligt.

In dieser Zeit begann ich damit, meine Parallelwelt zu konstruieren, die ausschließlich von freundlichen, wohlmeinenden, mich gelten lassenden Menschen mit interessanten Eigenschaften und Möglichkeiten bevölkert war, und in der ich all das fühlen, sagen und erforschen konnte, was in mir wuchs. In endlosen imaginierten Dialogen erfüllte ich mir den Traum, richtig, gelungen und geschätzt zu sein. Ich nannte diese Parallelwelt bei mir »die dritte Ebene« — neben der ersten Ebene des Wachens und der zweiten des schlafenden Träumens. Das Material dazu bezog ich aus der Literatur, ich las fast wahllos alles, was mir in der Schule, der Stadtbücherei, den elterlichen Regalen, vor die Augen kam, und aus den Kinderstundefilmchen im Fernsehen, die ich mir manchmal erschleichen konnte. Ich hielt diese Welt für äußerst schutzbedürftig und so geheim, dass ich unter gar keinen Umständen über sie sprach. Dabei entwickelte ich eine beträchtliche Virtuosität, von der dritten auf die erste Ebene zu wechseln, wenn meine Anwesenheit dort gefordert war, ohne meinen Phantasiefaden zu verlieren, und ohne dass jemand ahnte, woher ich kam.

Wenn ich dem von mir aus unüberwindlicher Ferne angehimmelten Bruder meiner Mutter (ich vier, er vierzehn Jahre alt) so regelmäßig wie vergeblich meine Bewunderung, mein Interesse wie mein Bedürfnis nach Zuwendung und Aufmerksamkeit antrug, erntete ich im besten Fall Spott, ansonsten ein lakonisches »hau ab«. Das gehörte sich so, denn er sei älter als ich, war dann die Begründung, er habe Wichtigeres zu tun, da könne und brauche er sich nicht mit mir zu beschäftigen. Ich dagegen schuldete meinem Bruder, mit dem ich doch in ständiger Rivalität um die materielle und emotionale Zuwendung unserer Eltern lebte, Geduld, Nachsicht und Großzügigkeit. Ich sei älter als er und könne, ja müsse das daher leisten.

Unser Vater appellierte gern an meine, bei einem Mädchen vorausgesetzte Ordnungsliebe und köderte mich mit dem Prädikat Überlegenheit, wenn er mich zum Aufräumen oder in die Küche schickte, um beim Vorbereiten des Essens zu helfen. Das gehörte zwar nominell auch zu den Pflichten meines Bruders, genau wie das mittägliche Geschirrabspülen oder das abendliche Tischdecken, wie das Kehren des Treppenhauses und das Putzen der Waschbecken, das Leeren der Mülleimer und die Schuhpflege für die ganze Familie. Sein notorischer Widerstand war denn auch nur vereinzelt erfolgreich, wurde aber in Familienanekdoten mit wohlwollendem Schmunzeln geschildert und bewies offenbar die von Jungen erwartete Durchsetzungsfähigkeit und körperliche Nehmerqualitäten, er riskierte ja sogar Prügel dafür. Oft wurde er auch nur wegen erwiesener Nutzlosigkeit weggeschickt, wenn er es nur richtig anstellte, und statt dessen von unserem Vater zum Reparieren des Rasenmähers oder des Transistorradios und zum Umgang mit Hammer und Säge herangezogen. Meine verstohlene Verweigerung – »das habe ich vergessen« – erhielt die Etiketten Schlamperei und Faulheit, und die waren leider gar nicht zum Schmunzeln, sondern sehr bedenklich im Hinblick auf meine Verwendungsfähigkeit im späteren Leben – »Einen Mann kriegst du mit der Haltung aber nicht!« Diese Drohung schwang bereits mit, wenn ich auf meine vom Spielen zerzausten Zöpfe, auf die Knöchel gerutschte Strümpfe, auf fläzige Körperhaltung – »halt die Knie zusammen« – oder unaufgeräumte Schulsachen hingewiesen wurde. In den 50ern hieß ein unordentliches Mädchen leicht Schlampe.

Zwölf, dreizehn Jahre lang erlebte ich meine Familie als hermetischen Raum, trotz oder vielleicht gerade wegen eines Vaters, der sich auch im Hinblick auf die geltenden Regeln überwiegend außerhalb dieses Raumes bewegte. Jeder Tag hatte seine immer gleiche Struktur und variierte nur geringfügig, je nachdem, ob es sich um einen Schultag oder das Wochenende handelte. In der Woche begann er um 6.30 Uhr. Ich entflocht meine rückenlangen dünnen Zöpfe, bürstete, während ich mit einem meiner inneren Freunde diskutierte, wie ich es offen tragen würde, mein Haar, ließ vielleicht eine elterliche Zurechtweisung an mir abprallen – »Dein Haar? Deine Haare! Und du bist hier nicht auf einer Modenschau.« – und flocht es wieder zu sehr strammen, gleich hinter den Ohren beginnenden Zöpfen, die ich mit kleinen braunen Plastikspängchen ohne weiteren Schmuck ordentlich fixierte, damit sie bis abends hielten. Mein Bruder bekam alle paar Wochen seine »Bürste« auf seinem runden, hübschen Kopf nachgeschnitten, die sonst keinerlei Aufwand erforderte, so dass er mehr Zeit zum Rumtrödeln hatte. Die Kleidung, jedes Detail von unserer Mutter vorbestimmt, hatten wir uns am Abend schon zurecht gelegt: für meinen Bruder kurze oder knielange Lederhosen und kariertes Hemd, für mich das Wollkleid von Bleyle oder Faltenrock und Bluse, im Winter lange juckende Strümpfe, die mit Strumpfbändern an ein Baumwoll-Leibchen geknöpft wurden, darüber eine helle Schürze mit im Rücken gebundener Schleife und Rüschen an den Schulterbändern. Damit war ich die einzige in meiner Klasse. Strumpfhosen gab es für mich mit dem Eintritt ins Gymnasium. Lange Hosen waren für Mädchen in der Schule nicht erlaubt, mit der einzigen Ausnahme der braunen oder dunkelgrünen Lastex-Skihosen bei starkem Schneefall, die die Beine an den Knöcheln spitz zulaufen ließen und mit Stegen unter dem Fuß gehalten wurden. Darüber trugen wir den obligatorischen Faltenrock. Das »Hosenrecht« ertrotzten wir uns an unserem Mädchengymnasium – gegen die Drohung des Schulausschlusses! – erst in der neunten Klasse, also 1968.

EVA ZIEBERTZ

Ich muss hier raus!

Schwierig wurde es etwa ab der Pubertät. Nicht nur in der Schule wurde ich wieder »vorlaut«, auch zu Hause gab es massive Probleme. Ich sah unsere Verhältnisse zu Hause nicht mehr als warmes Nest, sondern wie durch eine Lupe von außen. Im Erdgeschoss unseres Hauses wohnten die Mutter meines Vaters mit ihrer behinderten Tochter und eine Großtante. Zwei Straßenzüge weiter wohnte die Mutter meiner Mutter mit zwei unverheirateten Töchtern. Mein Vater war in diesem ganzen System der einzige Mann. Natürlich bekam er bei Tisch das einzige Stück Fleisch oder zumindest das größte. Natürlich hieß es immer: Wir müssen Papa fragen, aber alle wichtigen Entscheidungen fällten die Frauen. Der Schein des Entscheiders wurde aufrechterhalten, aber das wirkliche Leben verlief ohne ihn. Einmal zum Beispiel war meine Mutter der Meinung, wir bräuchten ein neues Sofa für das Wohnzimmer. Das wurde wochenlang mit den Schwestern schön geredet und wieder und wieder ausgemessen, schließlich ausgesucht und gekauft. Bei der Anzahlung und Lieferungsabsprache war ich selbst dabei. Es war ein ungewöhnliches Stück, ein goldfarbenes Rundsofa und sicher gewagt. Erst an diesem Abend, als die Lieferung schon fest stand, wurde mein Vater mit den Überlegungen zur Notwendigkeit eines neuen Sofas beschäftigt.

Wichtiger als wir, ihre eigene Familie, war meiner Mutter immer ihre eigene Mutter. Das ist sicher durch die furchtbaren Kriegserfahrungen zu erklären, die meiner Mutter früh zeigten, dass sie nicht nur für sich selbst, sondern auch für das Überleben der Restfamilie zuständig war, da ihre Mutter sich damit als vollkommen überfordert erwiesen hatte. Als ihre erheblich jüngeren Schwestern endlich heirateten, waren diese Hochzeiten deutlich überschattet von der Frage, wie es Oma wohl gehen würde, wenn die Töchter nicht mehr da seien. Meine Mutter ist dann einfach in ihre alte Rolle wieder hineingeschlüpft und hat die Verantwortung übernommen. Noch bevor sonntags bei uns der Frühstückstisch gedeckt wurde, hatte sie den ihrer Mutter schon fertig. Wenn unsere Oma krank wurde, wurde sie in das Ehebett meiner Eltern verfrachtet und mein Vater schlief im Wohnzimmer. Die Ansprüche an selbstverständliche und oft nicht ausgesprochene Hilfestellungen meinerseits wurden immer größer, der psychische Druck immer höher, bis mir klar wurde, dass meine Mutter eine ebensolche Tochter haben wollte, wie sie es war. Ab dem Zeitpunkt wusste ich, ich muss hier raus. Ich ersticke sonst.

URSULA WONNEBERGER

So zeitig fängst du mir nicht mit dem Poussieren an!

Ich hatte immer kurzes Haar, doch ab Mitte der 60er gefiel mir das nicht mehr. Mein Vater war strikt gegen längere Haare und schnitt mir Zacken hinein, damit ich zum Friseur gehen musste. »So zeitig fängst du mir nicht mit dem Poussieren an!« Er hatte Angst, dass ich früh mit Jungs anfange, früh genug entwickelt war ich ja, zu meinem ganzen Stolz hatte ich in der sechsten Klasse schon mehr Busen als unsere Klassenlehrerin. Das behagte meinem Vater nicht: »Bring mir ja kein Kind nach Hause!« Um dennoch zu meinen langen Haaren zu kommen, band ich mir zu Hause ein Kopftuch um, am Hinterkopf sorgsam zusammengeknotet. So konnte er die Haarlänge nicht mehr kontrollieren und eines Tages reichte sie für einen ersten Pferdeschwanz.

Unsere Kleidung war natürlich nicht auf dem neuesten Stand. Kam mal ein Päckchen von der Tante aus dem Westen mit gebrauchten Sachen an, meistens zu Ostern oder zu Weihnachten, dann war es für uns alle wie ein Sechser im Lotto. Diese Sachen waren ein Heiligtum und schon alleine, weil sie aus dem Westen kamen, total schick. Gekauft wurde äußerst selten etwas. Meine Mutter bestückte uns reihum mit Selbstgestricktem aus der zuvor aufgetrennten Wolle, mit Hosen, Pullovern, Strickjacken. Sie war der Meinung, »Hauptsache, die Kinder sind sauber und ordentlich angezogen.«

Im Radio war der »Sender Freies Berlin« eingestellt. Mir gefiel die Musik von Freddy Quinn wie ›Junge komm bald wieder‹ und vieles andere, was in den 60er Jahren gespielt wurde. Aber wenn der Vater in der Gaststätte arbeiten war, stellten wir um auf »Radio Luxemburg«. Die Qualität war zwar schlecht, aber trotzdem begeisterte mich die Musik der Beatles. Sie waren über Jahre das Idol. Ende der 60er Jahre leisteten sich die Eltern auch zu Hause einen Fernseher und wir nutzten es weidlich aus, dass sie abends arbeiten mussten. Ab und zu machten sie allerdings Kontrollgänge — von der Gaststätte bis zu uns nach Hause war es nur ein Fußweg von fünf Minuten — und wurden wir beim Fernsehen erwischt, setzte es Maulschellen. Trotzdem verpassten wir im Fernsehen möglichst keinen ›Beatclub‹. Wir verstanden keinen einzigen Text, Englisch wurde in unserer Schule nicht unterrichtet, aber die Musik ging dennoch in die Beine. Auch Französisch lernten wir nicht, und so übersetzten wir das gestöhnte »Je t'aime«, als es in »Radio Luxemburg« neu aufkam, mit »Tut weh«.

Jugendweihe von Ursula (1. R. 2. v. r.) 1968

In der achten Klasse, 1968, erhielt ich die Jugendweihe und wurde auch FDJler. Gesellschaftlich war ich sehr aktiv und wurde deshalb ein Jahr später zum FDJ-Sekretär der Schule gewählt. Das spornte mich an, Vorbild zu sein und noch bessere Leistungen in der Schule zu zeigen. Meine »vorbildliche Lernhaltung« wurde denn auch im Zeugnis erwähnt. Für meine sechs Geschwister war es mitunter in der Schule nicht angenehm, wurde ihnen doch immer wieder die fleißige Schwester als Richtschnur vorgehalten. Meine ganzen so mustergültigen Deutsch-Hefte hat dann mein großer

Bruder ein paar Jahre später an den Meistbietenden verkauft, um sein Motorrad zu finanzieren.

1970 habe ich mich von zu Hause abgenabelt, auch um den Schlägen meines Vaters zu entkommen, und begann in Frankfurt/Oder eine Lehre als Datenverarbeiter. Wohnen konnte ich im Lehrlingswohnheim und fuhr nur noch an den Wochenenden nach Hause. Dann folgte das Abitur in Frankfurt und das Studium in Dresden und dazwischen ein Sommer auf dem »Tourex«. Mit meinem Verlobten fuhr ich zwei Monate lang im Urlauberzug von Dresden nach Varna in Bulgarien als Schlafwagenschaffnerin, Gert war Kellner im Restaurant. So konnte ich einen Teil der Welt sehen und bekam auch noch Geld dafür. Der Dienst dauerte jeweils von Freitag bis Mittwoch, wenn wir wieder in Dresden ankamen, und begann nach einer Freiwoche erneut. Zum ersten Mal in meinem Leben hatte ich mir 1000 Mark verdient! Mein Vater bekam als Gaststättenleiter im Monat 445 Mark und ich habe mich gefragt, wie meine Mutter den Neun-Personen-Haushalt immer hatte steuern können.

CLAUDIA DAHLKE

Ich lass dich doch nicht als Flittchen rumlaufen!

In der DDR der 60er Jahre wurde in der Schule kein Unterschied gemacht in Erziehung und Bildung von Mädchen und Jungen. Es war ja auch die Zeit, in der die Gleichberechtigung der Frau allseits gepriesen wurde. In der häuslichen Umgebung war das jedoch anders. Jungen wurden weniger zur Hausarbeit herangezogen. Undenkbar, dass meine Brüder hätten die Treppe kehren oder wischen müssen. Was hätten da wohl die Leute gesagt? Ich wäre auch lieber ein Junge gewesen. So trug ich am liebsten Hosen. Gern hätte ich eben solche Lederhosen wie meine Brüder gehabt, aber das kam gar nicht in Frage. Wenn ich einen Rock oder gar ein Kleid anziehen musste, war das die reinste Strafe für mich.

Ich hatte ein Kleid, das ich heute noch als den Schrecken meiner Kindheit bezeichnen könnte. Der Perlonstoff mit blauen, grünen und rötlichen Punkten auf gelbem Untergrund stammte aus dem Westen. Meine Mutter hatte mir ein Kleid mit Rüschen daraus gefertigt, das ich sonntags tragen musste. Ich fühlte mich so schrecklich darin und hoffte jeden Sommer, dass es mir im nächsten nicht mehr passen würde. Aber es wurde etwas ausgelassen und verändert und schon passte es wieder. Einmal habe ich absichtlich Teer draufgeschmiert, aber meine pfiffige Mutter bekam die Flecken mit Butter heraus und das Kleid konnte wieder getragen werden. In meiner Erinnerung begleitet mich dieses Kleid durch die gesamte Kindheit, aber so viele Jahre kann es mir gar nicht gepasst haben.

Die Haare ließ ich mir am liebsten ganz kurz schneiden. »Fasson« oder »Messerformschnitt« war damals Mode. Einmal, als ich sie besonders kurz hatte, gab's großes Theater. Für ein Familienfoto war ein Fotograf bestellt worden. Fast sollte ich nicht mit aufs Bild, weil ich so unmöglich aussah. Allerdings kann ich, wenn ich mir das Bild heute anschaue, diese Einschätzung immer noch nicht teilen. Als Mädchen durfte ich auch nicht pfeifen. »Mädchen, die pfeifen, und Hühnern, die krähn, denen soll man beizeiten den Hals umdrehn«, hieß es dann. Senf machte Mädchen angeblich frech. Darum durfte ich kein Butterbrot mit Senf essen, das ich doch so gerne mochte. Jungen sollten nicht übermäßig viele Eier essen.

Über Sexualität wurde nicht gesprochen. Ich habe auch nie gesehen, dass sich meine Eltern vor uns Kindern küssten oder umarmten. Die Geräusche aus dem Schlafzimmer konnte ich damals noch nicht deuten. Im Religionsunterricht wurden wir vor Unkeuschheit gewarnt, ohne dass wir wussten, was das eigentlich bedeuten sollte. Für unsere Aufklärung sorgten wir gegenseitig. Als ich 14 war, gab mir meine Mutter ein Aufklärungsheft für katholische Mädchen zu lesen. Aber da wusste ich das Wichtigste natürlich schon, zum Teil auch aus dem Biologieunterricht in der Schule. Eine ›Bravo‹ wie im Westen gab es bei uns nicht, auch wenn manchmal uralte zerlesene ›Bravos‹ unter uns kursierten, die irgendjemand aus dem Westen eingeschmuggelt hatte. Aber die Tageszeitung für die sozialistische Jugend, die ›Junge Welt‹, gab es. Einmal in der Woche erschien die Rubrik ›Unter vier Augen‹ von Jutta Resch-Treuwerth, wo sexuelle Fragen für Jugendliche besprochen wurden. An diesem Tag wurde die ›Junge Welt‹ natürlich sehr aufmerksam von uns studiert. Ein monatlich erscheinendes Magazin war ›Das neue Leben‹, eine echte »Bückware«, die unter anderem auch solche Themen behandelte. Nur eben leider sehr schwer zu bekommen.

In dieser Zeit, etwa im 8. Schuljahr, probierten wir das Küssen aus. Mein Klassenkamerad und ich wurden dabei leider beobachtet und beim Klassenlehrer, einem ehemaligen Offizier, verpetzt. Die Strafe folgte auf dem Fuße: Meine Eltern wurden zur Aussprache in die Schule bestellt. Hinterher nahm meine Mutter mich ins Gebet und warnte mich vor Wiederholung. Mein Vater fand die ganze Angelegenheit wohl eher lächerlich.

Der Minirock brachte die bisherigen Moralvorstellungen ins Wanken. »Ich lass dich doch nicht als Flittchen herumlaufen«, hieß es, wenn der Rock mehr als eine Handbreit über dem Knie endete. Da meine Mutter selber nähte, stritten wir um jeden Zentimeter. Wenn ich wegging, musste ich sagen, wohin und mit wem. Fürs Nachhausekommen gab es feste Zeiten und Hausarrest, wenn die nicht eingehalten wurden. Das Rumknutschen an der Haustür fiel meistens aus, weil meine Mutter oben am Fenster nach mir Ausschau hielt. Zum Jugendtanz, heute würde man Disko dazu sagen, durfte ich im Gegensatz zu meinen Mitschülerinnen gar nicht gehen. Diese Veranstaltungen fanden noch nachmittags statt und endeten gegen 20 Uhr. Aber irgendjemand hatte meiner Mutter erzählt, manche Mädchen würden dort unter dem Minirock gar keine Schlüpfer tragen. Komischerweise hat sie das wohl geglaubt und ich durfte nicht hin. Bei meinen Brüdern wurde das ganz anders gehalten. Mein Bruder sagte, er gehe mal kurz weg, und niemand fragte ihn, wohin und mit wem. Auch meine jüngeren Schwestern wurden in dieser Hinsicht nicht mehr so streng behandelt.

KARIN FRUTH

Mit 13 hat man noch Träume ...

Bad Segeberg, Herbst 1962

Ich sehe mich in der Schule sitzen, mit schrecklichen Rückenschmerzen, und denke schon mit Grausen daran, gleich zur Oma nach Groß-Wittensee fahren zu müssen. Wieder mal so ein Wochenende mit meiner zankenden Großmutter, die meinen Vater wegen seines herzlosen Verhaltens in seiner Familie zur Rechenschaft ziehen wird. Wieder mal so ein Wochenende mit rotznasigen Nachbarskindern und Hühnerkötteln auf dem Hof.

Dieses Wochenende wurde zum Schock meines Lebens. Auf dem Plumpsklo der Oma sah ich überall Blut, meine Hose, meine Beine, überall Blut. Voller Panik rannte ich zu meiner Mutter, zerrte sie aus dem Wohnzimmer und stammelte: »Mama, Blut, überall Blut, jetzt muss ich sterben!« Aber meine Mutter sah das ganz anders: »Ach was, komm mal her, wir waschen erst mal alles ab, dann hole ich dir einen Lappen, das kriegst du jetzt alle vier Wochen, das ist ganz normal! Du bist eben ein Mädchen. Wenn wir morgen zu Hause sind, dann erkläre ich dir das alles ganz genau. Jetzt geh mal wieder spielen!«

Als wir am nächsten Tag wieder zu Hause waren, kriegte ich ein »Ehebüchlein« in die Hand gedrückt, das der Pastor meiner Mutter zur Hochzeit geschenkt hatte. Die Menstruation wurde ungefähr so beschrieben: »Die Gebärmutter weint blutige Tränen, weil sie kein Kindlein empfangen hat...« Das verstand ich nun gar nicht und war restlos verwirrt. Mein Vater knurrte nur am Sonntagstisch: »Ab sofort hältst du dich von den Jungen fern. Frauen sind alle nur Huren, und wenn du mit einem Kind nach Hause kommst, schlage ich dich windelweich.«

Blut, Tränen, Kinder? Wie hängt das alles zusammen? Zum Glück gab es bei meiner Tante Hedwig ein medizinisches Lexikon aus der Jugendstilzeit, da stand alles das drin, was ich wissen musste. Schöne, bunte Illustrationen mit unendlich vielen medizinischen Begriffen. Aha, so also war das Ganze, so hing das mit den Kindern zusammen. Aber warum hatte man mir das nicht ein bisschen früher gesagt?

In der Schule tat sich seitdem auch etwas. Plötzlich hatte ein Mädchen nach dem anderen eine Entschuldigung, die sie erst schüchtern, aber jedes Mal ein bisschen selbstbewusster vortrug: »Herr Lehrer, ich darf heute nicht mitturnen, ich habe meine Tage.« Aha, die hatte es also auch getroffen, da bin ich ja nicht allein, dachte ich und die Angst vor dieser unheimlichen Angelegenheit wurde langsam etwas weniger.

Meine Mutter war wieder mal verzweifelt, sie hatte ein Problem mehr am Hals, denn sie konnte mich nicht einfach mit zerrissenen Handtuchlappen in die Schule schicken, wieder mal wurde Geld gebraucht.

Und so bekam ich genau wie die anderen Mädchen in meiner Klasse auch einen Camelia-Gürtel, in dem man diese Camelia-Binden vorne und hinten in einen Haken einhängen konnte. Wieder eine blöde Einschränkung beim Spielen, denn wie sollte ich so auf Bäume klettern können? Und ewig sagte nun meine Mutter: »Du darfst das nicht, du bist jetzt ein Mädchen... das darfst du jetzt auch nicht mehr, du bist doch schließlich ein Mädchen.«

Wahlstedt, Frühjahr 1963

Glücklicherweise waren wir in ein Reihenhaus nach Wahlstedt umgezogen. Die Barackensiedlung war wegen des Baus einer Berufsschule platt gemacht worden. Nach dem Willen meines Vaters wären wir beinahe wieder in einer Obdachlosensiedlung gelandet. Aber zum ersten Mal in ihrem Leben hatte sich meine Mutter durchgesetzt. Das Haus wurde gekauft und plötzlich hatten wir ein Bad, warmes Wasser, eine richtige Küche und für jedes Kind ein eigenes Zimmer, was für ein Glück.

Aber wir hatten böse Nachbarn. Schon am zweiten Abend tratschten sie herum, dass ich mich mit den Jungen aus der Nachbarschaft herumtreiben würde, sie hätten alles ganz genau gesehen. Und das mussten sie natürlich sofort meinem Vater mitteilen. Aber ich hatte wirklich nichts dergleichen im Sinn, ich wollte nur mit den Nachbarjungen Fußball spielen, denn ich war ein guter Torwart. Mein aufgebrachter Vater glaubte mir kein Wort, er schlug mich derartig mit seinen krüppeligen Händen, dass mein Gesicht grün und blau war, ich konnte eine Woche nicht zur Schule gehen. Er schrie immer dasselbe: »Hure..., Hure..., Hure...« Ab sofort durfte ich nach Dunkelwerden das Haus nicht mehr verlassen. Dauernd beobachtete er mich, ob ich nicht vielleicht doch mit einem Jungen zu sehen war.

Ab sofort durfte ich auch keine Chor- und Theaterproben, kein Schulfest in der Schule oder irgendwelche Kindergeburtstage mehr besuchen, wenn keiner da war, der mich abends abholen würde. Und meinem Vater wäre es niemals in den Sinn gekommen, mich irgendwo hinzubringen oder abzuholen.

Wahlstedt, Sommer 1963

Jeden Morgen ging es nun mit dem Schulbus nach Bad Segeberg zur Schule. Und da passierte es. Auf einmal interessierte ich mich für Jungen, aber ganz anders als früher. Einige von ihnen kamen mir plötzlich sehr interessant vor. Zum Glück hatte ich eine gute Freundin, mit der ich alles haarklein besprechen konnte. Wir guckten uns die Jungen im Bus an. Jeder, den wir interessant fanden, bekam einen Decknamen, und so konnten wir ungestört kichern und plappern: »Hast du den... gesehen, wie der...???«

Meine Freundin Mona hatte einen froschgrünen Bikini und schon einen richtigen Busen, da fielen den Jungen fast die Augen aus dem Kopf. Und so waren sie dauernd hinter ihr her. Aber mich guckte keiner an, ich war viel zu dünn und mit 13 Jahren hoch aufgeschossen und viel zu groß für die gleichaltrigen Jungen. Die Jungen aus meiner Klasse interessierten mich überhaupt nicht. Die kannte ich ja fast schon eine Ewigkeit und da war kein interessanter darunter, für den ich hätte schwärmen können. Außerdem waren die meisten viel kleiner als ich, so pickelig und so unfertig, nee, da mussten schon andere her, die ein bisschen erwachsener waren.

Und so schwärmte ich von »Tarzan«, einem Jungen vom Gymnasium, der schon ein Motorrad fuhr. Er war schwarzhaarig, groß und breitschultrig und trug immer eine Lederjacke. In der großen Pause fuhr er knatternd vor unserem Tor vor. Er war mit einem Mädchen aus der letzten Klasse verbandelt und unerreichbar. Sogar seine O-Beine fand ich toll. So einen Mann wollte ich haben. Und so schwärmte ich für Pierre Brice, Roy Black, mein ganzes Zimmer tapezierte ich mit Bildern, ich kaufte eine ›Bravo‹ nach der anderen. Mein Traummann sollte genauso groß sein, breite Schultern, schwarze Haare und sooooo schöne Augen haben. Ich träumte vom Märchenprinzen.

Die geschenkten Kleider wurden immer mehr und waren nicht mehr so abgetragen wie früher. Ich war eine lange Bohnenstange und es passte auf Anhieb alles. Mein Selbstbewusstsein wuchs langsam aber sicher. Seitdem ich 12 Jahre alt war, musste ich meine Wäsche selber waschen und bügeln, auf einmal wollte ich einfach schön sein. Meine Freundin Mona gab sich sehr weiblich, sie trug Röcke, Spitzenblüschen und spitze Schuhe. Ich versuchte immer, an irgendwelche Hosen zu kommen, sie waren viel praktischer und da konnte man auf die blöden Perlonstrümpfe verzichten, ich hatte sowieso dauernd Laufmaschen. Strumpfhosen gab es ja noch nicht, nur für kleine Kinder in Dunkelblau und Rot. Und plötzlich gab es Lastex-Schihosen, die fand ich toll. Ich trug sie, bis sie total blank geworden waren.

Wahlstedt, Januar 1965

Mein Bruder hatte Muskelschwund, eine unheilbare Erbkrankheit, die nur Jungen befällt. Die Gewissheit, dass er nicht mehr lange leben würde, brachte meine Eltern dazu, ein zweites Kind in die Welt zu setzen. Sie hatten Glück, es war ein Junge und er war gesund. Mir war mein kleiner Bruder sehr peinlich. Ich war schon 15 Jahre alt, die Nachbarjungen hänselten mich, wenn ich mit ihm im Kinderwagen spazieren fuhr, und fragten, ob das wohl mein Kind wäre.

Wahlstedt, Sommer 1965

Und immer noch fuhren wir im Schulbus nach Bad Segeberg und jeder Tag wurde interessanter und spannender. Früh morgens lernten wir im voll besetzten Schulbus die Gedichte auswendig, auf dem Klo erledigten wir die Schularbeiten und mogelten uns in der Schule immer so durch. Trotzdem hatte ich gute Zeugnisse, alles machte ich mit links. Nur mit Mathematik und Geometrie hatte ich ein Riesenproblem, ich begriff überhaupt nicht, welchen Sinn das Ganze haben sollte, daher kam ich von der fünf bis sechs nie runter, so sehr ich mich auch quälte. Der Mathelehrer war von der bösartigen Fraktion und ich zitterte jedes Mal, wenn ich an die Tafel musste. Eines Tages wurden zwei neue Mathematikbücher verteilt. Ich erhielt eins davon mit dem Kommentar: »Für die dümmste in der Klasse!« Und alle lachten.

Mein Vater rastete jedes Mal aus: »Du kommst in eine Erziehungsanstalt, du fliegst von der Schule runter, wenn du so weitermachst. Du hast doch nur dummes Zeug im Kopf, Frauen sind doch nur Huren, die haben doch nur das Eine im Kopf...« undsoweiter undsoweiter. Am schlimmsten war sein Nachhilfeunterricht, der bei jedem falschen Ergebnis unweigerlich in einen Schlag in den Nacken und Gebrüll und mein verzweifeltes Geheul mündete. Bei der nächsten Sechs wollte ich mich vor den Schulbus werfen, ich traute mich nicht mehr nach Hause. Aber zum Glück hatte ich ja meine Freundin, und die half mir immer irgendwie wieder auf die Beine.

Nach der Schule ging's ins Eiscafé, und am Sonntag war Kino angesagt, da traf sich die ganze Jugend der Stadt, Fernsehen hatte ja noch kaum jemand. Hinten war der Sperrsitz, wo man auch rauchen durfte, aber der war für uns viel zu teuer. Wir saßen meistens vorne in der dritten oder vierten Reihe, wo die Karten am billigsten waren. Was für ein prickelndes Gefühl, wenn im muffigen kleinen Kino der Gong ertönte, der rote Samtvorhang aufging, das Licht langsam erlosch und dann kam die ›Fox tönende Wochenschau‹ — mit knörzenden Nazistimmen und den neuesten Nachrichten, die Werbung mit dem Eiskonfekt und endlich kam der Hauptfilm, Winnetou.

Wahlstedt, Sommer 1966

Das letzte Schuljahr stand unter dem Zeichen: »Was wollt ihr einmal werden?« Am liebsten hätte ich Abitur gemacht und wäre Lehrerin geworden. Das passte meinem Vater überhaupt nicht. »Was, noch zwei Jahre zur Schule? So ein Blödsinn, bist du verrückt? Du heiratest doch eh bald! Basta.« Dann wollte ich eben Krankenschwester werden. Das fand er völlig absurd. »Bis 18 warten, nur, um dann fremde Menschen zu waschen, und für die Ärzte die Karbolmieze abgeben, was für ein Blödsinn!« Ich sollte Beamtin werden, mit Pensionsanspruch, dann möglichst bald einen braven Beamten heiraten, Kinder kriegen, da kann man alle seine Gefühle ausleben, und da hat man immer genug zu tun. Und ein Häusle bauen, das war seine Zukunft für mich. Er würde schon den richtigen Mann für mich finden.

Ich wurde eher zufällig Apothekenhelferin, es gab noch eine offene Lehrstelle in der Engel-Apotheke. Lust hatte ich zwar keine, aber irgendwie dachte ich mir, das ist so etwas Ähnliches wie Chemielaborantin, und hat auch mit Menschen zu tun, warum also nicht? Ich fühlte mich zwar sehr wichtig in meinem weißen Kittel, aber Medikamente nach dem Alphabet in Schubladen einzuräumen, dabei Zäpfchen, Tabletten und Vaginaltabletten nicht zu verwechseln, immer 33 Gramm Kamillentee in ein Tütchen einwiegen, jedes Tütchen genau exakt so zufalten, dass eins wie das andere aussieht, das fiel mir anfangs sehr schwer. Und immer die blonde Unteroffiziersfrau im Kreuz, die Oberapothekenhelferin, die schwanger und ewig nörgelnd ständig hinter mir her war. Mal hatte ich die Schere in der Kräuterkammer vergessen, mal waren die Camelia-Binden nicht exakt genug verpackt. Damals wurde jede Binde einzeln eingewickelt und verkauft.

Sogar vor dem Telefon hatte ich anfangs Angst. Zu Hause hatten wir keines. Und wenn dieser Drachen hinter mir vorbeiging, versagte mir die Stimme. Nach drei Monaten schlug man mir vor, ich sollte doch lieber aufhören, diese Lehre wäre nichts für mich. Ich wehrte mich und machte weiter, und siehe da, als die schwangere Unteroffiziersfrau in den Mutterschaftsurlaub ging, blühte ich auf. Sogar die Tütchen mit

Claudia im ungeliebten Perlonkleid

Marianne 1968

Ulrike mit Mutter und Bruder 1967

Camilla – endlich dürfen die Zöpfe ab!

Karin – die erste Cordhose!

Ursula – endlich lange Haare 1967

den Salmiakpastillen wurden von Tag zu Tag ordentlicher. Und das viele Staubwischen gab mir genug Zeit zum Träumen. Bald kannte ich jede Packung, jedes Töpfchen und Gläschen in der Apotheke, jeden Standort jedes Medikamentes auswendig, konnte sogar dessen Farbe und Aussehen blind beschreiben, denn plötzlich half mir mein fotografisches Gedächtnis.

Am Schluss der Ausbildung gehörte ich von 120 gerade fertig gewordenen Apothekenhelferinnen zu den besten, ich belegte den zweiten Platz. Unser Ausbilder hatte gerade die erste PTA-Schule gegründet, ich sollte mit zu seinen ersten Schülerinnen gehören. Aber ich musste absagen. Noch zwei Jahre Ausbildung? Das war undenkbar für meine Mutter, denn zwischenzeitlich war mein Vater gestorben. Ich sollte endlich Geld verdienen, wenigstens meine Klamotten sollte ich selber kaufen können.

Wahlstedt, Januar 1967

Das Zauberwort hieß »Tanzstunde« und jeden Mittwoch nach dem anstrengenden Tag in der Apotheke hieß es: »Tango, und eins... und zwei und Wie...geschritt« und Polka. Die Jungen waren schon etwas größer geworden, sie rochen nach Kernseife und hatten die Haare mit »Briskin« nach hinten gekämmt. Manche hatten riesengroße Hände und abstehende Ohren, sie waren noch nicht ganz ausgewachsen. Schrecklich ungeschickt waren sie, so manches Mal traten sie einem auf die Füße. Man stand sich gegenüber, wen sollte man bloß als Tanzpartner nehmen? Bloß keinen Metzgers- oder Bauernsohn erwischen, die sind so langweilig und dumm, mit denen kann man sich ja gar nicht unterhalten. Und zum Abschlussball kaufte ich mir ein traumhaftes Kleid mit Silberpailletten, vollkommen aus Silberstoff, dazu weiße Schuhe. Mein Gott, war ich stolz darauf.

Bad Segeberg, März 1967

Die Lords traten auf und ich durfte nicht hin, ich war krankgeschrieben! Meine Freundin Mona fand die Lösung. Wir stellten uns an den Hintereingang und warteten, bis sie ihre Instrumente reintrugen. Und es hat wirklich funktioniert, wir machten Fotos hinter der Bühne. Und hinterher saßen wir in der ersten Reihe und himmelten unsere Stars an, bekamen Autogramme und waren furchtbar stolz darauf.

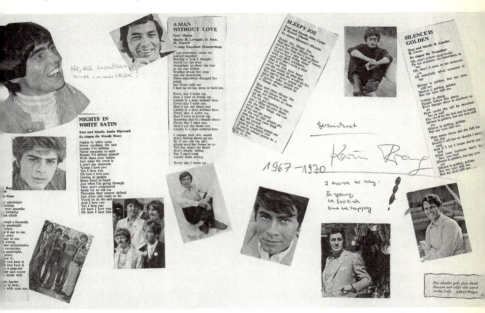

Karins Album der Träume

Bad Segeberg, Sommer 1968

Ich hatte all mein Geld zusammengekratzt, stolzierte in ein Herrengeschäft und kaufte mir eine beige Breitcordhose, eine echte Breitcordhose, und dazu einen schwarzrot gestreiften Gummigürtel, der gehörte unbedingt dazu. Meine Mutter war entsetzt, als ich damit ankam. Dann folgten nach und nach ein paar Minikleider, die von Mal zu Mal kürzer wurden. Und dazu trug ich weiße Kniestrümpfe, topchic.

Dann ging's ab in die Disko, ein Kind von Traurigkeit war ich nicht. Ich kannte viele Jungen, mit denen ich unheimlich gern und manche Nacht durchgetanzt hätte, aber mit denen schlafen, nie. Mal ein Küsschen, ein romantischer Spaziergang in der Nacht, aber heiraten, nein. Und kein einziger hat mir jemals etwas angetan, was ich nicht selber wollte.

Meine Mutter sagte nur immer ironisch und meinte es lustig, wenn ich frühmorgens um vier heim kam: »Anständige Leute kommen bei Tageslicht nach Hause.« Seit ich mein eigenes Geld verdiente, konnte ich machen, was ich wollte, sie machte mir keine Vorschriften wie mein Vater.

Eine dieser Jungenbekanntschaften ist mir in guter Erinnerung geblieben. Er war ein toller Junge, mit Elvis-Frisur, schwarzen Haaren, grünen Augen, er tanzte wunderbar und war ein klasse Kumpel. Leider war er nur Fensterputzer. Als ich meiner Mutter von ihm erzählte, lachte sie nur. Seine und meine Mutter hatten Bett an Bett im Kreißsaal gelegen, er war zwei Stunden später geboren worden als ich, also kannten wir uns wohl schon von Geburt an. Danach fand ich ihn nicht mehr so toll.

Wahlstedt, Juni 1968

Mein Vater war plötzlich an einer Embolie gestorben. Ein paar Tage vorher muss er schon eine Vorahnung gehabt haben. Er, der sich nie um mich gekümmert hatte, der immer so gemein und fies zu mir gewesen war, stand am letzten Tag seines Lebens auf einmal in der Apotheke und fragte mich ganz freundlich: »Kind, was machst du da eigentlich?« Ich füllte gerade Jodtinktur in kleine Fläschchen und war so überrascht, dass ich alles verschüttete. Mein Vater hatte auf einmal Interesse an mir? Wie war er hier hergekommen und was wollte er von mir?

Am nächsten Morgen musste er früh ins Krankenhaus, etwas stimmte nicht mit ihm. Meine Mutter gab mir noch einige Sachen mit, die sollte ich ihm in der Mittagspause vorbeibringen. Aber es kam nicht mehr dazu, mittags war er schon tot. Der Apotheker holte mich ins Chefzimmer und sagte es mir ganz vorsichtig. Mein erster Gedanke war meine Mutter, was sie jetzt alleine machen würde.

Ich hatte keine Tränen für ihn, ich war irgendwie nur erleichtert und andererseits wie erstarrt. Er sollte auf einmal nicht mehr da sein? Nie mehr? Ein seltsamer Gedanke. Fast ein Jahr lang danach hatte ich schreckliche Albträume. Immer wieder träumte ich, ich wäre in einer Telefonzelle. Mein Vater war draußen und hämmerte mit den Fäusten gegen die Scheiben. »Mach auf, mach auf, was machst du eigentlich, ich will rein zu dir.« Und ich hatte solche wahnsinnige Angst, dass er wirklich die Scheiben zerschlagen würde.

Meine Mutter konnte sich mit seinem Tod schwer abfinden. Sie, die von ihm immer unterdrückt worden war, zu der er oft so bösartig und gemein gewesen war, hatte auf einmal überhaupt keinen Mumm mehr, sie war wie eine erloschene Puppe. Sie träumte tagelang vor sich hin, mein kleiner Bruder schrie und schrie, mein großer Bruder saß inzwischen im Rollstuhl, verwöhnt und ewig nörgelnd und fordernd. Er tyrannisierte meine Mutter mit seinen Wünschen nach Kaffee, er wollte aufs Klo getragen werden, er wollte dies und das und meine Mutter tat alles, ihn zufriedenzustellen.

Ich war abends hundemüde, wenn ich von der Arbeit nach Hause kam. Ich wollte nur etwas zu essen und meine Ruhe haben. Und ich träumte vom Märchenprinzen, der mich einmal hier rausholen und erlösen würde.

CAMILLA WILL

Besser spät als gar nicht

Für uns waren große Familien ganz normal. Der Bruder meines Vaters hatte acht Kinder — sieben Töchter und einen Sohn, der nur »Bruder« genannt wurde. Die jüngste Tochter war ein Jahr älter als ich, was sehr praktisch beim Auftragen von Kleidung war. Auch meine Mutter hatte sechs Geschwister mit zum Teil reichlichem Nachwuchs. Meine Mutter wollte ursprünglich zu den vier Kindern, die mein Vater mit in die Ehe gebracht hatte, nur noch höchstens drei bekommen. Es wurden dann sechs, weil mein Vater es so wollte. Die Interessen meiner Mutter und ihre physische wie psychische Belastung durch die rapide wachsende Familie spielten keine Rolle. Meine Mutter brachte ihre sechs Kinder zu Hause auf die Welt, mit immer der gleichen Hebamme und meinem Vater zur Unterstützung. Meine älteren Brüder sagen heute, dass sie meine Mutter eigentlich nur schwanger erlebt haben. Ich selbst habe an die Schwangerschaften und die Geburten nur verschwommene Erinnerungen. Meine Mutter versuchte auch, soweit möglich, die Schwangerschaften zu verstecken, auf Fotos hat sie meist ein Kind vor ihrem dicken Bauch. Ich kann mich nicht daran erinnern, dass die Geburtenhäufigkeit in der Familie thematisiert wurde. Offensichtlich habe ich jedoch die Folgeprobleme schon als kleines Kind gespürt: Ich weiß nicht mehr, was der Anlass war, aber nach der Geburt meiner jüngsten Schwester — ich war acht Jahre alt — habe ich erklärt, dass ich weglaufen werde, wenn meine Mutter noch ein Kind bekäme.

Die Erziehung meiner Eltern war sehr traditionell geprägt, aber gezwungenermaßen auch pragmatisch. In einer so großen Familie wird man als einzelnes Kind mit seiner Individualität kaum wahrgenommen, der Alltag muss funktionieren. Die geringere Aufmerksamkeit war aber auch vielleicht ein Glück. Meine Brüder haben es wesentlich besser als meine Schwestern und ich geschafft, ihre Interessen schon als Kinder zu erkennen und durchzusetzen, unterstützt durch die patriarchalische Struktur, die den Jungen wesentlich mehr Freiraum ließ als den Mädchen, und die nachgiebige, oft unterwürfige Haltung meiner Mutter gegenüber allen männlichen Wesen.

Wie damals üblich waren die größeren Kinder für die jüngeren zuständig. Meine älteren Brüder mussten auf mich und meine ein Jahr jüngere Schwester aufpassen und ich dann später auf die kleineren Geschwister, es kamen ja noch fünf. Meine Brüder entzogen sich der Aufgabe so weit wie möglich. Einmal wäre ich als Baby fast erstickt, weil einer meiner Brüder, anstatt bei mir zu bleiben, zum Spielen ging, und mir zur Dämpfung meiner Schreie ein Kissen aufs Gesicht gelegt hatte. Die männlichen Familienmitglieder glänzten überwiegend durch Abwesenheit: Der Vater meist in seiner Praxis oder Radio hörend oder lesend — jedenfalls nicht ansprechbar. Die Brüder waren unterwegs. Meine Mutter erzählt heute noch begeistert, was meine Brüder damals alles angestellt haben.

Meine Mutter organisierte nicht nur den Haushalt, sie machte auch Reparaturen und Modernisierungsarbeiten im Haus weitgehend selbst. Und sie schnitt meinem Vater und den Kindern die Haare. Trotz der vielen Personen im Haus hatte sie alles im Griff und manchmal sogar noch Lust und Laune, abends große Essen für die Nachbarn oder andere Freunde zu geben. Wir Mädchen, zumindest meine ein Jahr jüngere Schwester und ich, wurden systematisch zur Übernahme des Haushalts erzogen. Ich wurde schon als kleines Kind zum Einkaufen geschickt und half selbstverständlich überall mit. Ab einem Alter von neun oder zehn Jahren mussten meine Schwester und ich abwechselnd sonntags den gesamten Ablauf übernehmen, vom Frühstückzubereiten über Mittagessenkochen, den Nachmittagskaffee mit Kuchen und Abendbrot bereitstellen inklusive aller Arbeiten in der Küche. Anfangs halfen wir natürlich mehr meiner Mutter, aber nach und nach konnte sie sich sonntags aus der Küche zurückziehen. Dadurch haben meine Schwester und ich nicht nur kochen, sondern auch das Management eines großen Haushalts gründlich gelernt. Die nach uns kommenden Brüder waren von der Regelung natürlich nicht betroffen und bei den beiden jüngsten Schwestern spielten sie dann aufgrund der nachlassenden Kräfte bei der Durchsetzung keine große Rolle mehr.

Ich hatte mich immer als Älteste gefühlt, weil ich als größte Tochter schon früh mithelfen und Verantwortung übernehmen musste. Erst vor einigen Jahren ist mir klar geworden, dass ich tatsächlich ein mittleres Kind mit vier älteren und fünf jüngeren Geschwistern war. Der »kleine Unterschied« führte dazu, dass ich immer die »Große«, die »Vernünftige« zu sein hatte und als ältestes Mädchen auch Vertreterin meiner Mutter war. Dadurch — und sicher auch, weil ich ihr erstes »eigenes« Kind war — war ich besonders stark an meine Mutter gebunden und übernahm erst mal weitgehend ihre Einstellung zu Familie und Männern. Die Stärke, Kraft und Leistung meiner Mutter, diese große Familie zu organisieren, wurde und wird in der Familie nicht anerkannt und auch von ihr selbst nicht gesehen. Es galt, Größe durch den Gemahl oder durch die Söhne zu erlangen. Deren Leistung wurde herausgehoben, um sich damit zu schmücken, eigene Leistung zählte gar nichts. Damit verbunden war die finanzielle Abhängigkeit, die meine Mutter heute noch mit einer minimalen Rente trotz der jahrzehntelang gut gehenden Arztpraxis meines Vaters büßt. Weder meine Schwestern noch ich haben zu Hause gelernt, dass wir für uns selbst ebenso gut sorgen müssen wie für die anderen; sehr spät erst haben wir damit angefangen.

Die Frauen in unserer Familie übernahmen Verantwortung und Arbeit, die Männer entzogen sich, hatten aber das Sagen und galten als Vorbilder. Meine Mutter stellte dies nicht in Frage und gab ihre Haltung an uns Kinder weiter. Nur selten begehrte sie gegen eine Anweisung meines Vaters auf, der sie erpresst hat mit dem Beispiel ihrer Vorgängerin, der Mutter meiner älteren Brüder: Wenn sie nicht funktionierte, würde er sie verstoßen und von ihren Kindern trennen. Dies war eine in jeder Hinsicht existenzielle Bedrohung für meine Mutter.

Das höchste Ansehen konnten die männlichen Familienmitglieder durch Abwesenheit gewinnen. Männliche Abwesenheit fiel mir sogar in meinem Fotoalbum der ersten Kindheit auf: kein einziges Foto meines Vaters war dabei und nur wenige mit den älteren Brüdern. Mein Vater war der Patriarch, der unberührt über der Familie thronte. Er war dadurch für mich wie ein fremder Mann, von dem ich kaum etwas wusste und vor dem ich immer große Scheu empfand. Zärtlichkeiten, väterliche Aufmerksamkeit und Zuwendung — unbekannt, nie erfahren; der obligatorische abendliche Gutenachtkuss wurde schnellstmöglich erledigt. Als mein Vater kurz vor seinem Tod, ich war zwanzig Jahre alt, plötzlich vor meiner Wohnungstür stand und mich rührselig umarmte, war ich erschrocken und blieb stocksteif stehen, zu keiner Regung fähig.

Während für meine Brüder die Mitgliedschaft in Sportvereinen und bei den Pfadfindern selbstverständlich war, kamen derartige Aktivitäten für uns Mädchen nicht in Frage. Immer wieder kam ich mit Ideen für sportliche Betätigungen; ich führte das Beispiel einer Cousine, die Mitglied bei einer Pfadfindergruppe war, an, meine Mutter versuchte, für mich die Erlaubnis zu einer Ausbildung in einer klassischen Tanzschule zu erwirken — mein Vater sagte nein. Körperliche Betätigung über die Kinderspiele im Freien hinaus war mir nur im mageren schulischen Turnunterricht und dem üblichen Tanzstundenkurs für Jugendliche erlaubt. Meine Tanzleidenschaft entdeckte ich erst richtig mit Anfang 30; als ich damals mit Balletttraining begann und die Tanzlehrerin mich sofort auf meine Begabung ansprach, bin ich oft nach dem Training weinend nach Hause gefahren, trauernd um die vielen Jahre, die ich bisher ohne Tanz verbracht hatte. Wir Mädchen wurden darin erzogen, alles Körperliche als feindlich zu betrachten. Dazu gehörte selbstverständlich auch Sexualität, die mir ausschließlich als etwas Bedrohliches vermittelt wurde. »Komm mir ja nicht mit einem Kind nach Hause!«, diesen Satz hörte ich von meiner Mutter, seit meine Menstruation eingesetzt hatte.

»*Eine Frau gewinnt und erhält ihre Reize durch Sauberkeit. Eine unordentliche, ungepflegte, schlampige Frau wirkt abstoßend und unappetitlich.*«

»*Die Frau sollte nie vergessen, dass sie neben ihren Pflichten als Hausfrau und Mutter auch die hat, im umfassenden Sinne des Wortes die Geliebte ihres Mannes zu sein und zu bleiben. Für eine kluge und instinktsichere Frau ist es leicht, einen Mann an sich zu fesseln, viel leichter, als es sich die meisten Frauen vorstellen.*«

»*Die Behauptung, dass glatzköpfige Männer meist Knaben zeugen, mit Gicht behaftete Männer aber Mädchen, ist seltsamerweise keine Volksweisheit, sondern stammt von der Ärztin Dr. Bernstein, die diese Beobachtung bei sehr vielen amerikanischen Familien gemacht haben will.*«

Jane Viers, ›Wovon eine Frau sonst nicht spricht‹

Die Angst, früh schwanger zu werden, begleitete und lähmte mich. Da ich von meiner Mutter gelernt hatte, dass ich die Wünsche von Männern zu erfüllen habe, ohne meine Gefühle und Interessen zu berücksichtigen, stand ich als Jugendliche in einem ständigen Dilemma: mich den sexuellen Wünschen meines Freundes zu fügen und dabei ständig die Angst vor Schwangerschaft zu ertragen. Zwei schreckliche Wochen lang hatte sich einmal meine Regel verschoben. Damals, Ende der 60er Jahre, war es vor allem für Jugendliche noch ganz unüblich, die Pille zu nehmen. Ich hätte mich allein gar nicht zu einem Frauenarzt getraut, um ein Rezept zu erbitten. Eines Tages schrieb mir mein Vater, ohne dass dies irgendwie thematisiert worden wäre, ein Rezept für die Antibabypille aus, das mir meine Mutter fast wortlos überreichte.

Der Zeitpunkt, von dem ab es opportun war, schwanger zu werden, war die Hochzeit. Danach kehrte sich der Druck um, denn jetzt galt es, Kinder zu kriegen! Familie und Kinder, das war das wichtigste Lebensziel, dem hatte sich bei einer Frau alles unterzuordnen. Ja, einen Beruf wollte ich haben, wo ich doch schon mal das Abitur geschafft hatte, aber er sollte zur Unterstützung meines Mannes dienen und mit Haushalt und Kindern vereinbar sein. Was ich werden sollte, war klar seit der Grundschule: Lehrerin, so wie ungefähr 90 Prozent meiner Mitschülerinnen. Ich wurde dann zwar doch keine Lehrerin, aber den Ausschlag der Berufswahl gab wieder ein Mann, mein damaliger Freund. Studium und Berufstätigkeit machten mir Spaß, blieben aber lange eher untergeordnet, denn die familiären Anforderungen waren noch nicht erfüllt. Ich hatte keine Familie, keine Kinder. Meine Mutter saß mir im Nacken mit dem dringenden Wunsch nach Enkeln und ich war fleißig bestrebt, diesen Wunsch zu erfüllen. Aber ich wurde nicht schwanger, mein Körper machte einfach nicht mit.

Erst als ich vierzig Jahre alt wurde und die biologische Möglichkeit, ein Kind zu bekommen, sich dem Ende näherte, fing ich an, das Ziel, dessen Erfüllung ich solange angestrebt hatte, und damit das gesamte Leitbild meiner Mutter zu hinterfragen — ein schmerzhafter und langwieriger Ablösungsprozess begann. Was waren denn eigentlich meine Wünsche und Träume? Hatte ich überhaupt welche? Wie konnte ich sie erkennen und realisieren? Wie zähe Häute lasteten die anerzogenen Meinungen und Gefühle auf mir, die ich Schicht für Schicht durchdringen musste, um zu erkennen, was ich eigentlich wollte und was mir entsprach. Zur Realisierung meiner Vorstellungen musste ich mehrmals meinen ganzen Mut aufbringen und mich über meine Ängste, aber auch die Kommentare von Freunden und Familie hinwegsetzen — ohne Hoffnung auf Verständnis.

Mit Anfang 50 lebe und arbeite ich endlich entsprechend meinen Träumen und Interessen und bin ein glücklicher Mensch. Ganz schön spät, aber besser jetzt als gar nicht.

MARIANNE TROLL

She's leaving home

Gegenläufig zu meiner bis dahin gut voran gekommenen Identifizierung mit der offiziellen familiären Konsumpolitik trug ich pubertierend häufig die Wahrnehmung zu Hause vor, dass in anderen Familien schöner, liebevoller, bedürfnisorientierter gelebt und geliebt wurde und beklagte mich über vielfältige Mängel bei uns. Das Vergleichen mit anderen Standards ärgerte meine Eltern kolossal, aber sie reagierten unbeeindruckt. »Es interessiert uns nicht, was deine Freundin hat und darf. Wir entscheiden das hier so, wie wir es für richtig halten. Du hast dich danach zu richten.« Mein Vater sagte »wir«, obwohl er meistens »ich« meinte. Meine Mutter sagte »wir«, obwohl sie »dein Vater« meinte. Ellen las die 14-tägig erscheinende ›Bravo‹ mit ihren blickweitenden Offenbarungen über alles, was in unserem Leben noch nicht stattfand, klebte die Fotos von Pierre Brice und Freddy Quinn an die Wand über ihrem weißen Schleiflackbett in ihrem weißen Schleiflackzimmer und schwärmte für ›Junge, komm bald wieder‹ und alles andere aus Freddys Produktion und Leben. Sie hatte einen Dual-Plattenspieler und kaufte sich fast jede angesagte Schallplatten-Neuerscheinung für 5 Mark. Ihre allererste war ›Downtown‹ von Petula Clark, wir spielten sie mindestens 1000 Mal hintereinander, und mir läuft heute noch ein Wonneschauer über den Rücken, wenn ich das Lied höre. Um mich Ellens bevorzugtem Genre anzunähern und um meine Schlagermusik verachtenden Eltern zu provozieren, entschied ich mich kurzfristig, für Roy Black zu »schwärmen«. Ich hielt das mangels einschlägiger, exklusiver Informationen nur ein paar Wochen aufrecht, denn Radio Luxemburg konnte ich bloß samstags beim Autowaschen hören. Beim Küchenradio durfte der Sender zwischen WDR 2 und WDR 3 verstellt werden. Eigentlich liebte ich Chopin, südamerikanische Rhythmen und bald vor allem die Beatles. »Eleanor Rigby picks up the rice in the church where a wedding has been, lives in a dream. Waits at the window, wearing a face that she keeps in a jar by the door.« Sie sah aus wie ich und fühlte wie ich. Auf meinem Mono-Kassettenrekorder, den ich zum Französischlernen bekommen hatte — »Lass dich nicht dabei erwischen, dass du deine Schlager aufnimmst!« — hörte ich meine vom Radio aus den Top Twenty von BFBS, dem englischen Soldatensender, aufgenommenen Mantras: ›The fool on the hill‹, ›I am the walrus‹ — in der Zeile »sitting on a cornflake« fand ich mich wieder: winzig, uneben und sehr zerbrechlich und ›She's leaving home‹. Immer wieder, immer wieder, immer wieder.

Ich übte das Diskutieren gegen Wände und träumte mich weg. 1967 durften wenigstens meine Zöpfe fallen, ein Etappensieg mit auf dem Fuß folgendem Rückschlag. Der von meiner Oma beim Friseur bestellte und bezahlte Pagenkopf, mit dem ich mich schön fand, musste nach ein paar Wochen in eine Ponyfransen-Topffrisur gekürzt werden. »Du fängst mir nicht das Poussieren an!«, sagte mein Vater. Ich hatte das Wort noch nie gehört, aber mir war klar, dass die Beobachtung verschärft werden würde. Für ihn markierte mein Wunsch nach weniger kindlichem Aussehen das bedrohliche Erwachen meiner Sexualität, die mit allen Mitteln in Schach gehalten werden musste. In der Schule gab ich mich mangels modischer Kleidung unabhängig und pflegte meinen Individualismus. Ich strickte mir eine ganze Kollektion Röcke, Pullover, Mützen und Schals zusammen. Das Material dazu bekam ich ohne Kämpfe im Handarbeitsgeschäft gekauft. Stricken stand für frauliche Kompetenz und Fleiß. Unsere Haushaltshilfe nähte mir kurz vor ihrer Heirat 1968 zwei Cordsamtröcke und zwei Sommerkleider, die sie verschwörerischerweise gerade über dem Knie enden ließ. Ich trug sie einige Jahre, in denen ich zu meiner Freude weiter wuchs, so dass ich, als ich 15 oder 16 war, Miniröcke in von der Mutter meiner besten Freundin »unanständig« genannter Kürze besaß. Dieses Urteil war mir so lange peinlich, bis Ellen sich durchsetzte und auch Miniröcke kaufen ging, die wirklich kurz waren.

Insgeheim war ich unendlich neidisch auf die Auswirkungen wachsenden Wohlstands bei meinen Klassenkameradinnen. Die modischen Meinungsführerinnen bekamen sogar Geld, um sich selbst neue Garderobe zu kaufen — »Das Kleid ist so süß, das hol ich mir!« — oder gingen mit ihren Müttern, die

Freude daran hatten, ihre Töchter nach den Vorschlägen in Frauenzeitschriften rauszuputzen und dezent auf ihre sexuelle Rolle und Bestimmung vorzubereiten, zum Frühjahrs- und Herbsteinkauf. Aber auch sie erzählten von heftigen Auseinandersetzungen, besonders mit den Vätern, um schickliche Details, etwa die Tiefe des Blusen-Ausschnittes und Büstenhalter mit oder ohne Spitze oder die Frage, welche Schminkutensilien erlaubt waren: schwarze Wimperntusche, Lidstrich nur abends zum Ausgehen, kein Rouge, »höchstens« Puder, kein roter Lippenstift, »höchstens« zartrosa. Bei ihnen gab es bewegliche Spielräume, innerhalb derer die Entscheidungen fielen, mit Grauzonen und Augenzwinkern, Kompromissen und Entwicklungen. Ich durfte mich nicht schminken, auch nicht »dezent«. Meine Mutter ging natürlich mit mir Kleidung oder Schuhe kaufen, aber nichts »Modernes«. Solide, lange haltbare Materialien und Zweckmäßigkeit waren das Wichtigste, zumal die Sachen an die Geschwister und Cousinen weitergegeben wurden, wenn sie mir nicht mehr passten. Ich versuchte, meine Wünsche vorsichtig zu dosieren und praktisch zu argumentieren. Schönheit war kein Erfolg versprechendes Wunschkriterium, sondern ein gefahrvolles, wie ich in der Frisurendiskussion gesehen hatte. Auf gedeckte Farben — das Gebot der Zurückhaltung — wurde nur ausnahmsweise verzichtet, wenn ich hin und wieder ein auffälliges Stück aus einer Messe-Musterkollektion erhielt. Die wurden professionell aus Kunststoff- und Kunstfaserproduktionen angefertigt, die mein Vater entwickelte, und waren nach den Messen übrig. Er war stolz darauf, ich hatte es also auch zu sein. Drei Jahre lang führte ich eine heftige Debatte mit Gott über die Notwendigkeit von Regen, weil der Kampf mit meinen Eltern gegen meinen extravaganten hellblauen Regenmantel aus unangenehm riechendem, kaltglattem Plastikmaterial, über den in der Schule gelacht wurde, aussichtslos war.

Auch in Sachen Kleidung fiel meine Oma ihrer Tochter in den Rücken und kaufte mir während meiner Ferienaufenthalte, was mir gefiel. Sie ließ mir allerdings von ihrer Schneiderin auch zwei aufgeplusterte »Dirndlkleider« nähen und mit meinem Längen- und Breitenwachstum immer wieder ändern, so dass ich sie jahrelang bei »besonderen Gelegenheiten« anziehen musste, obwohl ich mich darin fühlte wie für die Rolle des Trampels in einem Bauernschwank verkleidet.

Das Jahr 1968 hielt für mich entscheidende Veränderungen bereit. Ich wurde 14 Jahre alt und legte das Poesiealbum beiseite. »Sei deiner Eltern Freude, beglücke sie durch Fleiß. Dann erntest du im Leben dafür den schönsten Preis«, das hatte mir ausgerechnet eine der beiden frechen Marions in mein Album geschrieben. Dieses Motto war abgelaufen. Ich begann, heimlich Tagebuch zu schreiben. Den äußeren Anstoß gab mir die Lektüre des Tagebuchs der Anne Frank, ein Geburtstagsgeschenk meiner Eltern.

Als ich mit der Pubertät langsam dahinterkam, dass ich mich nicht »richtig« verhalten konnte, wurde es ganz schwierig. Offenes Aufbegehren kam erstmal nicht in Frage. Mein erwachendes Interesse an modischen Details, an sichtbaren Veränderungen meines Körpers, an Freundschaft und Sexualität, hielt ich unter dem Deckel, weil ich spürte, dass es nichts Unverdächtiges gab. Aber damit machte ich mich erst recht verdächtig — ich verschwieg meine Gedanken und kennzeichnete sie damit als gefährliche, der Kontrolle bedürfende Regungen.

Jetzt begann meine Mutter mit ihren Droh- und Warnmonologen, wenn ich zum wöchentlichen »Jungschar«-Treffen im CVJM oder dienstags zum Turnvereinsabend ging: »Komm mir ja nicht mit einem Kind nach Hause!« Ich vermutete mit 14 Jahren noch einen ursächlichen Zusammenhang zwischen Küssen und Schwangerschaft und versuchte, sie zu beruhigen, indem ich ihr versicherte, noch nie einen Jungen geküsst zu haben. »Stell dich nicht dümmer als du bist!« Nun war ich auch noch ein raffiniertes Luder geworden, das sich mit Naivität tarnte, um sich der begründeten elterlichen Sorge und Kontrolle zu entziehen. Wenn ich irgendwohin gehen wollte, lautete die Standardfrage: »Sind da Jungen?« Diese Tatsache schloss meine Teilnahme an den Geburtstagspartys von Freundinnen und Tanzabenden im CVJM ein weiteres Jahr lang aus, zumal sie zu einer Tageszeit begannen, zu der ich längst wieder im sicheren Haus sein musste. Der Konfirmandenunterricht zweimal wöchentlich und die dazugehörende »Konfirmandenfreizeit«, so genannte Besinnungstage im Bergischen Land, fanden aber »mit Jungen« statt und waren zu meinem Glück Pflichtveranstaltungen. Meine Eltern standen offenbar unermessliche Ängste aus und entwickelten nie Vertrauen in meine Selbsterhaltung. Sie missbilligten und schürten gleichzeitig mein Interesse an sexuellen Fragen, das sich mit sachgerechter »Aufklärung« und Erlaubnis der Lektüre von ›Bravo‹ vermutlich gemächlicher entwickelt hätte. Zu der Zeit wollte ich eigentlich nur in den Gleichaltrigengruppen dazugehören, positiv wahrgenommen werden und mich in großem Abstand vom erwählten Objekt verlieben.

In dem Mädchen-Gymnasium ging es mir ab Klasse 8, wir sagten Untertertia, sozial wie leistungsmäßig miserabel. Ich gehörte zu keiner Clique und meine Schulnoten sackten ab. Als Vorzeigeschülerin, um meinen Bruder zur Raison zu bringen, taugte ich nicht mehr. Beim abendlichen Familienessen hielt mein Vater Inquisition ab. »Was gab's heute in der Schule?« Wir berichteten der Reihe nach, ich als Erste, selten was Gutes. Dann schlug er mit der Faust auf den Tisch, dass die Teetassen scheppernd hochhüpften und donnerte die damals in dieser Situation offenbar vorgeschriebenen Sätze: »Solange du die Füße unter unseren Tisch streckst. Du hast dich nach unseren Regeln zu richten. Immer nur Forderungen stellen, aber nichts leisten. Du bist stinkend faul. Wenn du wenigstens auch noch doof wärst. Aber nur faul, das ist unentschuldbar.« Den Schlussakkord bildete die beliebte Prophezeiung »Du wirst noch als Friseuse oder Klofrau enden!« Meine Mutter sekundierte mit peinlichen Beschwörungsformeln: »Kannst du dich denn nicht mehr anstrengen? Willst du uns das Leben denn immer weiter so schwer machen? Wie soll das bloß weitergehen?« Meine Geschwister zogen die Köpfe ein und feixten, bis sie selbst an der Reihe waren. Aus heutiger Sicht ist das komisch, aber damals fehlte mir der Sinn dafür. Ich war überhaupt nicht cool, hatte nicht mal den Funken einer Idee davon, dass ich meinen Eltern diese vernichtende Macht über mich auch gab. Meine Geschwister machten das später anders. Ich ging immer weiter in die innere Emigration, schämte mich meiner Isolation, hasste meine Eltern und trotzte ihren Leistungserwartungen, erfüllte statt dessen gehorsam ihre Vorverurteilungen.

In der Mitte des nächsten Schuljahres war schon klar, ich würde wohl sitzen bleiben. Eines Samstags holte mich mein Vater überraschend von der Schule ab, fuhr mit mir zu einem von ihm ausgesuchten Mädchen-Gymnasium im Bergischen und führte ein Aufnahmegespräch mit der Direktorin für das laufende Schuljahr. Der Wechsel sollte noch in der kommenden Woche sein. Ich fiel währenddessen in Duldungsstarre. Mein mechanisches Räderwerk der Wohlerzogenheit funktionierte reibungslos. Ich fragte und widersprach nicht, empfand eine gewisse Erleichterung, dass mir nichts Schlimmeres geschah, und bejahte die Frage der Direktorin, ob ich denn gern in diese Schule gehen möchte. Im Tagebuch beschrieb ich die vergebliche Hoffnung, dass sie mich nicht nehmen, das quälende Schamgefühl bei der Entgegennahme des Abgangszeugnisses und beim Blick in die spöttischen Gesichter meiner Kolleginnen in der alten Schule. Mein Start in der neuen Schule wurde durch Wohlwollen und Rücksichtnahme für »die Neue« etwas abgefedert. So blieb ich eben erst in der 10. Klasse sitzen.

Ende 1968 ging mein Vater für zwei Jahre als Freiberufler nach Caracas. Ich sah ihn in dieser Zeit nur bei drei oder vier Besuchen zu Hause und hielt einen etwas bemühten brieflichen Kontakt mit ihm. Dieser beruflich sehr erfolgreichen Station folgten weitere Aufträge in anderen Ländern, so dass er von da an einen erheblichen Teil der folgenden Jahre im Ausland verbrachte. Meine Mutter trug diese Entscheidung mit, obwohl sie komplett zu ihren Lasten ging. Sie hatte mehr Geld als vorher, aber auch ganz allein vier Kinder, zwei davon pubertierend, zu betreuen. Mit meiner Mutter lebte ich weiter in einem ständig schwelenden, fast täglich aufbrechenden Krieg um Kleinigkeiten und Grundsätzliches, eigentlich um alles.

Die Geschwister litten sehr unter der Trennung vom Vater. Sie fühlten sich im Stich gelassen und wehrten sich mit Schulproblemen und offenem Widerstand. Zeitweise wusste keiner von uns, ob er überhaupt wieder zurückkehren würde. Unsere Mutter hatte es noch schwerer als vorher, entwickelte aber auch ein selbstständigeres Eigenleben. Sie erwarb den Führerschein, entfaltete eine Reihe von Freizeitaktivitäten und erweiterte ihren gesamten Entscheidungsspielraum.

Ich war zu 100 Prozent damit ausgelastet, mich vor ihren Verdächtigungen und Abwertungen zu schützen, mein geheimes Innenleben zu entwerfen und das zähe Ringen mit ihr um den einen oder anderen eigenständigen Schritt wie dem zur Tanzschule mit vierzehn, dem Schüleraustausch nach Schweden mit fünfzehn oder Frankreich mit sechzehn Jahren zu gewinnen.

Marianne 1970

Ich hätte mich ihr nicht mit Verständnis und Interesse annähern können, ohne damit meine Abschirmung aufzugeben, obwohl ich mir manchmal einen aufgeschlossenen, respektierenden Umgang miteinander ausmalte. Neben Listen mit den Fehlern und Beschimpfungen, die ich mir von ihr an den Kopf werfen ließ und im Tagebuch ironisch brechen musste, finde ich heute dort auch die Sehnsucht, mich mit ihr auszusprechen. Die Qualität der Beziehung von Altersgenossinnen zu ihren Müttern ermaß ich unter anderem am Heimweh, das sie bei Ferienaufenthalten nach ihnen entwickelten. Ich hatte nie Heimweh.

So gut wie alles, was ich wirklich wollte, war verdächtig, und weil ich die offene Revolte nicht riskierte, machte ich alle wichtigen Erfahrungen dieser Zeit heimlich. Viele davon aus Trotz und in Angst, da ich mir keinen elterlichen Rat holen konnte. Ich engagierte mich in der Jugendarbeit, besuchte Fortbildungen, begleitete Kinderfreizeiten und spielte sonntags mit vergeblich auf ihre Eltern wartenden Mädchen in einem Heim für Sozialwaisen ›Monopoly‹ oder ›Was wäre, wenn ich eine Familie hätte‹. Ich fand das interessant und sinnstiftend. Es relativierte meine eigenen Probleme, war eine unerschöpfliche Quelle für kritikfreie Zuneigung und Bewunderung und ermöglichte es mir, woanders als zu Hause zu sein. Später traf ich bei diesen Gelegenheiten auch meine angepeilten und tatsächlichen Freunde oder Liebhaber. Um mir Cordjeans und Zigaretten kaufen zu können oder die Antibaby-Pille ohne Krankenschein — und das Rezept dafür von einem konspirativ gehandelten Frauenarzt, hatte ich Ferienjobs in einer Bettfedernabfüllfabrik oder stand in einer Kleinteile-Metallwarenfabrik am Band. Den glücklich-spontanen Abbruch einer Schwangerschaft, die ich mir wegen meines unerfahrenen Umgangs mit der Pille einhandelte, brachte ich mit siebzehn, allein auf dem Klo zu Ende, nachdem ich wochenlang vor Angst nicht hatte schlafen können. Für Drogenexperimente fehlte mir glücklicherweise der Mut. In der Schule wurschtelte ich mich bis zum Abitur immer gerade so durch, wobei ich in der Oberstufe annähernd so viele Stunden im Café mit Gleichgesinnten und der Lektüre von ›Jasmin — die Zeitschrift für das Leben zu Zweit‹ und ›Konkret‹ oder ›Twen‹ zubrachte wie im Unterricht. Ich lebte ins Unreine, vorläufig und auf den Tag hin, an dem ich wegziehen und mein leibhaftiges Leben, meine persönliche Nachkriegszeit beginnen würde.

CLAUDIA SEIFERT
Krieg und keine Fragen

Christa Wolf schrieb in ›Kindheitsmuster‹:»Niemals haben Menschen so viel vergessen sollen, um funktionsfähig zu bleiben, wie die, mit denen wir leben.« Die gegen die Eltern rebellierenden Jugendlichen konnten dafür kein Verständnis aufbringen.

Nach dem Ersten Weltkrieg hatten die Männer gerne und in vielfältigen Veröffentlichungen vom heldenhaften Kampf in der Materialschlacht gegen den Feind erzählt, oder sich gemeinschaftlich bei Veteranentreffen ausgiebig und mit Stolz ihre Wunden geleckt. Das war nach 1945 nicht möglich. Der Krieg war zu total verloren, die Deutschen hatten sich zu gründlich diskreditiert. Das öffentliche Leben nach dem Krieg war, in der Bundesrepublik stärker als in der DDR, entmilitarisiert, das rein männlich besetzte Militär hatte wie der soldatische Mann ausgedient. Dennoch blieben in der DDR Aufstiegschancen augenfällig an eine Dienstzeit bei der NVA gebunden. Und die Frage »Haben Sie gedient?« im zackigen Tonfall gestellt, taugte nicht nur für die Satire. Auch im Westen beförderte noch für Jahrzehnte ein abgeleisteter Wehrdienst die Chance auf Anstellung.

Der Elterngeneration waren unter den Nazis und in den anfänglich noch aussichtsreichen Kriegsjahren Männer vorgeführt worden als markige Kerle ohne Furcht und Tadel, dazu auserkoren, die Welt zu beherrschen. Die Frauen hatten diese Helden hingebungsvoll gepflegt, an der Heimatfront geschuftet und das Mutterkreuz bekommen, hatten ihren Dienst am Vaterland im Sinne Görings entweder als »Zuchtstute oder Arbeitspferd« abgeleistet. Doch zu guter Letzt hatten Angst, Bomben und Hunger das tägliche Leben beherrscht. Als dann der Krieg zu Ende war, haben fast ausschließlich die Erwachsenen geweint. Den Kindern wurde gesagt,»es hätte schlimmer kommen können, wir haben doch überlebt«. Diese Generation war entwurzelt worden in beinahe jeder Beziehung. Und sie musste schnellstens lernen komplett umzudenken, alles was sie einst gelernt hatten, war nun unbrauchbar, ja erwies sich als total falsch. Die Kriegskinder, die

Jugendlicher, schwer kriegsbeschädigt

Auferstandenen aus Ruinen, die jungen Schwarzmarktkapitäne, die Flüchtlinge, die heimgekehrten Kriegsgefangenen waren vernünftig, schauten nach vorne und bauten das kaputte Deutschland wieder auf. Sie brachten ihre Familien durch und haben schließlich viel erreicht. Aber die wenigsten konnten ihre Kinder teilhaben lassen an der Zeit, die sie so gemacht hatte wie sie wurden.

In Ost wie West erlebten die Kinder ihre Eltern und Großeltern dann vor allem sprachlos. Sie hörten wohl die Albtraumschreie der Väter in der Nacht, aber die erzählten nie, was es damit auf sich hatte. Die Kinder berührten arglos heikle Themen und stießen auf Mauern. Gespräche verstummten unvermittelt, die Gesichter verschlossen sich, das Thema wurde gewechselt. Die Zeit des Nationalsozialismus wurde am liebsten gänzlich verschwiegen. Darüber zu sprechen, sich den Widersprüchen und möglichen Fragen auszusetzen, war für viele Eltern lange Zeit überhaupt nicht möglich. Und für manche blieb das so. Die Kriegsjahre wurden gleich mit ausgeblendet. Allenfalls fielen kurze Schlaglichter ins Dunkel dieser Vergangenheit, dann wurden einzelne Begebenheiten heraufgeholt, allerdings meist völlig losgelöst vom größeren Zusammenhang. Bruchstücke der Familiengeschichte, traumatische Erinnerungen oder persönliche und sehr beklemmende Erlebnisse wurden ab und an in leicht verdaulicher Form den Kindern als Anekdote erzählt. Meist knapp, manchmal unterhaltsam, bisweilen auch als erzieherische Maßnahme. Das erhellende Rechts und Links, das Richtig und Falsch am Rande dieser Geschichten wurde möglichst geschickt ausgeblendet. Es galt, neugierige oder gar kritische Fragen beim Nachwuchs erst gar nicht aufkommen zu lassen.

Die Erwachsenen verbargen aber nicht nur Jahre der jüngsten deutschen Geschichte, sondern auch ihre eigene Vergangenheit. Sie hatten einfach keine. Sie erzählten wenig von ihrer Kindheit

---

Am Tag als der Regen kam,
lang ersehnt, heiß erfleht,
auf die glühenden Felder,
auf die durstigen Wälder,
Am Tag als der Regen kam,
lang ersehnt, heiß erfleht,
da erblühten die Bäume,
da erwachten die Träume,
da kamst du.
Ich war allein im fremden Land,
die Sonne hatt' die Erde verbrannt,
überall nur Leid und Einsamkeit,
und du, ja du, so weit, so weit.
Doch eines Tags von Süden her,
da zogen Wolken über das Meer,
und als endlich der Regen rann,
fing auch für mich das Leben an.

Dalida, ›Am Tag als der Regen kam‹

und Jugend, von ihrer Schulzeit, von ihren Kämpfen mit ihren Lehrern oder Eltern. Das alles war wohl zu stark verknüpft mit nationalsozialistischer Erziehung, ideologischen Träumereien und

Der Krieg ist aus – 1945

Enttäuschungen. Diese Eltern hatten vermutlich als Schulkinder selbst nicht unterscheiden können zwischen Unterrichtsstoff zur Wissensvermittlung und kriegstreiberischer Indoktrination, hatten Verführung als Freundschaft, planmäßig organisierte Gruppenerlebnisse als harmlose Abenteuerspiele missverstanden. Doch vermutlich spürten sie selbst als Erwachsene ein diffuses Unbehagen darüber, dass ihnen in vielen Punkten die Trennung noch immer nicht eindeutig gelingen wollte. Von ihren Beunruhigungen und ihren Schrecken konnten sie nicht erzählen. Zuvor hätten sie sich selbst eingestehen müssen, dass sie damals Kinder gewesen waren, die eventuell sehr verunsichert waren und schreckliche Angst gehabt hatten.

Traumata, die nicht aufgelöst werden, können unter Umständen über Generationen weiterwirken. In den eklatantesten Fällen verstörten die Verhaltensweisen, die Väter oder Mütter sich aus Not im Krieg zugelegt hatten, nicht nur ihre Kinder, sondern wurden von einzelnen Kindern oder sogar Enkeln wiederholt. Jahrzehnte später und scheinbar ohne Anlass.

Nach dem Krieg war es für Betroffene häufig schwierig, therapeutische Hilfe zu bekommen. Zum einen herrschte die allgemeine Meinung vor, überlebt zu haben, müsse genügen und angesichts der Millionen Toten und begangenen Verbrechen zählte die eigene Geschichte so gut wie nichts. Das waren Lappalien, mit denen jede und jeder allein zurecht kommen sollte. Und doch drückte die Vergangenheit, rumorte und gab nur oberflächlich

1963 De Gaulle und Adenauer unterzeichnen »Elysée-Vertrag«: Zusammenarbeit zwischen Frankreich und Deutschland in politischen, wirtschaftlichen und kulturellen Fragen. +++ Staatsbesuch von Kennedy in BRD und West-Berlin (»Ich bin ein Berliner« …); fünf Monate später Ermordung Kennedys in Dallas. +++ Gemeinsames Manöver von Truppen der NVA, UdSSR, CSSR und Polen in DDR. +++ Rücktritt Adenauers, Ludwig Erhard zum neuen Bundeskanzler gewählt. +++ Einheitslisten erreichen bei Volkskammerwahlen mehr als 99% der Stimmen. +++ 1. Passierscheinabkommen: West-Berliner dürfen über Weihnachtstage und Silvester nach Ost-Berlin einreisen. Erstmalige Öffnung der Sektorenübergänge seit Mauerbau. +++ »Auschwitz-Prozess« gegen 21 Aufseher des Konzentrationslagers Auschwitz in Frankfurt/Main. +++ »Wunder von Lengede«: Elf Bergleute (West) nach 2 Wochen lebend geborgen. +++ Von Christa Wolf erscheint ›Der geteilte Himmel‹, von Heinrich Böll ›Ansichten eines Clowns‹, von Günter Grass ›Hundejahre‹. +++ Uraufführung von ›Der Stellvertreter‹ von Rolf Hochhuth in West-Berlin, Regie Erwin Piscator. +++ Schauspieler des »Berliner Ensembles« (Ost-Berlin) erhalten Einreiseverbot zu Edinburgher Festspielen in Großbritannien. +++ Joseph Beuys, Wolf Vostell und Nam June Paik Aktion ›Festum‹ +++ ›Fluxorum Fluxus, Musik und Antimusik – Das Instrumentale Theater‹ in Düsseldorf. +++ In Defa-Film ›Nackt unter Wölfen‹ von Frank Beyer wird erstmals in deutschem Film Leben im Konzentrationslager thematisiert. +++ ZDF sendet erstmals. +++ West-Berlin: Joghurt wird erstmals in Kunststoffpackung verkauft, die nach Verzehr weggeworfen werden kann.

Ruhe. Aber dafür gab es kaum Sensibilität, die Therapeuten entstammten der gleichen Generation und von Posttraumatischem Stress-Syndrom sprach man erst nach dem Vietnamkrieg. Patienten mit Anzeichen »nervlicher Überreizung« stellten Ärzte in der Vergangenheit gern mal die Diagnose »vegetative Dystonie«. Das geschah aus Verlegenheit, denn »vegetative Dystonie« bezeichnet kein eindeutiges Krankheitsbild. Man wusste es nicht anders, machte es sich leicht und wollte doch den Patienten irgendwie helfen. Sabine Bode aus dem Umfeld des Vereins »Kriegskind e. V.«, der sich dem Thema »frühe Traumatisierung und Folgen des Krieges« widmet, vermutet darüber hinaus den Ursprung unseres umfangreichen Systems der Kur auf Krankenschein für jeden auch in den nicht immer eindeutig zu bestimmenden Krankheitsbildern vieler Patienten. Eine Vielzahl von Menschen funktionierte in Beruf und Familie durchaus, war seelisch und nervlich durch die zurückliegenden Kriegserlebnisse aber dauerhaft erkrankt und benötigte zumindest für einige Wochen Erholung.

Der Weg nach Haus ist schwer für einen Legionär und viele sehen die Heimat, die Heimat nie mehr. Fremd ist die Erde, fremd der Himmel, fremd sind die Reden, fremd die Lieder, fremd sind die Herzen und keines schlägt für ihn! Immer nur träumt er von den Wäldern, träumt von den Wiesen, von den Feldern, träumt von den Sternen, die in der Heimat glüh'n.

Freddy Quinn, ›Der Legionär‹

Die allgemeine Frage nach Schuld und Verstrickung der Deutschen war jedoch nicht restlos geklärt und beherrschte das politisch korrekte Denken. Somit war über Jahrzehnte kein Platz für die eigenen Verwundungen und Leiden der Deutschen. Die Kriege der 1990er Jahre in Bosnien, im Kosovo und das Engagement der Bundeswehr haben schließlich nicht nur leidenschaftlich geführte Diskussionen über Recht oder Unrecht eines solchen Einsatzes ausgelöst. Mit einem Mal stand der Bombenkrieg der Alliierten über deutschen Städten wie Hamburg und Dresden in aktuellem und sehr verunsicherndem Bezug zum Bombenkrieg der Nato. Die Deutschen hatten sich am Ende der Nachkriegszeit gewähnt und sahen sich mit einem Mal wieder mittendrin. Nun allerdings zeigten die Kriege in der europäischen Nachbarschaft schier katalysatorische Wirkung: als ob die Leiden der Bosnier, Serben, Kosovoalbaner den Deutschen endlich gezeigt hätten, welch fürchterliche Auswirkung Krieg hat, stellte die Generation, die Jahrzehnte lang bemüht gewesen war, die Nazizeit und den Krieg zu verdrängen, plötzlich fest, dass sie eine schmerzliche Vergangenheit hat. Es schien als ob wir Deutschen mit einem Mal kapierten, wenn die leiden, dann haben wir, das heißt unsere Eltern, Großeltern doch auch gelitten.

Die Erzählungen von der verlorenen Heimat dagegen waren kein heikles Gebiet, sondern relativ unverfänglicher Raum für Sehnsucht und Traurigkeit. Die engste Bindung hatten meist noch die Großeltern, die Eltern regelten den Schriftverkehr für den Lastenausgleich – zumindest in der BRD, in der DDR gab es solch eine Entschädigung nicht. Und noch die Enkel verbindet

1964 Neue DDR-Personalausweise: zusätzlicher Vermerk »Bürger der Deutschen Demokratischen Republik«. +++ Sowjetische Abfangjäger schießen US-Maschine über Thüringen ab. +++ BRD schließt Anwerbevereinbarung für Gastarbeiter mit Portugal. +++ Rund 100 000 Personen bei Ostermärschen der Atomwaffengegner in BRD. +++ Bundesministerium für Arbeit und Soziales formuliert Mindestanforderungen für Unterbringung ausländischer Arbeitnehmer. +++ Erste direkte Flugverbindung zwischen BRD und Sowjetunion. +++ DDR und UdSSR unterschreiben in Moskau Vertrag »über Freundschaft, gegenseitigen Beistand und Zusammenarbeit«. Erstmals Sprache von zwei souveränen deutschen Staaten, West-Berlin wird als selbstständige politische Einheit betrachtet. Westmächte und Bundesrepublik lehnen diese »Dreistaatentheorie« ab. +++ Olympische Winterspiele in Innsbruck. Wegen ausbleibender Schneefälle müssen 25 000 Tonnen Schnee aus Hochtälern herangeschafft werden. +++ »Zwischenfall in Tonking«: Eintritt der USA in Vietnam-Krieg. Damit rückt für amerikanische Politik die Deutschlandfrage in den Hintergrund. +++ »Bausoldat«: DDR führt Wehrdienst ohne Waffe ein. +++ Entmachtung von Chruschtschow: neue Ära mit Kossygin und Breschnew. +++ DDR Rentner mit Besuchserlaubnis dürfen Verwandte im Westen besuchen. Mindestumtauschpflicht für Westbesucher: 5 DM pro Person und Tag bei 1:1-Wechselkurs, Rentner und Kinder ausgenommen. +++ Gründung der rechtsextremen NPD in Hannover. +++ 200 000 Menschen besuchen »documenta III« in Kassel. +++ Bayerischer Rundfunk führt Drittes Fernsehprogramm ein. Übrige ARD-Anstalten folgen bis 1969. +++ Mary Quant stellt Minirock vor.

mit der alten Heimat der Familie ein ganz eigenes Band. Bei manchen ist es konservierte Sehnsucht über Generationen, bei einigen vielleicht totale Ablehnung. Und manche fühlen sich bei einem Besuch mit einem Mal heimisch, wo sie zuvor noch nie gewesen waren.

Eltern werden von ihrem Nachwuchs irgendwann kritisch bewertet, unter Umständen ohne Gnade verurteilt. Damit müssen sie rechnen. Unsere Generation hatte ihre Eltern mehrerer Verbrechen für schuldig befunden, längst bevor sie in die Untersuchung eingetreten war. Vor allem die Väter standen in der Kritik. Nicht nur, dass sie keine väterlichen Väter gewesen waren, die Kinder befürchteten im Stillen – und waren sich so beunruhigend sicher, dass sie irgendwann gar nicht mehr fragten –, dass ihre Väter auch Täter gewesen waren. Für eine Täterschaft jedoch waren viele zu jung oder in jeder Hinsicht vielleicht unschuldig gewesen in schrecklichen Zeiten. Einige waren zweifellos auch zu Tätern geworden.

Solange die Jungen noch Fragen stellten, wissen wollten, bekamen sie nur in den seltensten Fällen erhellende Antworten. Die 50er und die beginnenden 60er Jahre waren ja auch verlogene Jahre, die Deutschen verdrängten die Vergangenheit mit aller Macht und schwiegen. Irgendwann hörten die Kinder auf zu fragen. Und selbst heute ist es kaum möglich, den damals liegen gelassenen Faden wieder aufzunehmen. Die Kommunikation in vielen Familien ist mittlerweile so festgefahren, dass jede Frage und jede ehrliche Antwort längst unmöglich geworden ist.

Viele meiner Generation verspüren noch heute eine dicke Wut auf ihre Eltern, weil sie vor allem ziel- und zweckorientiert gelebt haben und mit den Emotionen ihrer Kinder umgegangen waren wie mit ihren eigenen – als ob es sie nicht gäbe. Sie verspüren Wut über die nie befriedigten Sehnsüchte nach liebe- und verständnisvollen Eltern, stattdessen hat man sich irgendwie arrangiert. Und doch schwingt heute auch Mitleid mit. Mitleid darüber, dass diese Elterngeneration in ihrer Kindheit und Jugend hatte lernen müssen, die gewalttätigen Verhältnisse um sie herum als normal zu empfinden, und so werden musste, wie sie wurde.

Die Eltern sind jetzt alt, viele sind Großeltern. Welche Rolle können wir, die Kinder, ihnen gegenüber heute einnehmen? Eigentlich sollte das Verhältnis sich umkehren, sollten die Jüngeren den Älteren nun nachsichtig und fürsorglich begegnen. Stattdessen gibt es trotz allem Verständnis häufig keine Vergebung, nicht einmal Entspannung im bilateralen Verhältnis. Einen Neuanfang können noch am ehesten die Enkel bewerkstelligen, aber allmählich eilt die Zeit. Die Enkel und wir sollten es tun, sollten unermüdlich fragen, wieder neu fragen, genau hinhören und sammeln. Denn sonst nehmen die Letzten, die davon berichten könnten, nicht nur ihre persönlichen Erlebnisse mit ins Grab. Wir vergeben vielleicht auch die Chance, uns durch Erzählen und

1965 Staatsbesuch von Ulbricht in Kairo. BRD beschließt Einstellung der Wirtschaftshilfe für Ägypten. +++ Bundestagssitzung in West-Berlin: Blockade der Zugänge nach West-Berlin durch Soldaten der UdSSR und DDR zu Wasser und zu Lande, sowjetische Düsenjäger überfliegen Kongresshalle während Plenarsitzung. +++ Volkskammer verabschiedet »Familiengesetzbuch der DDR«: eheliche und uneheliche Kinder werden rechtlich gleichgestellt, Schuldprinzip bei Scheidungen abgeschafft. +++ Einführung der 5-Tage-Woche in jeder zweiten Woche (Ost). +++ Urteile im Auschwitz-Prozess in Frankfurt/Main: Proteste im In- und Ausland gegen teilweise zu milde Strafen. +++ BRD unterzeichnet Anwerbevereinbarung für Gastarbeiter mit Tunesien. +++ Von Uwe Johnson erscheint ›Zwei Ansichten‹, von Hermann Kant ›Die Aula‹, von Rainer und Sarah Kirsch ›Gespräche mit dem Saurier‹, von Alexander Mitscherlich ›Die Unwirtlichkeit unserer Städte‹. +++ Sowjetischer Kosmonaut Alexej Leonow schwebt als erster Mensch 20 Minuten frei im Weltraum. +++ Erstmals Sowjetunion mit Stand auf Hannover Wirtschaftsmesse vertreten. +++ Journalistin Ulrike Meinhof wird zu Geldstrafe von 600 DM verurteilt, weil sie in Zeitschrift ›Konkret‹ CSU-Vorsitzenden Franz Josef Strauß als ›infamsten deutschen Politiker‹ bezeichnet hat. +++ ›Für eine Hand voll Dollar‹ mit Clint Eastwood im Kino (West). +++ Erstmals Ziehung der Lottozahlen im Fernsehen (West). +++ Internationales Olympisches Komitee erkennt NOK der DDR an, beschließt Zulassung von zwei deutschen Mannschaften zu Olympischen Spielen 1968. +++ Britische Königin Elizabeth II. besucht BRD, bei Rhein-Fahrt werden Salatherzen und Spargelspitzen gereicht – Regenbogenpresse bewundert ungeheure Dekadenz. +++ Louis Armstrong gastiert in Ost-Berlin. +++ »Rolling Stones« Konzert in West-Berlin – Fans demolieren Waldbühne.

Wiedererleben emotional unserer eigenen Geschichte anzunähern, uns in eine Reihe mit unseren Eltern und Großeltern einzuordnen und uns dadurch in die ungeliebte Vergangenheit Deutschlands mit hinein zu begeben. Vielleicht haben wir Deutschen nur so die Chance ein Stück weit eine nachsichtigere Einstellung zum Leben, zu unseren Kindern, gegenüber Andersdenkenden und gegenüber uns selbst zu entwickeln.

ULRIKE SPECKMANN

Abschied von Oma

Meine Oma starb, als ich acht Jahre alt war, kurz nach der Geburt meines Bruders. Sie war am Tag der Beerdigung in ihrem Haus aufgebahrt worden, aber wir Kinder durften sie nicht sehen. Als der Sarg abgeholt werden sollte, kam ich die Treppe herunter, die Tür des Zimmers stand noch offen und ich sah die Kerzen und den Sarg und wäre gern auch noch einmal hingegangen, aber ein Onkel schickte mich erschrocken wieder nach oben. Niemand sprach mit uns über das Geschehen, wir gingen mit zur Beerdigung und waren sehr traurig, anschließend wurden wir zurück geschickt, wir sollten im Garten spielen. Wir spielten nicht, sondern saßen zusammen und sprachen über die Trauerfeier.

Als die Erwachsenen zurückkamen, sahen wir sie durchs große Tor in den Hof kommen, plaudernd, lachend und guter Dinge, und wir waren entsetzt. Vorher waren doch alle so traurig gewesen, der jüngste Onkel hatte laut schluchzend am Grab gestanden, und nun schien alles wieder in bester Ordnung zu sein? Wir waren verwirrt. Wir hielten alle Erwachsenen für Lügner. Was sollte man nun glauben? Ein Gespräch mit den Erwachsenen darüber gab es nicht.

In den folgenden Wochen vermisste ich meine Oma sehr und jedes Mal, wenn ich in der Kirche eine Frau mit einem großen breitrandigen, mit Blumen und Netzen verzierten Hut sah, dachte ich: Da ist sie ja. Aber sie war es nicht, sie war es nie. Einmal sprach ich darüber kurz mit meiner Mutter. Sie war sehr erstaunt, dass ich auch um Oma trauerte, sie hatte sich das gar nicht überlegt. Sie nahm mich in den Arm und verschämt weinten wir ein wenig.

MARIANNE TROLL

Wat war, is vorbei!

Der Krieg hat, genau wie die Frage nach allen anderen Umständen im Leben meiner Eltern vor meiner Zeit, meine Phantasie als Kind und Jugendliche stark beschäftigt. Wie sahen ihre Wohnungen, die Einrichtung aus? Welche Kleidung trugen sie? Was bekamen sie zu essen? Worüber redeten sie mit ihren Eltern? Was durften sie, was war verboten? Wie ging es in der Schule zu? Was spielten sie mit ihren Geschwistern, mit ihren Freundinnen? Welche Bedeutung hatte die Kirche, die Religion? Veränderte sich all das im Krieg, und wie tat es das? Worin bestand überhaupt Krieg?

Meiner Oma stellte ich solche Fragen besonders gern, weil sie eine große Bereitschaft hatte, mir detailliert das Muster eines Sofabezugs, den Inhalt von Care-Paketen, das Strafverhalten ihres Volksschullehrers oder die Funktionen des Küchenherdes zu beschreiben, ohne sofort einen Vergleich mit unserem vermeintlichen Kinderparadies zu ziehen. Wir sahen uns Fotoalben aus der Kindheit meiner Mutter an, und dabei flossen die Geschichten. Sie erzählte mir, wie oft oder selten man die Kleidung gewaschen und gewechselt hatte, wie lang der Schulweg meiner Mutter war, wie die Gemüse in ihrem Nutzgarten vor den Hühnern geschützt wurden und dass meine Mutter sehr fromm und in der Schule immer ordentlich und zielstrebig gewesen war und daher keine Schläge mit dem Stock auf die Hände bekommen hatte. Die in all dem enthaltenen Wertungen wurden von ihr nicht besonders hervorgehoben, sondern als selbstverständliche Fakten aneinander gereiht. So war es, so war es richtig, und es hätte gar nicht anders gewesen sein können. Die Zeit des Nationalsozialismus sowie der Krieg und seine Gegebenheiten und Begleiterscheinungen waren in ihren Geschichten ebensolche Selbstverständlichkeiten. »Wat war, is vorbei.«

Mein Opa war Bergmann gewesen und hatte, obwohl er einige Monate Soldat war, nicht an die Front einrücken müssen, denn Kohleförderung war kriegswichtig gewesen. Die Familie war nicht ausgebombt, aber wie alle durch die dauernden

Bombenangriffe zermürbt und auf sich selbst gestellt. Meine Großeltern waren vom Kampf um die tägliche Selbsterhaltung absorbiert und weit davon entfernt gewesen, in politischen Kategorien oder an politischen Widerstand zu denken. Aus diesem privaten Blickwinkel auf Vergangenes sprach meine Oma über nächtlichen Fliegeralarm, Lebensmittelkarten und Schulspeisung und die Einquartierung amerikanischer Besatzer in ihrem Haus.

> *Vergesse nie die Heimat,*
> *wo deine Wiege stand,*
> *du findest in der Ferne*
> *kein zweites Heimatland.*
> Deine Tante Ria zur Erinnerung.
>
> Poesiealbum

Genauso gleichmütig erzählte sie über die Haustürsammlungen des Winterhilfswerks, bei denen sie ungern gespendet hatte, über ihre Privilegien als Bergmannsfamilie mit Deputatkohle, Schnaps zum Tauschen gegen Lebensmittel beim Bauern oder eben über ihr völliges Desinteresse und ihre Unwissenheit im Hinblick auf das Schicksal der jüdischen Bevölkerung. Das war offenbar zu weit weg von ihr gewesen.

Über aktuelle Probleme, wie ungehörige Frechheiten von Kindern, schwindende Werte im Alltag moderner Frauen, die »auf dem Sofa liegen und Romane lesen«, anstatt ihre Hausfrauenpflichten zu erfüllen, meinen Vater und die Sozis, konnte sie sich allerdings gewaltig empören und mir die Brisanz des Themas und ihren Ärger auch spürbar vermitteln.

Ihr Gleichmut im Zusammenhang mit dem Krieg betäubte mein Wahrnehmungsvermögen. Er erzeugte das Bild einer Welt, in der die größten und die kleinsten Ereignisse gleichwertig nebeneinander standen, und von denen, genau wie die dazugehörenden Gefühle, keines herausragende Bedeutung hatte. Wenn meine Oma vom nächtlichen Rennen der Familie zum Schutzbunker erzählte, und ich fragte, ob sie denn keine Angst gehabt hätten, von Bomben getroffen zu werden, antwortete sie mit ihrem erstaunlichen Gleichmut, natürlich seien sie ängstlich und müde gewesen. Mir vermittelte sich über ihre Schilderungen weder Angst noch Müdigkeit, auch kein Schmerz, wenn sie von den Krankheiten, kein Hunger, wenn sie von der Lebensmittelknappheit, der improvisierten

Kocherei und anderen Mangelphänomenen der »schlechten Zeit« erzählte. Wie dieser Begriff der »schlechten Zeit« — wie schlechte Zähne oder schlechte Luft — nicht schön, aber auch nicht wirklich schlimm war, wirkte ihr Erzählstil auf mich diffus gemütlich, letztlich beruhigend bei anregend kurzweiliger Dramatik des Inhalts. Die zwölf Jahre des Tausendjährigen Reichs entstanden vor mir als private, banale, aber spannende Episodensammlung. Ich dachte dann, es kann eigentlich keine ernsthaft bösen Vorkommnisse in der Hitler-Zeit und im Krieg gegeben haben, wenn man beides erlebt hatte und danach so friedlich-indifferent darüber informieren konnte. Und ich lernte daraus, dass man — scheinbar — fast alles unbeschadet überstehen kann, wenn man »immer den untersten Weg geht«, möglichst unbeteiligt für sich lebt und das eigene Wohl fest im Blick hat.

Mit dem leise wachsenden Verdacht, dass dieses Bild nur eine sehr eingeschränkte Sicht der Realität wiedergab, löcherte ich natürlich auch meine Eltern, die über den Krieg, als eine schmerzliche Zeit, von sich aus sehr ungern sprachen. Meine Mutter konnte es schon nicht vertragen, wenn wir vor unseren Wohnschachteln mit einem Stock unsere Länder im Schotter skizzierten und »Deutschland erklärt den Krieg« spielten, wobei es auch darauf ankam, möglichst als Erster »Ich bin Deutschland!« zu schreien; oder wenn mein Bruder zu Karneval mit seiner Knallplättchenpistole rumknatterte. Bei der Samstags-Sirene um 12.00 Uhr oder bei Feueralarm zuckte sie zusammen, das war für sie einen Moment lang wie Fliegeralarm. Sie beschrieb die andauernde Angst bei den täglichen und nächtlichen Bombenangriffen und die schwere Verantwortung für ihren 1942 geborenen Bruder, den sie dann rennend im Kinderwagen zum Luftschutzbunker schieben musste; die materiellen Entbehrungen, die Kälte, den Hunger, das gleichförmige, nicht sättigende Essen, ihre Enttäuschung über den Mais, den sie anstatt des erhofften Weizens zum Brotbacken aus amerikanischen Beständen erhielten, nachdem sie um »corn« gebeten hatten; die verschlissene oder aus Uniformteilen hergestellte Kleidung. Beim Erzählen schien sie noch einmal die Ängste und Schrecken dieser Jahre zu erleben, sie war vor allem Opfer, Spielball der Ereignisse gewesen. Gelegentlich blitzten auch Freiräume und Abenteuergefühle zwischen den Zeilen auf, wenn sie von der Verkürzung des Schulunter-

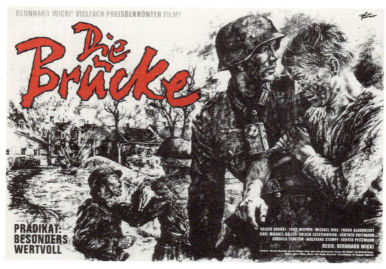

Plakat zum Film von Bernhard Wicki 1959

richts bei Bombenalarm erzählte, der auch eine gewisse Abwechslung im gleichförmigen Alltag bieten konnte, so wie die Angst manchmal mit angenehmer Erregung gemischt gewesen war. In den Erinnerungen meiner Mutter war Krieg eindeutig und fühlbar schrecklich. Sie zog allerdings gleich Verbindungslinien zu unserem Leben mit seinen Privilegien und Möglichkeiten. Wir konnten in unserer sorglosen Lage als Kinder in sicheren Verhältnissen weder ermessen oder würdigen, was sie hatte aushalten müssen, noch überblicken, wie sehr Entbehrungen zur Charakterbildung beitrugen.

Worüber meine Mutter mit Behagen, sogar mit Begeisterung erzählte, das war ihre Jugendzeit beim BDM. Sie schilderte die obligaten Dienstnachmittage und die späteren Arbeitseinsätze auf einem Bauernhof als großartige Gemeinschaftserlebnisse, die sie nicht als Zwangssituationen, sondern als schöne Abwechslung im grauen Pflichteneinerlei von Schule und Zuhause empfunden hatte. Man habe gemeinsam gesungen, gespielt, vorgelesen, gebastelt, geturnt, gearbeitet, jedes Mädchen habe sich nützlich machen können und sich dadurch wertvoll, als Teil eines Ganzen gefühlt, und das alles habe einfach Freude gemacht. Ich konnte das gut verstehen. Im Übrigen war ihr wohl, ebenso wie mir später, daran gelegen gewesen, möglichst viel Zeit außerhalb ihres einschränkenden Elternhauses zu verbringen, während des Kriegs- und Ernteeinsatzes sogar mit den anderen Mädchen zusammen wohnen zu können. Begriffe wie Kameradschaft und Führerin gebrauchte sie mit Wärme, sie erinnerte sich dabei an Freundschaften, angenehme Gefühle und Menschen mit positiven Begabungen und Botschaften. Dass sie und die anderen Mädchen manipuliert und politisch missbraucht worden waren, war überhaupt nicht ihr Thema. Sie widersprach vehement, wenn ich sie als Jugendliche nach entsprechenden Einsichten fragte oder ihr wenigstens Zweifel entlocken wollte, und verneinte die politische Bedeutung für ihr Leben. »Du hast ja keine Ahnung, worüber du redest!«, sagte sie, wenn ich ihr meine aus ihrer Sicht selbstgerechten moralischen Bedenken vortrug.

Sie gab mir zwei ihrer Bücher aus dieser Zeit zu lesen, schwärmerisch-propagandistische Mischungen aus Abenteuerbeziehungsweise Arbeitsberichten und Appellen zum Mittun bei der guten Sache: ›So schaffen wir — Mädeleinsatz im Pflichtjahr‹, ›So sind wir — Jungmädel im Einsatz‹, die ich gierig verschlang und noch immer besitze. Nach der Lektüre konnte ich mich in ihre Begeisterung noch besser einfühlen. Sie war bei Kriegsende achtzehn Jahre alt gewesen. Aber sie ließ sich von mir nie zu einer Distanzierung nötigen, die ich mir so sehr von ihr wünschte, sondern reagierte, wenn ich beharrlich nachbohrte, auf meine pubertäre Arroganz wie auf meine berechtigten Fragen mit dem bekannten Abwehrreflex der Nachkriegszeit: »Wir haben nichts anderes gekannt, wir haben nichts gewusst, was hätten wir denn tun können? Es war nicht alles schlecht, alle haben doch mitgemacht, einmal muss doch Schluss sein!«

Ich erkenne immer noch ihre Verbitterung darüber, dass schon die Besatzer, die Umerzieher sie zwingen wollten, eine neue, kritische Sichtweise auf ihr Erleben zuzulassen, aber ihre Jugend mit ihren subjektiven Erinnerungen und Bewertungen ließ sie sich nicht nehmen, und das ist bis heute so geblieben.

Mein Vater schilderte dagegen immer eine Art von Abenteuer, wenn er – ganz selten ohne drängende Nachfragen – über Kindheit und Jugend und von seinen Erlebnissen im Krieg erzählte. Im Gegensatz zu meiner Mutter empfand er Gruppen- und Gemeinschaftsveranstaltungen, zumal die vielen verschiedenen Dienste und Aufgaben in der HJ, als lästige Verpflichtungen, als Zwang, dem er sich nach Möglichkeit entzogen hat. Gefolgschaft war nicht seine Sache. Er hatte wohl kein Bedürfnis, als Teil eines Ganzen zu wirken, sich als Rädchen im Getriebe nützlich zu machen. Er war grundsätzlich lieber Sandkorn. Welche Art von Ärger er damit konkret in Kauf genommen hatte, erzählte er leider nicht, nur, dass viel Mut erforderlich gewesen war, nicht an den Heimabenden teilzunehmen, da die Hitler-Jugend als »alleiniger Träger der deutschen Jugenderziehung außer Elternhaus und Schule« großen Druck hatte ausüben können.

Als Jugendlicher hatte ihn ein älterer Freund über die verbrecherischen Ziele der Nazis und über Widerstandsbestrebungen aufgeklärt und seine Abwehr gegen vereinnahmende Gruppenstrukturen mit politischen Tatsachen und Begründungen unterfüttert. Trotzdem war er, genau wie unsere Mutter, von den Bespitzelungen, der Dauerkontrolle durch Verwandte, Nachbarn, öffentlich dazu autorisierten Personen und Organisationen so geprägt, dass er sich 1966 weigerte, meine Frage nach seiner Entscheidung bei der Bundestagswahl zu beantworten. Er schien zu befürchten, er könnte noch von seinen Kindern denunziert werden. »Das geht dich gar nichts an! Darüber redet man nicht. Schließlich sind Wahlen in Deutschland geheim.«

Hin und wieder hörten wir Geschichten von gefährlichen Mutproben, Experimenten, Spiel- und Sportabenteuern, die er mit anderen Jungen, offenbar unbehelligt von Erwachsenen, hatte unternehmen können, und von denen manche schlimm ausgegangen waren. Auf mich wirkten sie wie eine Mischung aus Legendenbildung und Warnung, uns niemals auf solche

Risiken einzulassen. Das lag mir ohnehin völlig fern, meinem Bruder schon weniger. Vorstellen konnte ich mir seinen Jugendalltag trotzdem nie richtig, es fehlten zu viele entscheidende und verbindende Details.

Mit siebzehn Jahren, als Chemielaborantenlehrling, wurde mein Vater in den Krieg eingezogen und kam nach Norwegen, irgendwann war auch mal von Polen die Rede. Darüber ließ er sich überhaupt nicht ausfragen. Gelegentlich erzählte er, dass er Kampfhandlungen nur am Rande miterlebt und sich immer möglichst gut versteckt hatte. Er war schnell verwundet worden und verbrachte anscheinend den Rest des Krieges im Lazarett. Auch über die anschließende Kriegsgefangenschaft, den Schmuggel von Schnaps und lebenden Ferkeln über die »grüne Grenze« in die sowjetische Besatzungszone und seine spätere Flucht in den Westen hörten wir ein paar Fragmente, die eher abenteuerlich und aufregend klangen als nach Schmerz, Hunger und Elend. Einmal schilderte er sich als »schrecklich dünnen Hering« und lachte ziemlich darüber, wir auch. Weil ich mir kein Bild vom »Krieg«, vom »Kämpfen« und »Soldatsein« machen konnte, und um ihn zu provozieren, fragte ich ihn mit fünfzehn mal, wie viele Menschen er umgebracht habe. Er antwortete sehr kurz angebunden: »Keinen«.

Wir sahen von unserem Vater immer eine mehr oder weniger glatte Oberfläche. Über seine Erlebnisse, seine Gefühle, sein Verhalten im Krieg erfuhr ich nur kleine Bruchstücke, die ich in keinen zeitlichen oder inhaltlichen Kontext einordnen konnte. Diese zusammenhanglosen Ausschnitte verwirrten mich. Ich wusste nach seinen Antworten auf meine Fragen eher weniger als vorher und versuchte erfolglos, die unverbundenen Details für mich selbst zu sortieren, weil ich das sichere Gespür hatte, dass weitere, kritische Nachfragen nicht erwünscht waren. Ich weiß nicht, wollte er uns mit Schreckensgeschichten verschonen, oder fürchtete er, die sicher entsetzlichen Gefühle wieder aufleben zu lassen.

EVA ZIEBERTZ

Schlechte Laune bei Ostwind

Die Folgen des Krieges waren überall präsent, auch wenn wir das als Kinder nicht bemerkten: Baulücken, deren Bretterzäune den Durchblick verweigerten, Häuser, die unvermittelt aufhörten wie abgeschnitten an der Seite oder nur ein Erdgeschoss aufwiesen ohne Dach, lediglich mit einer provisorischen Abdichtung gegen Wind und Wetter. Das alles gehörte so selbstverständlich zum Straßenbild wie unser zerstörter Dom.

Ich war Mitglied der Kinderschola. Wir sangen zwei bis drei Messen jeden Sonntag, den Dom kannten wir wie unsere Westentasche: Wir wussten, wie es in der Sakristei aussah und hinter dem Hochaltar, wo wir während der Predigten unbeobachtet sitzen konnten. Wir wussten aber auch, wie es hinter den Bauplanen und Latten aussah, die den größten Teil des Domes verdeckten. Staub, Steine, Lärm, schweres Baugerät und Männer in Gummistiefeln, die schimpften und uns verjagten. Wir konnten sehen, wo die Glocken wieder hängen würden, wie nach und nach bunte Fenster die notdürftigen Abdichtungen ersetzten, und wussten lange vor der Wiedereröffnung des Domes, wie er aussehen würde. Vor allem aber kannten wir den Weg in die Krypta mit ihren offen liegenden Knochenregalen. Huh, das war gruselig und schön gleichzeitig. Ein richtiges Abenteuer obendrein, denn natürlich durften wir dort nicht hin, wurde doch mächtig gegraben und geforscht und vermutlich war es auch überhaupt nicht gesichert. Später, als die Krypta schon teilweise offen zugänglich war, legten meine Freundinnen und ich in einer feierlichen Zeremonie unser Pfadfinderinnenversprechen dort ab, im Anschluss an einen Abendgottesdienst und im Beisein der Diözesanvorsitzenden, auch wenn wir damals noch nicht wussten, was das bedeutete. Als wir die Krypta verließen, stellten wir fest, dass der Dom dunkel und abgeschlossen war. Der Küster hatte uns einfach vergessen da unten. Nach vergeblichen Bemühungen, irgendwelche Türen auf zu bekommen oder uns durch das Einschalten von Licht bemerkbar zu machen, begannen wir die Glocken zu läuten. Leider hatten wir ausgerechnet die größte und feierlichste erwischt, was zur Folge hatte, dass ein nicht unbeträchtlicher Teil der Stadtbevölkerung aufgeregt auf dem Domplatz zusammen lief, um die guten oder schlechten Nachrichten, die es zu verkünden galt, nicht zu verpassen. Jedenfalls wurden wir sehr schnell aus der Kirche herausgeholt.

Der Krieg war nicht nur an den Gebäuden und der lückenhaften Bebauung ablesbar, auch in den Wäldern rings um Xanten gab es große, trichterförmige Vertiefungen im Waldboden, in denen windgeschützt die schönsten Blumen wuchsen, und durch Stacheldraht abgezäunte Bunkerreste, in denen wir wunderbar Verstecken spielen konnten. Dort zu spielen war jedoch nicht erlaubt. Nur widerwillig bekamen wir Erklärungen auf unsere Nachfragen über Sinn und Zweck der Bunker und über die Herkunft dieser Löcher, denen wir natürlich Magisches anzudichten geneigt waren. Wir erfuhren nur in Bruchstücken von einzelnen Erwachsenen, dass es im Wald eben die »Muna« und deswegen Bombardierungen gegeben hatte. Es dauerte, bis mir die Abkürzung »Muna« für »Munitionslager« erklärt wurde.

Am lebendigsten war der Krieg in Geschichten: Meine jüngste Tante hatte beim sommerlichen Schwimmen im Baggerloch nicht zu übersehende Brandnarben. Dazu gab es die Geschichte, dass in den Endtagen des Krieges, als schon die Briten auf der anderen Rheinseite standen, jemand eine Kanne Tee umstieß, was schon als solches einen Verlust bedeutet hatte. Der heiße Tee aber ergoss sich über das Baby und brachte ihr schwere Verbrennungen bei. In Xanten hatte damals kein Krankenhaus mehr funktioniert, meine Großmutter musste sich entschließen, wohl mit verzweifeltem Mut, das dem Tode geweihte Kind den Feinden anzuvertrauen, da diese ein funktionierendes Lazarett auf der anderen Rheinseite betrieben. Nun, meine Tante überlebte und verdankt das den Briten.

Dann gab es die Erzählungen meiner Großmutter, deren Mann im Krieg verschollen blieb und an dessen Überleben sie bis zu ihrem Tod mit Zähigkeit festhielt. Sie hatte also ihre Kinder irgendwie durchbringen müssen. Da sie im letzten Kriegsjahr Zwillinge gebar, hatte die Familie jeden Tag Anrecht auf zweieinhalb Liter Milch. Das war eine so ungeheure Menge, sie kam im ganzen Verteilerkreis des Milchmannes nicht noch einmal vor. Der Milchmann hat mir das später auch erzählt. Den Milchmann kannte jeder, er hieß überall nur Hermann, Vater sowie Sohn, und beide fuhren täglich mit dem Milchwagen durch die Stadt und brachten in 15-Liter-Kannen die Milch ins Haus. Aus diesen Kannen schöpften sie in Literkellen die Milch in die bereitgestellten Gefäße. Die hatten ihren festen Platz und es musste niemand im Haus sein, damit Hermann seine Ware abliefern konnte. Bei uns war das ein großer Topf für unsere Familie und eine kleine Milchflasche für meine Oma, meine Tante und Großtante. Dazu kam später jeden Tag ein Joghurt für meine kranke Großtante. Das war damals etwas ganz Besonderes und wir sprachen das »Jochut« aus, weil der Hermann es uns so gesagt hatte. Aß unsere Großtante es einmal nicht, so gab es eine festgelegte Reihenfolge, wer von uns dieses besondere Etwas essen durfte. Wenn ich zu Hause war, liebte ich es, Hermann abzupassen, um gleich aus dem Topf die in Blasen aufgeworfene Milch zu trinken. Der Milchmann-Sohn Hermann schnitt uns allen im Übrigen auch die Haare. Das war so selbstverständlich, dass keiner das seltsam fand.

Jedenfalls bekam meine Oma also in den schwersten Hungerzeiten sehr viel Milch und konnte dadurch ihrer Meinung nach die Familie durchbringen. Meine Mutter und ihr ältester Bruder aber erzählten uns von Hamsterzügen über die Kartoffelfelder und durch die Gemüsebeete der Bauern, die sie vor ihrer Mutter verheimlichen mussten. Hätte meine Großmutter gewusst, dass die Sachen geklaut waren, hätte sie ihre Kinder umgehend damit zurückgeschickt. Meine Großmutter hielt nach außen hartnäckig an ihrem Ehrenkodex fest, als hätten sich die Welt und damit die Überlebensbedingungen nicht geändert. Jedoch so ganz unwissend kann sie nicht gewesen sein. Sie hatte ihre ältesten Söhne, die zum Ende des Krieges zwischen 14 und 17 Jahre alt waren, alle eine Bäckerlehre machen lassen und hatte sie damit vor einer Einberufung bewahrt, da sie ja in kriegswichtigen Betrieben arbeiteten. Und sie hatte meinen ältesten Onkel unter dem Bäckerkittel kurze Hosen anziehen lassen, als die

Briten über den Rhein setzten, damit sie ihn für jünger hielten, als er war, und nicht gefangen nahmen. Das alles erzählte sie in trockener Berichtsform und knappen Fakten. Jede Beurteilung blieb dabei außen vor. Ihrem Urteil, dass sie zwar äußerst knapp, aber doch immer zu essen gehabt hatten, widersprachen meine Mutter und meine Onkel nur in ihrer Abwesenheit.

Das schwere Schicksal Hunger drohte immer als Möglichkeit im Hintergrund und die Dankbarkeit für vorhandenes Essen war real, nicht aus frömmelnden Motiven gespielt. Als zum Beispiel 1968 die Russen in Prag einmarschierten, kaufte meine Mutter Unmengen an Lebensmittelvorräten. Ich weiß noch genau, wie ich sie, auf einem meiner Lieblingsplätze im dunklen Treppenhaus sitzend, aus der Küche laufen sah, laut weinend und rufend, dass jetzt der Krieg wieder beginnt. Sie hatte mich nicht gesehen, sonst hätte sie sich bestimmt beherrscht. Und auch 1991 noch, bei Ausbruch des ersten Golfkrieges, hatten mein Vater und sie im Keller so viele Lebensmittel gehortet, dass sie diese in ihrem Leben nicht mehr hätten verzehren können. Gutes und reichliches Essen, vor allem Fleischgerichte, gehörten und gehören immer noch zu den Hauptbestandteilen aller Feiern und Feste.

In der Familie meines Vaters waren gleich zwei Männer im Krieg, mein Opa und mein Vater. Er hatte ungünstigerweise am 31. August 1939 gerade seinen Wehrdienst abgeleistet. Das bedeutet, dass er volle sieben Jahre Soldat sein musste und das in der normalerweise schönsten, weil selbstbestimmtesten Lebenszeit. Den Krieg hatten die Männer also an der Front verbracht, meine Großmutter mit ihrer schwerbehinderten Tochter zunächst im eigenen Haus. Meine Oma hat mir erzählt, dass sie in der Nacht, in der sie eine Ratte verscheuchen musste, die an ihrer schlafenden Tochter nagte, beschlossen hatte, zu ihrem Cousin zu gehen, der einen Bauernhof im Westfälischen besaß. Dort blieb sie so lange, bis mein Vater sie nach dem Krieg abholte.

Mein Vater war als gelernter Autoschlosser und Werkzeugmacher einem Instandhaltungstrupp zugeordnet. Er machte den Russlandfeldzug und die Belagerung Stalingrads mit. Nachdem seine Kompanie in einer Nacht auf fünf Überlebende zusammengeschossen worden war, desertierten sie, indem sie vorgaben, Kabel hinter die Front verlegen zu müssen. Sie waren im Besitz eines Lastwagens und wohl auch von Kabel-

Das Haus von Evas Familie (Bildmitte, vor dem Türmchen) hatte halbwegs die Bombardierungen überstanden.

rollen, aber es müssen auch Schusswechsel stattgefunden haben. Genaueres wird bis heute nicht erzählt. Jedenfalls fuhren sie in einem Rutsch bis Dänemark, von dem sie gehört hatten, dass es kurz vor der Befreiung durch die Alliierten stand. Ein entfernter Verwandter in der Obersten Heeresleitung muss wohl eine Erschießung als Deserteur verhindert haben. Auch das blieb eher ein familiäres Gemunkel. Mein Vater geriet jedenfalls in Dänemark in Kriegsgefangenschaft und gehörte damit zu den Ersten, die sich wieder nach Hause durchschlagen konnten. Dort setzte er das Haus notdürftig in Stand, das als einziges in der gesamten Strasse in seinen Grundmauern stehen geblieben war und holte dann meine Großmutter und seine Schwester zurück.

Das alles weiß ich nur aus bruchstückhaften Erzählungen meiner Großmutter. Mein Vater redet bis heute nicht über den

Krieg. Alle unsere Fragen wurden einsilbig abgeblockt, seine über alle Maßen schlechte Laune bei Ostwind oder sein blaues, bei Stalingrad angefrorenes Bein, alles das lernten wir fraglos hinzunehmen.

Meine Großmutter erzählte einmal, wirklich nur einmal, und das war so ungewöhnlich, dass ich es so genau behalten habe, dass sie meinen Vater nach dem Krieg kaum wieder erkannt hatte. Er hatte alles, was nicht niet- und nagelfest war, zu seinem Eigentum erklärt. Er nahm Steine, Holz, Baumaterialien von überall her, jedem Huhn, das ihm in die Quere kam, drehte er den Hals um und brachte es nach Hause, jedes Gefühl für fremdes Eigentum, Diebstahl und Ähnliches war ihm abhanden gekommen. Er hatte schlichtweg kein Unrechtsbewusstsein mehr an diesem Punkt. Meine Großmutter musste ihm das wieder mühsam beibringen so wie auch das Essen am Tisch und vieles andere mehr.

So war der Krieg bei uns präsent und blieb eine bedrohliche Möglichkeit, über die nicht gesprochen werden durfte. Das bezog sich auch auf die Hintergründe und auf die gesamte Nazizeit. In der Schule hatten junge Lehrer einen schweren Stand, wenn sie die Zeit vor 1945 behandeln wollten. Meine Mutter regte sich über das neumodische Zeug auf, das sie uns in den Kopf setzten, mein Vater äußerte sich gar nicht. Bis auf den Deutschunterricht fand die Zeit von 1933 bis 1945 überhaupt nicht statt. In Geschichte war immer gerade dann das Schuljahr zu Ende, in Philosophie kamen wir über die alten Griechen und Römer nicht hinaus. In Deutsch lasen wir Max Frisch, ›Andorra‹ natürlich und ›Homo Faber‹, und das gab zum Teil richtig Ärger mit den Eltern. Völlig unbeschwert wurde jemand, der etwas zu teuer verkaufte, nicht als »Apotheker«, sondern als »Jude« bezeichnet, mit dem man eben keine Geschäfte machte, und auch das Wort »Judensau« benutzten wir als Schimpfwort ohne zu wissen, was es bedeutete.

Auf dem Weg von Xanten zum im Wald gelegenen Krankenhaus fällt zwischen den Hainen und Wiesen unweigerlich ein mit Buchsbaumhecken sorgfältig eingezäuntes Stückchen Land auf, in dem hinter entlaubten Hecken im Winter deutlich Grabsteine zu erkennen waren. Auf meine Fragen, was das sei, bekam ich solange einfach keine Antwort, bis ich das Fragen aufgab. Irgendwann hörte ich durch einen Lehrer vom Judenfriedhof, den es instand zu setzen gälte, und zog selber die richtigen Schlussfolgerungen.

ULRIKE SPECKMANN

Eine Kuh war tot

Damals sah man zahlreiche »Kriegsversehrte« auf den Straßen, Männer mit nur einem Arm, mit Holzbein, mit Narben im Gesicht. Überall standen noch die Bunker und jeden Samstag um zwölf Uhr gab es Probealarm, das heißt die Sirenen heulten drei Minuten »Alarm« und drei Minuten »Entwarnung«. Es gibt ein Foto meiner Mutter aus den Nachkriegsjahren mit »Entwarnungsfrisur«: »alles nach oben«. Die Familien meiner Eltern hatten den Krieg glücklich überstanden. Niemand ist gefallen oder bei Bombenangriffen ums Leben gekommen.

Mein Vater hat eine lange Narbe am Hals, die man nicht berühren durfte. Eine Granate hatte die Halsschlagader schwer verletzt und er lag fast zwei Jahre lang im Lazarett. Er war ganz knapp dem Tode entronnen und konnte ein Jahr lang nur flüsternd sprechen. Er wachte oft schreiend aus dem Schlaf auf. Man durfte ihn nicht plötzlich wecken oder von hinten erschrecken. Ich wusste das. Für den Fall, dass ich nachts nicht schlafen konnte und zu meinen Eltern ins Bett wollte, hatte ich meine eigene, vorsichtige Methode entwickelt, ihn zu wecken. Bei Tisch drehte er die Löffel weg, wenn die Stiele auf ihn zeigten, aber erzählt hat er nie etwas. Ich scheute auch davor zurück, genauer nachzufragen. Ich spürte, dass es schrecklich sein würde, darüber zu sprechen.

In der Schreibtischschublade lag ein »Eisernes Kreuz« mit Bändchen, mit dem ich manchmal spielte. Ich weiß, dass ich gefragt habe, was es bedeutet, aber ich bekam keine mir verständliche Antwort. Die ganze Geschichte seiner Kriegsverletzung habe ich erst erfahren, als ich schon längst erwachsen war. Im Keller lag lange eine tarnfarbene Persenning.« So etwas kann man bestimmt noch mal gebrauchen ...«, sagte mein Vater, aber dieser Fall trat nie ein und irgendwann war sie einfach verschwunden. Ich hatte genau gespürt, dass diese Plane meinem Vater sehr viel bedeutete, obwohl ich nicht wusste warum und was, und ich fand es nicht schön von meiner Mutter, dass sie das »olle Ding« reichlich verächtlich abtat und eigentlich sofort verschwinden lassen wollte. Aber gesagt habe ich das wahrscheinlich nicht.

Mein Vater musste mit siebzehn Jahren, in der »Unterprima«, das so genannte »Notabitur« machen und wurde Soldat. Dieses Abitur wurde dann nach dem Krieg allerdings nicht anerkannt und er konnte nicht an einer Hochschule studieren und Diplom-Ingenieur werden, was sein großer Wunsch gewesen war. Er beteiligte sich nicht an Gesprächen unter Männern über Kriegsgeschichten und er wollte nichts mehr mit Politik zu tun haben. Es war irgendwie tabu, beim Grübeln erwischt zu werden, man musste immer in Aktion sein, beschäftigt sein, »man trägt seine Gefühle nicht spazieren«, war sein Satz dazu.

Mein Großvater väterlicherseits war von Beruf Polizist gewesen. Ich wusste nur, dass er Verkehrspolizist gewesen war und mit mir Verkehrsregeln spielte. Auf den Fotos, auf denen er in Uniform zu sehen war, hatte jemand das Parteiabzeichen mit Tinte übermalt. 1987 fanden wir bei der Wohnungsauflösung meiner Tante einen »Ariernachweis« für seine Familie. Außerdem circa 400 Briefe aus der Soldatenzeit meines Vaters, er hatte fast täglich nach Hause geschrieben.

Aus den Erzählungen meiner Mutter erfuhr ich ein wenig über ihre Erlebnisse in einem westfälischen Dorf. Sie hatte nur einen Bombeneinschlag auf einer Viehweide erlebt, »eine Kuh war tot«. Einmal sei sie vom Flugzeug aus beschossen worden, als sie mit ihrer Schwester auf dem Feldweg unterwegs gewesen war, sie seien von den Fahrrädern abgesprungen und hätten sich in den Straßengraben geworfen. Natürlich hatten sie furchtbare Angst gehabt.

Ihre Eltern waren keine Nazis gewesen. Sie waren sehr katholisch und fromm und aus einem christlichen Verständnis heraus gegen Hitler und die Faschisten. Mein Großvater hatte mit seiner Meinung nicht hinter dem Berg gehalten, und da er als Maler und Anstreichermeister viel herum kam, erfuhren viele Leute von seiner Kritik an Hitler und den Nationalsozialisten. Er wurde denunziert. Die SA holte ihn ein paar Mal ab und verhörte ihn. Er kam aber immer zurück. Meine Mutter fand, das sei nicht richtig von ihm gewesen, denn jedes Mal war meine Großmutter schier aufgelöst vor Angst und Sorge. Später fragte ich sie einmal, worin denn die Anziehungskraft der Partei bestanden hätte. »Ja, da konnte doch jeder Müllmann was werden.«

Meine Großmutter hatte die Annahme des »Mutterkreuzes« verweigert, das ihr als Mutter von sieben Kindern von der Partei verliehen werde sollte. Die Familie erschien auch nicht auf dem Kirchplatz, um mit dem ganzen Dorf das »Horst-Wessel-Lied« zu singen. Ihre Mutter hatte ihr und ihrer Zwillingsschwester nicht erlaubt, zum BDM zu gehen. Den drängenden Aufforderungen der Partei entging sie mit dem Hinweis, sie brauche die Mädchen in ihrem großen Haushalt. Die beiden Mädchen waren damit gar nicht einverstanden, denn zu Hause mussten sie sehr viel arbeiten und beim BDM wurde gespielt, gebastelt, gesungen und gewandert. Das hätten sie schon gerne mitgemacht. Sie erlaubte auch nicht, dass ihre ältesten Mädchen auf die Höhere Schule der NSDAP gingen, um dort die Mittlere Reife zu machen oder sogar das Abitur. Meine Mutter hat das immer bedauert, sie sagte, dass dieses Abitur nach dem Krieg genauso anerkannt worden war wie die Abschlüsse anderer Höherer Schulen. So hatte sie nicht weiter zur Schule gehen können wie ihre Brüder, sondern hatte eine kaufmännische Lehre gemacht.

KARIN FRUTH

Saß ein Soldat am Wolgastrand

Für meine Mutter habe ich mich immer sehr geschämt. Sie trug so alte und kaputte Kleider und war von den vielen Kartoffeln dick und unförmig geworden. Geld für den Friseur hatte sie fast nie, und dazu noch ihr ewig trauriges

Gesicht. Das Leben war zum Heulen und es konnte gar nicht besser werden. Für sie und für uns war die Situation hoffnungslos.

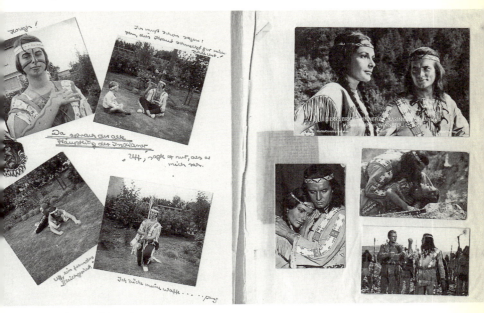

Karins Winnetou-Sehnsüchte

Weihnachten und die vielen Familienfeste, zu denen wir mitgehen mussten, waren uns ein Graus. Wir gingen nur sehr widerwillig, obwohl alles aufgetischt wurde, Buttercremetorten, Fleisch und Wurst, die Reste wurden für die Zuhausegebliebenen eingepackt. Nach ein paar Schnäpsen und Getränken wurde dann kollektiv gesungen und die ganze Familie weinte. »Saß ein Soldat am Wolgastrand...« und »ach die arme Edith, warum musste sie so früh sterben.« Edith war Vaters erste Frau gewesen. Meine Mutter und wir zwei Kinder saßen ganz fremd und dumm dazwischen. Wir waren ausgeschlossen von der restlichen Familie, nur geduldet.

Dann schwärmten alle von der Rückkehr in die Heimat bei Danzig und dabei wurden die verlorenen Höfe und Ländereien immer größer: »Dies hier ist nicht eure richtige Heimat, wir gehen sowieso wieder zurück. Dort haben wir unseren Hof, das Haus und da wird alles so sein wie früher.« Das hieß also für mich im Umkehrschluss: »Wozu sich hier ein neues Zuhause schaffen, wenn es nur eine Frage der Zeit ist, bis man wieder in die alte Heimat zurückkommt?« Und ich wusste, ich würde das Leben dort nicht mögen. Ich konnte die Hühnerköttel und den strengen Mistgeruch auf einem Bauernhof nicht leiden, und dann überall die vielen Fliegen...

Ich träumte von einer anderen Heimat und einer anderen Familie. Ich glaubte, dass meine Familie die falsche wäre, man hätte mich ganz bestimmt bei der Geburt verwechselt. Eines Tages würde meine richtige Familie kommen und mich abholen, reiche Leute mit viel Bildung. Sie würden sich tränenreich bei mir entschuldigen, dass ich so lange auf sie hätte warten müssen, und ich würde ihnen gerne verzeihen. Ich würde dann nie mehr so arm sein wie jetzt, in einem großen schönen Haus wohnen, ein eigenes Zimmer haben, in dem es immer ganz sauber ist, wo niemand mehr Dreck macht und Altmetall in die Wohnung schleppt. Mit einem richtigen Badezimmer mit Wasserhähnen und einer Heizung am Klo. Wo es nur schöne Dinge wie Bilder, Teppiche und Skulpturen gibt, und wo es jeden Tag Schokolade zu essen gibt und wo man mir immer mein Lieblingsessen kocht, das ich auch vertrage. Wo es Limonade gibt, richtige Sinalco und keine Tütchenbrause. Ich würde immer weiße, gebügelte Blusen, einen dunkelblauen Faltenrock, weiße Söckchen und richtige Lackschuhe tragen. So ein Leben, das wäre schön.

URSULA WONNEBERGER

Die alte Heimat

Meine Oma Pies kam nie von ihrer alten Heimat frei. In Ziltendorf, in der Thälmannsiedlung stammten alle von jenseits der Oder. Das verband miteinander, die Erzählungen von drüben, aus der ehemaligen Heimat waren alltäglich und selbstverständlich. Die Mutter meines Vaters war allein gewesen, als die Russen kamen, ihr Mann lag verwundet in Schleswig-Holstein in einem Krankenhaus, wo er 1951 starb. Oma Pies war schwanger und hatte den jüngsten Bruder meines Vaters dann unterwegs auf der Flucht bekommen. Er ist noch während des Trecks verhungert. Sie waren monatelang mit diesem Treck unterwegs gewesen und Oma Pies hatte durch die vielen Strapazen keine Muttermilch mehr gehabt. Sie ist, so erzählte sie es unzählige Male, nach der Vertreibung noch einmal allein mit dem Kahn über die Oder zurückgeschippert, um noch einige Sachen zu holen. Drei Tage hatte sie danach auf dem Kahn gewartet, um nicht von den Russen erwischt zu werden. Sie schilderte sie uns als Tage voller Angst. Von ihrem Zuhause in Pommerzig hatte sie dann eine Ziege, eine Henne, ein Kaninchen und einen Sack mit Lebensmitteln mitgebracht.

»*Die Heimat möcht' ich wiederseh'n
mit ihrer ganzen Pracht.
Die alten Wege wieder geh'n
im Frühling, wenn die Sonne lacht.
Und kennt mich keine Seele mehr,
ich ginge auch allein,
ich wünsche mir von Herzen sehr,
nur einmal dort zu sein.
Auf höchsten Gipfeln möcht' ich steh'n
und schauen still ins Tal,
die Heimat möcht' ich wiederseh'n,
nur noch ein einziges Mal!*«

Zu Kriegsende waren mein Vater zwölf und meine Mutter zehn Jahre alt gewesen. Meine Mutter, ihre Geschwister und meine Oma Bresching waren 1945 von »den Russen« aus Aurith vertrieben worden. Meine Oma und meine Tanten zogen Handwagen und meine Mutti schob den Kinderwagen mit ihrer Nichte. In Frankfurt waren sie über die Oderbrücke gezogen und irgendwann nach Beeskow gekommen. Dort hatten sie bis 1947 gelebt. Weil meine Großmutter immer daran glaubte, wieder nach Hause zurückkehren zu können, zogen sie dann nach Ziltendorf, »da sind wir nicht so weit weg, wenn es wieder nach Hause geht«. Daran glaubte sie bis zuletzt.

Als sie in Ziltendorf anfingen, hatten sie so gut wie nichts mehr gehabt. Für viele Jahre wohnten sie im Gemeindehaus in der Thälmannsiedlung ohne fließendes Wasser. Das holten sie zwei Grundstücke weiter an einem Brunnen. Sie hatten so wenig, dass auch ich noch davon betroffen war, als ich auf die Welt kam: Meine Eltern hatten für mich einen großen Wäschekorb innen mit Stoff verziert und ein schönes dickes Kopfkissen hinein gelegt, das sollte meine Wiege sein. Als meine Mutter mit mir aus dem Krankenhaus kam, war das Kissen weg. Meine Oma hatte es genommen, der Opa hatte dringend ein Unterbett gebraucht. In der Thälmannsiedlung hielten alle zusammen, eine Hand half der anderen. Mein Vater ging mit einigen Männern Wildenten jagen, abends trafen sich dann die Frauen und rissen die feinen Federn, bis es für eine Zudecke für mich reichte. Der Wäschekorb wurde dann noch sechsmal umgemodelt, bei jedem Kind neu mit Stoff bespannt und diente dazwischen über Jahre als Korb für die trockene Wäsche.

Ursula mit Mutter und Geschwistern 1968

In der Familie meiner Mutter hatte es auch in der größten Hungerszeit immer etwas zu essen gegeben. Mein Opa war Maurer und Polier und baute nach Feierabend bei den Bauern in der Umgebung Ställe und, was sonst anfiel, gegen Naturalien.

Meine Mutti war 1935 geboren, ging bis 1950 noch in Ziltendorf zur Schule und lernte dann in Frankfurt/Oder Steno- und Schreibmaschineschreiben. Als sie daraufhin eine Stelle im Büro annehmen wollte im Eisenhüttenkombinat Ost in Stalinstadt, verbot ihr das ihr Vater mit der Begründung, dort arbeiteten beim Aufbau der Stadt und des EKO zu viele allein stehende Männer, geflohen, ohne Heimat und Familie, die sie überfallen und vergewaltigen könnten. Es war so einfach aus den Köpfen dieser Generation nicht herauszukriegen, was sie während der Monate, die sie mit dem Treck unterwegs gewesen waren, erlebt hatten. Glücklicherweise suchte genau zu der Zeit der Bürgermeister jemanden für die Konsum-Verkaufsstelle in der Thälmannsiedlung. Die musste meine Mutter auf Geheiß ihres Vaters übernehmen und leitete sie dann bis 1960, als sie mit meinem Vater in die Gaststätte wechselte.

CLAUDIA DAHLKE

Deutsch-Sowjetische Freundschaft

Die 50er waren auch in der DDR noch deutlich geprägt vom Krieg. So weiß ich es aus Berichten meiner Eltern und Großeltern. Obwohl in Gegenwart von uns Kindern wenig darüber gesprochen wurde, schnappten wir doch allerhand auf. So beispielsweise, wie meine Oma über die Russen dachte — »der Russe«, sagte sie.

Sowohl die Eltern meines Vaters als auch die meiner Mutter waren Flüchtlinge. Sie mussten im zeitigen Frühjahr 1945 ihre Heimat in Hinterpommern verlassen. Der Vater meiner Mutter war zum Volkssturm gezogen worden und konnte seine Familie nur noch am Treck verabschieden. Wir hörten von Oma Hedwig manches über »den Russen«, aber das mussten wohl andere gewesen sein als die, mit denen wir in der Schule die Deutsch-Sowjetische Freundschaft pflegten und die uns vom Faschismus befreit hatten.

Mutter wollte eigentlich nicht, dass die Oma so viel plauderte. Allerdings erzählte sie selbst einmal, wie sie und ihre Schwester nach kilometerlangem Fußmarsch stundenlang nach Brot angestanden hatten. Plötzlich waren die Russen vorgefahren und hatten den ganzen Laden leer geräumt. Von der Flucht hörten wir, dass alle nur das Nötigste von zu Hause mitnehmen konnten. Als die Lebensmittel zur Neige gingen, wurde es ganz schwierig. Meine Mutter erzählte mit Ekel von einer Brennnesselsuppe, die ihre Mutter im Wald gekocht hatte.

Meine andere Oma — beide Familien kamen erstmal in dasselbe Dorf in Vorpommern und stammten auch aus benachbarten Ortschaften in Hinterpommern — verstand es nach der Besetzung durch die Russen ganz gut, sich mit ihnen zu arrangieren. Mein Opa war übrigens in Kriegsgefangenschaft und kam erst Jahre nach Kriegsende zurück. Oma Anna also hatte ein paar Hühner. Die Eier wurden weniger selber gegessen als zum Tauschen benutzt. Wenn die Russen im Anmarsch waren, um das Dorf zu kontrollieren oder nach Brauchbarem zu suchen, machte Oma Anna eine große Pfanne

voll Rührei, wenn's ging noch mit Speck, setzte sie den Russen vor und konnte so wohl Schlimmeres verhindern. Die anderen Frauen versteckten sich lieber. In meiner Kindheit waren solche Geschichten ungeheuer spannend.
In der Propaganda der 50er und 60er Jahre wurde die Befreiung vom Faschismus durch die ruhmreiche Sowjetarmee gepriesen. »Befreiung von Hemd und Hose« hieß es im Volksmund. Über die Kriegserlebnisse sprachen die Großväter einfach nicht. Auch nicht über die Gefangenschaft. Nur, dass seine Familie ihn nicht erkannt hatte, als er aus der Gefangenschaft kam, erfuhren wir vom Großvater. Als ich älter war und fragte, warum die Leute zugelassen hatten, dass die Juden abgeholt wurden und tausende Menschen in Konzentrationslager kamen, wurde mir gesagt, dass niemand davon etwas gewusst hatte. In der Schule gaben wir uns mit den Erklärungen zufrieden, dass es immer die anderen gewesen waren. Im Kapitalismus lebten die Schlechten, die Kriegsverbrecher hatten dort Unterschlupf gefunden und damit basta. Im Osten lebten die ehemaligen Widerstandskämpfer, vor allem die kommunistischen. Das war ja auch das Hauptthema in der Schule bei der Behandlung der Nazizeit: der Widerstandskampf. Echte Fragen kamen erst viel später auf, aber sie wurden uns immer auf dieselbe Weise beantwortet. Als einmal ein Onkel meiner Mutter, der nach der Vertreibung aus Hinterpommern im Westen gelandet war, bei uns zu Besuch war, erzählte er meinen Eltern — ich sollte das bestimmt gar nicht hören, wie er als kleiner SS-Angehöriger beim Ausheben eines Massengrabes hatte mitmachen müssen. Dieses Erlebnis hatte ihn wohl jahrelang traumatisiert. Mir war es völlig unverständlich, dass jemand so etwas wirklich erlebt hatte. Die Welt in den Büchern war doch eine ganz andere.

CAMILLA WILL

Meines Vaters Last

Eine menschenverachtende Einstellung meines Vaters habe ich schon als kleines Kind gespürt, mir sind mehrere Situationen im Gedächtnis geblieben, bei denen ich das Verhalten meines Vaters gegenüber anderen Menschen schrecklich fand. Ich sehe mich noch heute beschämt einer weinenden Frau aus der Nachbarschaft gegenüber. Sie klingelte eines Tages — ich war acht oder neun Jahre alt — außerhalb der Sprechstundenzeiten an der Eingangstür zur Praxis. Diese Nachbarn lebten als unverheiratetes Paar seit der Zerbombung ihrer städtischen Wohnung unserem Haus gegenüber in einem hübschen, hölzernen Gartenhäuschen. Ich kannte sie nicht näher — mit »solchen« Leuten durfte ich keinen Kontakt pflegen. Die Nachbarin war ganz aufgelöst und wollte meinen Vater sprechen. Sie schilderte ihm, sichtlich um Fassung bemüht, ihr Anliegen: Ihr Lebensgefährte würde so komisch atmen, ob der Herr Doktor nicht kommen und helfen könnte? Mein Vater zögerte nicht lange, sagte nur kalt: »Der stirbt halt, da kann man nichts machen«, und ging wieder zurück in die Praxis. Den Schmerz der Frau spüre ich heute noch, aber ich stand wie gelähmt, unfähig des Protestes gegenüber meinem Vater und ebenso unfähig zur Anteilnahme.

Mein Vater war einer der Täter. Ich blättere ein Fotoalbum durch, das er selbst zusammengestellt hatte und das meine Mutter sorgsam hütet: mein Vater mehrmals stolz in SS-Uniform. Im langjährigen Nazihauptquartier Nürnberg war mein Vater im Gesundheitsamt angestellt. 1939 rückte er in den Krieg ein, konnte aber dann als Angestellter der Ärztekammer die Praxis im Nachbarstädtchen meiner Mutter übernehmen. In dieser Zeit irgendwann trat er aus der SS aus, wurde aber nach dem Krieg aufgrund seiner Mitgliedschaft mehrere Jahre interniert.

Meine Mutter war ein ebenso stolzes »Hitlermädel« gewesen und schwärmt gelegentlich heute noch von den damaligen Erlebnissen.

Die Aussagen zur Vergangenheit meines Vaters habe ich in den letzten Jahren meiner Mutter entlockt. Wie weit sie stimmen und was mein Vater genau gemacht hat, weiß ich nicht. Natürlich war dies zu Hause kein Thema. Nie wurde über den Krieg gesprochen, nie über die Vergangenheit oder Gegenwart meines Vaters oder über die Erfahrungen der Großeltern. Fragen wurden keine beantwortet. Bei uns kam zu der allgemeinen, gesellschaftlichen Tabuisierung des Themas die persönliche Schuld meines Vaters hinzu — ein gewichtiger Grund zur gemeinschaftlichen Verschwiegenheit.

Camilla mit Geschwistern 1962

Das damalige Tabu gegenüber Krieg und Nazizeit ging so weit, dass es mir sogar heute noch schwer fällt, mit meinen Geschwistern darüber zu sprechen. Solange ich in die Schule ging und zu Hause wohnte, wurde das Thema niemals angeschnitten, auch in der Verwandtschaft oder im weiteren Umfeld nicht. Niemand in unserer riesigen Familie scheint bis heute über die Vergangenheit meines Vaters wirklich etwas zu wissen oder sagen zu wollen. Selbst die Familie meiner Mutter — mein Großvater soll eher kommunistenfreundlich gewesen sein — hat nie ein Wort darüber verloren. Ich spürte nur, dass sie über die Wahl meiner Mutter nicht sehr glücklich gewesen waren, und sie hatten — wie wir alle — Angst vor meinem Vater.

Der Faschismus wurde auch im Gymnasium nicht so weit thematisiert, dass ich hellhörig geworden wäre und angefangen hätte, das Leben meines Vaters und die Nazizeit miteinander zu verbinden. Erst als ich im Studium Anfang der 70er Jahre — die Studentenrevolte war noch voll im Gange — eine politischere Einstellung bekam, begann ich mich mit der Nazizeit auseinander zu setzen. Damals fuhr ich zu den Konzentrationslagern, sah in Dachau und Buchenwald, später in Auschwitz die entsetzlichen Auswirkungen der Naziherrschaft. Vor allem in Buchenwald bei Weimar, wo ich Mitte der 70er Jahre im Rahmen einer Gewerkschaftsreise hinfahren konnte, hatte ich schreckliche Angst, dass mir der Name meines Vaters unter den namentlich aufgeführten Tätern begegnen könnte. Ich war sehr erleichtert, ihn nicht zu entdecken.

Ich wusste als Kind nie so recht, was es mit diesen Juden auf sich hatte. Was ist eigentlich ein Jude? Ich kannte keine und hatte, abgesehen von unseren amerikanischen Mietern, keinen Kontakt zu Menschen anderer Religionen oder anderer Länder. Juden waren zumindest keine Menschen, mit denen wir Kontakt haben durften. Ich hatte Angst, meine Eltern zu fragen und auch sonst keine vertrauten Erwachsenen, die etwas Licht hätten bringen können in die dumpfe Mischung meiner kindlichen Gedanken und Gefühle. Ausgelöst durch abfällige, nebensächliche Bemerkungen, die ich manchmal aufschnappte, durch das beharrliche Schweigen meiner Eltern sowie durch die deutlich gezeigte Verachtung gegenüber Menschen, die nicht ihrer konservativen bis reaktionären Einstellung entsprachen. Erst durch meine Auseinandersetzung mit dem Thema als Erwachsene habe ich vieles über Geschichte und Gegenwart von Juden gelernt. Glücklich war ich über die Chance, in den letzten Jahren als Projektmanagerin die Planungsphase des neuen jüdischen Zentrums in München koordinierend begleiten und dieses Projekt damit unterstützen zu dürfen. Es erschien mir wie ein ganz kleines Stück Wiedergutmachung.

Meine inzwischen 80-jährige Mutter hat ihre Einstellung nie geändert. Als ich sie neulich nach Juden in unserer früheren Bekanntschaft fragte, sagte sie, wir hätten in den 60er Jahren sogar mal einen amerikanischen Juden als Mieter gehabt. Auf meine Frage, woher sie das denn gewusst habe, der hätte das doch sicher nicht bei der Vorstellung erwähnt, sagte sie mit Überzeugung: »Aber das sieht man doch, an der Nase, an den Lippen ...«

Mein Vater starb 1971, kurz vor seinem 80. Geburtstag. Er warf sich im Kasseler Hauptbahnhof vor einen einfahrenden Zug. Mit seinem dramatischen Selbstmord hat er ein weiteres Trauma in die Familie gebracht, aber wie früher wird nicht darüber geredet. Jedes Familienmitglied versucht allein, damit klar zu kommen — an eine gemeinsame Aufarbeitung ist nicht zu denken. Natürlich ist die Familie noch lange nicht zur Ruhe gekommen, die zum Teil schweren Lebensbedingungen und Schicksale meiner Geschwister und ihrer Familien zeigen dies überdeutlich.

In einer Familienaufstellung, in der ich vor einigen Jahren die Person meines Vaters thematisierte, wurde mir deutlich, dass er in Verbrechen während der Nazizeit verstrickt war, auch wenn er wohl nicht direkt jemanden getötet hatte. Einer meiner älteren Brüder starb vor wenigen Jahren im Alter von nicht einmal 60 Jahren an Krebs. Er wurde auf seinen Wunsch in einem anonymen Grab ohne Trauerfeier bestattet. In der Literatur über Familienaufstellungen mit Kindern von Nazis ist mir dieser Wunsch wieder begegnet: Kinder der Täter übernehmen deren Schuld und wollen wie deren Opfer vergraben werden.

Warum habe ich die Vergangenheit meines Vaters nicht genauer recherchiert? Warum weiß ich bis heute nicht wirklich, wie seine Verstrickung als Nazitäter aussah? Ich hätte mich in Materialien und Archive aus der Nazizeit wühlen und die Daten meines Vaters erfragen können. Als ich jünger war, habe ich mich nicht daran gewagt und hätte auch erst mal gar nicht gewusst, wie ich an Informationen gelangen könnte. Heute, nach der intensiven Beschäftigung mit Naziherrschaft und jüdischer Kultur, habe ich mich anders entschieden: Ich will mich mit der dunklen Vergangenheit meines Vaters nicht länger belasten — das Hineintauchen in seine Aktivitäten führt mich weg von mir, meiner Gegenwart und Zukunft, wie ich es in den Monaten nach der Familienaufstellung intensiv erfahren habe. Ich achte ihn, denn er ist mein Vater, ohne den ich nicht am Leben wäre und von dem ich Begabungen und Fähigkeiten erhalten habe. Aber es ist seine Schuld und seine Verantwortung, die ich bei ihm lasse. Der Kampf um Gerechtigkeit und Menschlichkeit wird jedoch immer Thema in meinem Leben sein.

Lieber Rudi Dutschke
würde Vati sagen
wissen Sie was das hieß
studieren damals
keine Bücher kein Brot kein Bier
ja
da hatte keiner
Flausen im Kopp
die Welt verbessern
und so
in alten Kommissklamotten
paarmal gewendet
so sind wir rumgelaufen
aber wir haben uns gewaschen
und wenn's keine Seife gab
mit Sand
jawoll mit Sand
...
wir waren auch richtige Studenten
haben
zusammengehockt
nächtelang
die Köpfe uns heiß geredet
aber wir haben
gelernt
gelernt
gelernt
und nochmals
gelernt
und wir habens geschafft
und warum
weil wir haben gewusst
was das heißt
ÄRMEL AUFKREMPELN ZUPACKEN AUFBAUEN

Franz Josef Degenhardt,
›Vatis Argumente‹

Die Autorinnen

Claudia Dahlke wurde 1954 in Greifswald in der damaligen DDR geboren, wuchs mit fünf jüngeren Geschwistern in einem katholischen Elternhaus auf, machte Abitur und studierte Deutsch und Geschichte in Leipzig. Anschließend arbeitete sie 14 Jahre als Lehrerin in Dresden, seit 1994 als Redakteurin einer Wochenzeitung. Sie ist verheiratet, hat eine 21-jährige Tochter.

Karin Fruth wurde 1950 geboren und wuchs in Schleswig-Holstein mit zwei jüngeren Brüdern in ärmlichen Verhältnissen auf, aus einer früheren Ehe hatte ihr Vater bereits zwei Töchter. Sie machte eine Ausbildung zur Apothekenhelferin und arbeitete nach einer Weiterbildung in einem Pharma-Unternehmen. Seit etlichen Jahren führt sie das Sekretariat der Synagogen-Gemeinde Köln und organisiert Kunstausstellungen für Künstler aus Osteuropa. Sie lebt mit ihrem Mann in Köln.

Claudia Seifert wurde 1956 in Dresden geboren und wuchs mit zwei Brüdern in der Pfalz auf. Sie studierte Theaterwissenschaft, arbeitete an diversen Theatern und Festivals, als Kellnerin und Sekretärin, betrieb ein Mittagsbuffet und lebt heute als Autorin, Produzentin und Regisseurin von Dokumentarfilmen mit ihrem Lebensgefährten und dem gemeinsamen Sohn in München.

Ulrike Speckmann wurde 1953 geboren und wuchs im Ruhrgebiet auf. Sie studierte Sozialwissenschaften, Architektur und arbeitete in der Sozialforschung. Seit etlichen Jahren leitet sie zusammen mit ihrem Mann ein freies Kindertheater, ist Dramaturgin und Bildhauerin, baut Figuren und die Bühnenausstattung und arbeitet in der Erwachsenenbildung. Mit ihrem Mann und zwei Kindern, 17 und 11 Jahre alt, lebt sie am Nordrand des Ruhrgebiets.

Marianne Troll kam 1954 in Gelsenkirchen als erste Tochter einer Familie mit einem Jungen und drei Mädchen zur Welt. Nach erziehungswissenschaftlichem Studium machte sie Ausbildungen zur Buchhändlerin und Sekretärin. Sie lebt mit Mann und 13-jährigem Sohn, die 21-jährige Tochter ist bereits selbstständig, in einem Dorf am Rand des Westerwalds, baut Stein- und Schrottskulpturen und betreibt das Sekretariat des Beethoven-Hauses.

Camilla Will wurde 1951 geboren, wuchs mit sechs Brüdern und drei Schwestern in einer relativ gut situierten Großfamilie in Kassel auf. Sie studierte Stadt- und Regionalplanung und hat sich 2001 selbstständig gemacht. Mit ihrem aus Bulgarien stammenden Mann bereitet sie die Übersiedlung in seine Heimat vor.

Ursula Wonneberger wurde zwei Tage nach dem Volksaufstand 1953 in der Nähe von Frankfurt/Oder geboren als die Älteste von vier Brüdern und zwei Schwestern. Sie absolvierte die 10-klassige Oberschule, danach eine Ausbildung als »Datenverarbeiter mit Abitur« und studierte an der Ingenieurhochschule Dresden. 1974 hat sie geheiratet und zwei Söhne (22 und 26 Jahre) geboren.

Eva Ziebertz ist Jahrgang 1957. Sie wuchs im stark zerstörten Xanten am Niederrhein als ältestes Mädchen von fünf Geschwistern auf. Sie studierte Sozialpädagogik, machte diverse Ausbildungen in Therapie und Sozialmanagement und arbeitet als Bundesgeschäftsführerin der Bahnhofsmissionen in Deutschland. Sie lebt heute in Würzburg, ist verheiratet und hat zwei Kinder.

Danksagung

Ich möchte einigen Menschen danken, ohne deren Zuspruch und Unterstützung dieses Buch nicht entstanden wäre: Monika Reimann für die Idee und endlose Gespräche, Petra Kirchmann und Renate Winkler-Schlang für unermüdliches Lesen und kritische Einwände, Ute Strub und Margot Becker für tatkräftige Suche und ihre Poesiealben. All den Männern, die kritisch nachfragten, warum hier nur Frauen zu Wort kommen, sei gedankt, wurde mir doch in den Gesprächen mit ihnen immer wieder aufs Neue bewusst, dass der Blick auf die familiäre Kindheit in den 50er Jahren dichter gelingt durch die Konzentration auf die Erinnerungen von Frauen.

Meinen Mitautorinnen schließlich gilt mein ganz besonderer Dank. Ich hatte Frauen gesucht, die bereit wären, über ihre Kindheit in den 50er Jahren zu berichten und viele hatten sich auf eine Annonce hin gemeldet. In Briefwechseln und Interviews stellten wir fest, dass es für manche von ihnen bis heute einen Tabubruch bedeutete, offen über ihre familiäre Situation damals zu sprechen, bei manchen brachen alte Wunden auf und sie mussten den Kontakt zu mir wieder abbrechen. Die Frauen, die jetzt hier berichten, haben für sich einen Weg gefunden, ihre Auseinandersetzungen mit ihren Familien sind geführt. Auch bei ihnen gab es Bedenken an die Öffentlichkeit zu gehen, schließlich leben Geschwister noch, Eltern und deren Freunde. Aber die Frauen blieben dabei, ließen sich mit großartigem Elan auf Diskussionen ein und schrieben schließlich ihre Erinnerungen in der jetzigen, sehr persönlichen und individuellen Form nieder.

Literaturhinweise

Philippe Ariès, *Geschichte der Kindheit*. München 1998

Werner Faulstich u. Gunter E. Grimm (Hg.), *Sturz der Götter? Vaterbilder im 20. Jahrhundert*. Frankfurt/Main 1989

Ute Frevert, *Umbruch der Geschlechterverhältnisse? Die 60er Jahre als geschlechterpolitischer Experimentierraum*, in: Axel Schildt (Hg.), Dynamische Zeiten. Hamburg 2000, S. 642–660

Marianne Grabrucker, *Typisch Mädchen..., Prägung in den ersten drei Lebensjahren. Ein Tagebuch*. Frankfurt/Main 1985

Merith Niehuss, *Familie, Frau und Gesellschaft. Studien zur Strukturgeschichte der Familie in Westdeutschland 1945–1960*. Göttingen 2001

Katharina Rutschky (Hg.), *Schwarze Pädagogik. Quellen zur Naturgeschichte der bürgerlichen Erziehung*. Berlin 1997

Axel Schildt (Hg.), *Dynamische Zeiten. Die 60er Jahre in den beiden deutschen Gesellschaften*. Hg. von der Forschungsstelle für Zeitgeschichte in Hamburg. Hamburg 2000

Ders. u. Arnold Sywottek, *Modernisierung im Wiederaufbau. Die westdeutsche Gesellschaft der 50er Jahre*, 1998

Christian Schneider u. a., *Das Erbe der Napola. Versuch einer Generationengeschichte des Nationalsozialismus*. Hamburg 1997

Eckhard Siepmann (zusammengestellt von), *BIKINI Die fünfziger Jahre. Kalter Krieg und Capri-Sonne, Fotos – Texte – Comics – Analysen*. Reinbek 1983

Eckhard Siepmann (zusammengestellt von), *Heiß und kalt, die Jahre 1945–69*. Berlin 1993

Dorothee Sölle, *Bilder machen – Bilder stürzen. Eine feministisch-theologische Kritik am Vaterbild*, in: Werner Faulstich u. Gunter E. Grimm (Hg.), *Sturz der Götter? Vaterbilder im 20. Jahrhundert*, Frankfurt/Main 1989

Dorothee Wierling, *Erzieher und Erzogene. Zu Generationenprofilen in der DDR der 60er Jahre*. in: Axel Schildt (Hg.) Dynamische Zeiten, S. 582–624

Luigi Zoja, *Das Verschwinden der Väter*. Düsseldorf, Zürich 2002

Zitate

Heino Gaze, *La le lu*, Musik und Text Heino Gaze, 1950

Informationen für die Frau, Zitat nach Hubert Habicht, *Der Alltag der Kinder*, in: Götz Eisenberg und Hans-Jürgen Linke (Hg.), ›fuffziger Jahre‹, *Texte zu Sozialgeschichte und Alltagsleben*. Gießen, Focus-Verlag, 1980, S. 202

Willi Schneider: *Schütt' die Sorgen in ein Gläschen Wein*, Musik: Gerhard Winkler, Text: Erich Meder, 1951, Musikverlag Hans Gerig KG, Bergisch Gladbach

Freddy Quinn, *Die Gitarre und das Meer*, Musik: Lothar Olias, Text: Aldo v. Pinelli, 1959

Dr. Walther von Kamptz-Borken, *Der gute Ton von heute, Gesellschaftlicher Ratgeber für alle Lebenslagen*. Vaduz 1954 ff., S. 204 f.

Johannes R. Becher:»Sterne unendliches Glühen...«, aus: J. R. Becher, Gesammelte Werke, Band VI, Gedichte 1949–1958. © Aufbau-Verlag Berlin und Weimar, 1973. Hier: in einem Lied von Ernst Busch, *Dank Euch, Ihr Sowjetsoldaten!* (Komposition: Hanns Eisler).

Eddie Constantine, *Schenk deiner Frau doch hin und wieder rote Rosen*, Musik: Werner Raschek, Text: Werner Raschek/Charly Dieter, 1954, Verlag: Paul C. R. Arends

Erni Bieler und Rudi Hofstetter, *Eine weiße Hochzeitskutsche*, Musik: Marc Fontenoy, dt. Text: Ralph Siegel/Rolf Marbot, 1950, © für Deutschland: Edition Marbot GmbH, Hamburg

Dr. Rolf Verthen, *Die Kunst der Erregung*, aus der Reihe *Enthüllte Geheimnisse der Liebe und Erotik*, Transit-Verlag, Stuttgart 1955

Jane Viers, *Wovon eine Frau sonst nicht spricht*, Planet-Verlag, Braunschweig 1952

Dalida, *Am Tag als der Regen kam*, Originaltext: *Le jour ou la pluie viendra*, Musik: Gilbert Bécaud, dt. Text: Ernst Bader, 1957, © für Deutschland: Edition Marbot GmbH, Hamburg

Freddy Quinn, *Der Legionär*, Text und Musik: Lothar Olias/Peter Mösser, 1958, © mit freundlicher Genehmigung Edition Esplanade OHG, Hamburg

Franz Josef Degenhardt, *Vatis Argumente*, 1968

Bildnachweis

S. 8 Aus: Meyer, Sibylle/Schulze, Eva, *Von Liebe sprach damals keiner. Familienalltag in der Nachkriegszeit*, München 1985, S. 175, © Ullstein Bild, Berlin

S. 12 Aus: *BIKINI Die fünfziger Jahre*, Reinbek 1983, S. 57

S. 18 Anzeige »Miele«. Aus: *Neue Illustrierte*, Dez. 1956, S. 28

S. 22 Lebensmittelgeschäft, Frau kauft ein. Georg Georgii/SV-Bilderdienst

S. 27 Sammlungen Stiftung Haus der Geschichte, Bonn

S. 30 Kabinenroller
Aus: *BIKINI Die fünfziger Jahre*, Reinbek 1983, S. 79

S. 33 Kinowerbung. Landesarchiv Berlin. Aus: Dieter Franck (Hg.), *Die fünfziger Jahre*, München 1981, S. 147

S. 34 Siedlungsbau. Foto: Erich Andreas, Hamburg. Aus: Dieter Franck (Hg.), *Die fünfziger Jahre*, München 1981, Titelseite

S. 36 Deutsches Historisches Museum, Berlin

S. 43 Frau in der Waschküche. Fosch/SV-Bilderdienst

S. 48 TTT Bilderdienst Toni Tripp. Aus: *Perlonzeit*, Hamburg, S. 118

S. 83 Deutsches Historisches Museum, Berlin

S. 103 Aus: Dr. Walther von Kamptz-Borken, *Der gute Ton von heute, Gesellschaftlicher Ratgeber für alle Lebenslagen*, Vaduz 1954, S. 232

S. 106 Archiv: Ingeborg Weber-Kellermann
Aus: *Perlonzeit*, Hamburg 1985, S. 16

S. 109 Foto: Hans-Joachim Helwig-Wilson

S. 117 DEWAG Werbung Dresden

S. 136 Postkarte zu Kindersendung ›Meister Nadelöhr und Meister Briefmarke‹. Deutscher Fernsehfunk

S. 148 Anzeige »Felina«. Aus *Film und Frau* 12/1952
Aus: Michael Kriegeskorte, *Werbung 1945–1965*, S. 118

S. 150 Trümmerfrau
Aus: Daniel Kosthorst, *50 Jahre im Bild*, S. 19, © Bundesbildstelle, Berlin

S. 151 »4711«-Werbung, *Spiegel* vom 9. April 1952.

S. 152 Aus: Hans Veigl, Die 50er und 60er Jahre: geplantes Glück zwischen Motorroller und Minirock, Wien 1996, S. 15

S. 158 Aus: *Neue Illustrierte*, Dez. 1956, S. 46

S. 161 Deutsches Historisches Museum Berlin

S. 163 Nordmende-Werbung, *Neue Illustrierte*, Dezember 1956, S. 49

S. 164 Bundesarchiv, Koblenz

S. 166 Landesbildstelle Berlin, aus: *Perlonzeit*, Hamburg 1985, S. 58

S. 168 »Dralon«-Hersteller »Bayer«, Allensbach Jahrbuch 1957, S. 12

S. 173 Strumpf-Reklame
Aus: *Perlonzeit*, Hamburg 1985, S. 149

S. 212 Kriegsversehrter
dpa. Aus: Dieter Franck, Die fünfziger Jahre, München 1981, S. 11

S. 215 Aus: Tony Vaccaro, *Entering Germany. Photographs 1944–1949*, Köln 2001, S. 50

S. 226 *Die Brücke*. Sammlungen Stiftung Haus der Geschichte, Bonn

S. 234 Aus: *Xanten Februar 1945*, Schriften des Regionalmuseums Xanten Nr. 38, 1995

Und Privatfotos.